佛門典要

比丘尼傳校注

[梁] 釋寶唱 撰
王孺童 校注

上海古籍出版社

圖書在版編目(CIP)數據

比丘尼傳校注 / (梁) 釋寶唱撰; 王孺童校注. —
上海: 上海古籍出版社, 2022.10
(佛門典要)
ISBN 978-7-5732-0386-1

Ⅰ.①比… Ⅱ.①釋… ②王… Ⅲ.①尼姑—列傳—
中國—古代 Ⅳ.①B949.92

中國版本圖書館 CIP 數據核字(2022)第 140995 號

比丘尼傳校注

[梁] 釋寶唱 撰

王孺童 校注

上海古籍出版社出版發行
(上海市閔行區號景路 159 弄 1-5 號 A 座 5F 郵政編碼 201101)
(1) 網址: www.guji.com.cn
(2) E-mail: guji1@guji.com.cn
(3) 易文網網址: www.ewen.co
金壇市古籍印刷有限公司印刷
開本 890×1240 1/32 印張 9.5 插頁 5 字數 182,000
2022 年 10 月第 1 版 2022 年 10 月第 1 次印刷
印數: 1—1,500
ISBN 978-7-5732-0386-1

B·1273 定價: 58.00 元

「佛門典要」出版緣起

法有興衰，道有隆替，中國傳統文化剝極而復之際，作爲傳統文化之内核的儒釋道三教，其意義和價值被重估，乃至重新回歸人們的日常生活，爲題中應有之義。而提供適合現代人閱讀的經典文本，是迫切的事。

在此我們選取佛教的基本典籍，中印兼收，不拘宗派，旨在擇其精要，合乎統貫，以求内契佛理，外應時機，故側重各家諸宗之大典及指示門徑之關要。或約請專家重新整理，或訪求成稿加以統合，無論世間聲名大小，但求有敬重之心、屬謹嚴之作。予以標點、校勘、注釋，形式并不拘泥，惟願合乎需要，順應因緣。

爲編輯之方便，按體裁大致歸爲經、律、論、史、集幾大類，但每册并不標出門類名稱，僅在裝幀上有所區别。至於各書價值、選取理由、學習方法等則見諸各書前言。每年出版若干種，聚沙成塔，俾成系列，因名之爲「佛門典要」云。

前言

自佛教傳入中國至今，已經綿綿延續了兩千多年。在這兩千多年的發展過程中，作爲佛教僧團主體的比丘，對佛教在中國的發展與傳播起到了不可估量的作用。歷代高僧輩出，他們的事迹和功業没有被湮没，後人將其整理彙集成册，以利世人。依時間先後，主要的有梁釋慧皎《高僧傳》十四卷、唐釋道宣《續高僧傳》三十卷、宋釋贊寧《宋高僧傳》三十卷、明釋如惺《大明高僧傳》八卷、明釋明河《補續高僧傳》二十六卷、民國喻謙《新續高僧傳》六十五卷等。

作爲出家女性的比丘尼，在佛教僧團中的地位歷來低於比丘，這主要是由佛教本身制度與中國傳統倫理思想所影響決定的。因而，至今系統記録比丘尼事迹的典籍資料，從數量上均無法與洋洋數百卷僧傳相比。《釋氏稽古略》卷二：「（東晋廢帝太和三年）釋慧常譯《比丘尼傳》六卷。」《北山録》卷一〇《外信》：「苟人君失理，則靈神是捨。」慧寶注：「《神尼傳》：宇文氏毁滅佛法，神尼見善神皆西去，後果國滅也。」《隋書》卷三三《經籍志》：「《尼傳》二卷，皎法師撰。」[一]此三書均佚。故現存梁代釋寶唱所撰之《比丘尼傳》，其學術和史料價值就顯得尤爲珍貴了。

一、寶唱與《比丘尼傳》

寶唱，吴郡（今江蘇省蘇州市）人，俗姓岑。生卒年不詳，約生於劉宋泰始元年前後。十八歲從建初寺僧祐出家，遍學經律。後住莊嚴寺，博采群言，酌取精理。齊建武二年出建康，游歷講肆五年。後爲躲避兵亂，遠逃至閩越。梁天監四年入京，奉敕住新安寺，參與僧旻《衆經要抄》、僧朗《注大般涅槃經》、智藏《義林》等書之述作，又助梁簡文帝蕭綱編撰《法寶聯璧》。亦曾列席僧伽婆羅譯場，筆受《阿育王經》等十一部經論〔一〕。梁天監十三年撰《名僧傳》三十一卷，十五年改訂安樂寺僧紹之《華林佛殿衆經目録》，新編經録四卷，世稱《寶唱録》。梁武帝甚嘉賞之，敕掌華林園寶雲經藏。師博學能文，名冠當世，著作頗多，另有《衆經飯供聖僧法》五卷、《衆經懺悔罪方法》三卷、《衆經諸佛名》三卷、《衆經護國鬼神名録》三卷、《衆經擁護國土諸龍王名録》三卷、《法集》一百四十卷、《續法輪論》七十餘卷、《出要律儀》二十卷、《經律異相》五十卷、《比丘尼傳》四卷等。後二部現存，《名僧傳》僅存日僧宗性《名僧傳抄》一卷，其餘全部佚失。

《比丘尼傳》，《開元釋教録》始見著録，後歷代經録、典籍多有收録，現僅就所見，列出如左（有《千字文》編號者，注於末之「括號」内）：

《釋氏稽古略》卷二：「（梁）天監十六年，敕沙門寶唱撰《比丘尼傳》四卷。」

《游方記抄》七《唐大和尚東征傳》：「《比丘尼傳》，二本四卷。」

《開元釋教録》卷六：「《比丘尼傳》四卷，述晋、宋、齊、梁四代尼行。新編入録。」卷一三：「《比丘尼傳》四卷，梁莊嚴寺沙門釋寶唱撰。新編入藏。」卷一七：「《比丘尼傳》四卷，梁沙門釋寶唱撰。」卷二〇：「《比丘尼傳》四卷，四十二紙。」卷二〇重出：「《比丘尼傳》四卷，四十二紙，梁沙門寶唱撰。」

《開元釋教録略出》卷四：「《比丘尼傳》四卷，梁莊嚴寺釋寶唱撰。」

《貞元新定釋教目録》卷九：「《比丘尼傳》四卷，晋、宋、齊、梁四代尼行。新編入録。」卷二三：「《比丘尼傳》四卷，梁莊嚴寺沙門釋寶唱撰。新編入藏。」卷二七：「《比丘尼傳》四卷，梁沙門釋寶唱撰。」卷三〇：「《比丘尼傳》四卷，四十二紙。」

《律宗章疏》：「《比丘尼傳》四卷，莊嚴寺寶唱述。」

《東域傳燈目録·傳律録二》：「《比丘尼傳》四卷，寶唱。」

《宫内省圖書寮一切經目録》：「《比丘尼傳》四卷。」（群）

《東寺經藏一切經目録》：「《比丘尼傳》四卷。卷第一，崇寧三年六月刊；卷第二、第三，同年八月刊；卷第四，紹興十八年八月刊。開元版。」（群）

《南禪寺經藏一切經目録》：「《比丘尼傳》四卷。每二卷同卷，麗本『英』帙。」（群）
《上醍醐寺藏一切經目録·坤》：「《比丘尼傳》，第四雜之三十一人，四卷。」（群）
《知恩院一切經目録》：「《比丘尼傳》四卷，（晋）莊嚴寺寶唱撰。」（群）
《安吉州思溪法寶資福禪寺大藏經目録》卷下：「《比丘尼傳》四卷。」（群）
《平江府磧砂延聖院新雕藏經律論等目録》卷下：「《比丘尼傳》四卷。」（群）
《石山寺一切經目録》卷下：「《比丘尼傳》四卷，梁莊嚴寺沙門寶昌撰，四十二紙。」（英）
《緣山三大藏總目録》卷中：「《比丘尼傳》四卷，凡六十五人，《知津》同之。起晋咸和，訖梁普通。《標目》云：『自晋升平，訖梁天監。』《綱目》云：『七十五尼傳。』梁釋寶唱撰。」
（微）
《大藏目録》卷下：「《比丘尼傳》四卷，大莊嚴寺釋寶唱撰。」（英）
《唐本一切經目録》卷下：「《比丘尼傳》四卷。」（群）
《三緣山輪藏目録》：「《比丘尼傳》四。」（群）
《至元法寶勘同總録》卷一〇：「《比丘尼傳》三卷，凡六十五人，梁莊嚴寺沙門寶唱撰。」
（起）
《杭州路餘杭縣白雲宗南山大普寧寺大藏經目録》卷四：「《比丘尼傳》四卷。」（群）

《大明三藏聖教北藏目録》卷四：「《比丘尼傳》四卷，今作二卷。」（微）

《藏版經直畫一目録》：「《比丘尼傳》二卷。」（微）

《大明三藏聖教南藏目録》：「《比丘尼傳》。」（功）

《大清三藏聖教目録》卷五：「《比丘尼傳》二卷，今作四卷。」（俠）

《日本武州江户東叡山寬永寺一切經新刊印行目録》卷四：「《比丘尼傳》四卷，晋莊嚴寺寶唱撰。」（群）

《大日本校訂縮刻大藏經目録》：「《比丘尼傳》四卷，梁寶唱撰。」（致）

《大日本校訂藏經目録》：「《比丘尼傳》四卷、二卷，釋寶唱撰。」

《大藏聖教法寶標目》卷九：「《比丘尼傳》四卷。右梁釋寶唱撰。傳自晋升平，訖梁天監，凡六十五人。」（英）

《潮州思溪圓覺禪院新雕大藏經律論等目録》卷下：「《比丘尼傳》四卷。」（群）

《紀州天野山丹生社宋本大藏録》：「《比丘尼傳》四卷。」（群）

《豐山勸學院宋本大藏目録》：「《比丘尼傳》第二、第三、第四。」（群）

《高山寺聖教目録》下：「《比丘尼傳》一卷。」

《閲藏知津》卷四三《此方撰述》：「《比丘尼傳》四卷，《北》作二卷。」

《釋氏六帖》卷八《高行諸尼部第十一・傳列高行》：「三,《尼高僧傳》。」

《洪武南藏總目録》：「《比丘尼傳》四卷,晋莊嚴寺釋寶唱等撰。」

《大清重刻龍藏彙記》：「《比丘尼傳》四卷,共記五十連。」(俠)

《頻伽精舍校刊大藏經總目》：「《比丘尼傳》四卷,梁寶唱撰。」(致)

《舊唐書》卷四六《經籍志》：「《比丘尼傳》四卷,釋寶唱撰。」

《新唐書》卷五九《藝文志》：「僧寶唱《名僧傳》二十卷,又《比丘尼傳》四卷。」

《宋史》卷二〇五《藝文志》：「僧寶唱《比丘尼傳》五卷。」

《郡齋讀書志後志》第八卷《傳記類》：「《比丘尼傳》四卷。」

《過海大師東征傳》：「《比丘尼傳》,二本四卷。」

從中可以看出,《比丘尼傳》的分卷情况,從一卷至五卷,多有不同。下面分別解説。

所謂「一卷本」者,只見於日本《高山寺聖教目録》下：「《比丘尼傳》一卷。」余雖未見其原本,但推知此一卷本,要麽爲殘卷,要麽就是把一本或一部《比丘尼傳》謂爲一卷。

所謂「二卷本」者,主要見於《大明三藏聖教北藏目録》、《大清三藏聖教目録》及《閱藏知津》、《大日本校訂藏經目録》、《藏版經直畫一目録》等。考察《永樂北藏》原本,其在正文卷一首云：「《比丘尼傳》卷第一、第二同卷。」在卷三首云：「《比丘尼傳》卷第三、第四同卷。」可見，此二卷本即將第一、二卷合爲一卷，將第三、四卷合爲一卷。正如《南禪寺經藏一切經目録》所云：「《比丘尼傳》四卷，每二卷同卷。」其實亦爲四卷本。

所謂「四卷本」者，即通行本。

所謂「五卷本」者，只見於《宋史・藝文志》。余認爲此五卷本之「五」，要麼爲「三」之形誤，要麼就是將《比丘尼傳》之《序》與其餘四卷傳文合稱爲「五」。

在版本分卷上，實際差異最大的當爲「三卷本」，主要見於《至元法寶勘同總録》及《釋氏六帖》。《金藏》本《比丘尼傳・序》中夾注：「爲上中下三卷。」然《金藏》本正文亦分作四卷。三卷本現在已無法看到，其與四卷本之間到底有何異同呢？釋可洪《新集藏經音義随函録》（下簡稱可洪《音義》）卷三〇：「《比丘尼傳》三卷。此傳本四卷，共六十五人。第一卷十三人，第二卷二十三人，第三卷十五人，第四卷十四人。今合爲三卷，四例猶别。」故知三卷本與四卷本是真正意義上的在分卷上有差異的兩個本子。值得慶幸的是，可洪《音義》所據的爲三卷本，正好可以考察其與四卷本之分卷差異。據可洪《音義》所載，《比丘尼傳》分爲「第一卷」「中卷」「下卷」，這正好與《金藏》本《比丘尼傳・序》中夾注「爲上中下三卷」語合。考察可洪《音義》所注之内容，可以得知三卷本《比丘尼傳》之具體分卷情況。

可洪《音義》所注《比丘尼傳》之第一卷，起「序文」終「亹亹」。「亹亹」，《僧端尼傳》：「其辭亹亹。」可知三卷本《比丘尼傳》之第一卷，相當於四卷本《比丘尼傳》包括《序》在内的卷一全部至卷二之《僧端尼傳》共二十四人。可洪《音義》所注《比丘尼傳》之中卷，起「羸憊」終「積薪」。「羸憊」，《光静尼傳》：「而體力羸憊。」「積薪」，《曇簡尼傳》：「登此(積)〔積〕薪。」可知三卷本《比丘尼傳》之中卷，相當於四卷本《比丘尼傳》從卷二之《光静尼傳》至卷三之《曇簡尼傳》共二十二人。可洪《音義》所注《比丘尼傳》之下卷，起「枯槁」終「庾泳」。「枯槁」，《净珪尼傳》：「常自枯槁。」「庾(泳)〔詠〕」，《法宣尼傳》：「潁川庾詠。」可知三卷本《比丘尼傳》之下卷，相當於四卷本《比丘尼傳》從卷三之《净珪尼傳》至卷四之《法宣尼傳》共十九人。除分卷差異外，二本在内容上應當是相同的。

此外，三卷本還有一種分法。《清藏》本卷三首云：「《比丘尼傳》卷第三、第四同卷。」此分卷法，即將第三、四卷合爲一卷，與前第一、第二卷，共成三卷。

《比丘尼傳》，又作《尼傳》，如《開元釋教録》卷六、《貞元新定釋教目録》卷九：「沙門釋寶唱，二部五十四卷，《經集》、《尼傳》。」又作《尼高僧傳》，如《釋氏六帖》。又作《高尼傳》，如《北山録》卷四：「其姑道儀，見於《高尼傳》也。」及《法華經顯應録》。

對於《比丘尼傳》的成書時間，《開元釋教録》卷六、《貞元新定釋教目録》卷九《總集群經録》載：「天監年中，頻敕撰集，皆愜帝旨。十五年景申，又敕撰集《經律異相》一部。唱又别撰

《尼傳》四卷。」據此推算，《比丘尼傳》應撰於《經律異相》之後，即天監十五年後，但不甚明確。又《釋氏稽古略》卷二：「（梁）天監十六年，敕沙門寶唱撰《比丘尼傳》四卷。」此可謂《比丘尼傳》撰時最明確之記載。

寶唱作爲一名佛教僧人，是本著客觀求實的原則來編撰此書的。《比丘尼傳·序》：「不尚繁華，務存要實。」這主要體現在他對歷代比丘尼出家原因的記述中，并没有刻意回避和掩飾一些負面消極的因素。傳中所記比丘尼出家的原因大致有以下幾種：（一）家變，如親人亡故、家道敗落等；（二）婚姻，如早寡、抗婚、離異等；（三）戰亂，如社會動蕩、戰争、盜匪所虜等；（四）還願，如惡疾不治，求佛痊愈，還願出家；（五）祖信，如祖上世奉大法；（六）宿緣，如自幼喜佛、厭世離俗等。現將正傳所記比丘尼出家緣由，按此六類，列表如左（傳中未明確出家原因者，歸入「宿緣」項）：

緣由	卷一	卷二	卷三	卷四
家變		法相、寶賢	僧猛	
婚姻	净撿、妙相、曇備、僧基、道儀			曇暉、法宣

續表

緣由	卷一	卷二	卷三	卷四
戰亂	令宗	法盛、法净	智勝	
還願		道壽、玄藻		
祖信	明感	僧端	僧敬、超明	
宿緣	安令首、智賢、慧湛、道馨、道容、妙音	慧果、慧玉、道瑗、慧瓊、普照、慧木、法勝、光静、善妙、僧果、静稱、業首、法辯、道綜、慧濬、慧耀	法緣、曇徹、妙智、僧蓋、法全、净暉、曇簡、净珪、慧緒、曇勇、德樂	净秀、僧念、馮尼、慧勝、净賢、净淵、净行、令玉、僧述、妙禕、惠暉、道貴

《比丘尼傳》所記大都爲南朝人物，當爲寶唱身處南、北朝分裂割據時代所致。梁釋慧皎《高僧傳序》：「自前代所撰，多曰『名僧』。然名者，本實之賓也。若實行潛光，則高而不名；寡德適時，則名而不高。」從慧皎的批評中，可以得知寶唱在《名僧傳》中多記頗有聲名之輩，而《比丘尼傳》亦是如此。寶唱在傳中所記的比丘尼，大多往來於上層社會，這些帝王、后妃、官宦、士紳、清流、高僧不僅在政治上，而且在經濟上爲比丘尼們提供了極大的保障。而比丘尼們

除了爲他們誦經祈福、宣揚佛法外，還積極參與其政治活動。如支妙音爲殷仲堪圖州，法静、曇覽染孔熙先謀，這在《晋書》、《宋書》等正史中亦可取得印證。

二、《名僧傳》與《比丘尼傳》

寶唱是中國至今爲止，同撰僧、尼二傳，且皆留於今世（《名僧傳》雖佚，但仍可從《名僧傳抄》中窺見一斑）之第一人。二書均出於一人之手，故其間有很多相似相通之處。

（一）成書時間。《續高僧傳》卷一《釋寶唱傳》：「初唱天監九年先疾復動，便發二願：遍尋經論，使無遺失；搜括列代《僧録》，創區别之，撰爲部帙，號曰《名僧傳》三十一卷。至十三年，始就條列。」而《比丘尼傳》撰於天監十六年，可見二書是前後相繼完成的。

（二）編撰緣起。《續高僧傳》卷一《釋寶唱傳》：「其《序》略云：（中略）竊以外典鴻文，布在方册；九品六藝，尺寸罔遺。而沙門净行，獨亡紀述；玄宗敏德，名絶終古。擁嘆長懷，靡兹永歲。」《比丘尼傳·序》：「而年代推移，清規稍遠，英風將範於千載，志業未集乎方册，每懷慨嘆，其歲久矣。」可見，寶唱深感大德僧尼之事迹不能結集流於後世，故爲之立傳。

（三）資料來源。《續高僧傳》卷一《釋寶唱傳》：「搜括列代《僧録》，創區别之，撰爲部帙。（中略）律師釋僧祐，道心貞固，高行超邈，著述集記，振發宏要。寶唱不敏，預班二落，禮誦餘日，捃拾遺漏。」《比丘尼傳·序》：「始乃博采碑頌，廣搜記集，或訊之傳聞，或訪之故老，詮序始終，爲之立傳。」可見，二書均是以現成資料爲基礎，增漏補闕，廣采彙集，整理而成。

（四）所記人物。二書所記人物事迹，頗有互見之處，如《名僧傳》卷二五《法惠傳》所記馮尼事，與《比丘尼傳》卷四《馮尼傳》所記法惠法師事等。且二書多記南方人物，又同終於梁初。再有就是前面提到的，二書多記名僧、名尼。

（五）内容結構。《名僧傳》是現存最早之分科僧傳，共分七科：法師（又分外國、中國）、律師、禪師、神力、苦節（又分兼學、感通、遺身、宗索、尋法出經、造經像、造塔寺）、導師、經師。而《比丘尼傳》是以時間爲次，收録晋尼十三人，宋尼二十三人，齊尼十五人，梁尼十四人，總計六十五人。《比丘尼傳》雖未分科，然《比丘尼傳·序》云：「善妙、净珪窮苦行之節，法辯、僧果盡禪觀之妙。至若僧端、僧基之立志貞固，妙相、法全之弘震曠遠。」可見其内容仍不出《名僧傳》之科次。

現就《比丘尼傳》所記正傳人物，配以《名僧傳》科次，列表如左（可兼於數科者，以其要者判其科屬）：

科次		卷一	卷二	卷三	卷四
法師		妙相、道儀		妙智、净暉	净賢、净行、妙禕、惠暉
律師		僧基	慧果、寶賢	曇徹	净淵、令玉
禪師			光静、僧果、法相、法辯	僧蓋	曇暉、道貴
神力		净撿、道容	静稱	法緣、德樂	
苦節	兼學	妙音	慧濬	慧緒、超明	慧勝、法宣
	感通	明感、令宗	法盛、慧玉、道壽、玄藻、普照、慧木、法勝、僧端		净秀
	遺身		善妙、道綜、慧耀	曇簡、净珪、曇勇	馮尼
	造經像		道瑗	智勝	僧述
	造塔寺		慧瓊	僧猛	
導師		安令首、曇備、慧湛	業首、法净	僧敬、法全	
經師		智賢、道馨			僧念

三、尼始

比丘尼，梵語 bhikṣuṇī，巴利語 bhikkhunī，又作苾芻尼、比呼尼等，意譯乞士女、除女、薰女，指出家得度、受具足戒之女性。

比丘尼之始，應該追溯到釋尊聽許姨母摩訶波闍波提出家。摩訶波闍波提，梵名 Mahāprajāpatī，巴利名 Mahāpajāpatī，譯作大愛道。摩訶波闍波提爲古印度天臂城善覺王之女，即佛母摩訶摩耶之妹。釋尊出生七日後，母摩耶夫人即謝世，由姨母代爲養育。釋尊成道後第五年，净飯王命終，大愛道率耶輪陀羅及五百釋迦族女，請求隨釋尊出家，爲比丘尼之始。故寶唱在《比丘尼傳・序》中寫道：「比丘尼之興，發源於愛道。」

自從佛教傳入中國後，其思想首先在男性當中傳播開來，第一位皈依佛門的中國人就是男性。但是，思想的傳播不會爲性別所限制，一些有文化的女性也逐漸接觸并接受了佛教思想，進而出現了皈依佛門的中國女性。

第一位出家的中國比丘尼，據現在可考的文獻記載來看，説法不一。《比丘尼傳・序》：「像法東流，净撿爲首。」《比丘尼傳》卷二《寶賢尼傳》：「初晋升平中净撿尼，是比丘尼之始也。」《曝書亭集》卷二〇《雜詩十五首》：「至晋始有尼，入梁俗莫挽。」以净撿爲中國第一位比丘尼的觀點，其主要依據就是寶唱的《比丘尼傳》。另一説，乃《六朝事迹編類》卷下：「鐵索寺，本東晋尼寺也。尚書仲杲女見釋書有比丘尼，問講師，師曰：『女子削髮出家爲比丘尼。』後因鐵索羅國尼至，遂就此建寺，尼以鐵索羅爲名，中國尼自此始。」

但若由此斷定中國比丘尼最早始於晋代，則未免有些草率。《續文獻通考》卷二五三《仙釋考·名釋上》：「（東漢）劉峻女，明帝聽其出家，此中國人爲尼之始。」《大宋僧史略》卷上《東夏出家》：「漢明帝聽陽城侯劉峻等出家，僧之始也；洛陽婦女阿潘等出家，此尼之始也。」此又將比丘尼之始，推至後漢。《僧史略》之説，本是源於《漢法本内傳》，然其所引過於簡略。《漢法本内傳》現已佚失，只有部分散見於諸書，然各書所引内容之詳略，大同而小異，現將有關「尼始」部分，列出如下：

《佛祖統紀》卷三五《法運通塞志》引《法本内傳》：「司空劉峻等二百六十人，京師士庶張子尚等三百九十人，後宫陰夫人、王倢伃、宫人等一百九十人，五嶽道士吕惠通等六百二十人，并求出家，帝可之。敕于雒陽創十寺，七寺城外安僧，三寺城内安尼，并給供物。」卷五一《歷代會要志第十九·特恩度僧》：「漢明帝，五嶽道士角法不勝，司空劉峻、士庶張子尚、後宫陰夫人、道士吕惠通等，并求出家。」

《歷代法寶記》：「明帝大悦，放五品已上公侯子女及陰夫人等出家，道士六百人投佛出家。」

《廣弘明集》卷一《歸正篇第一・漢顯宗開佛化法本傳》：「司空陽城侯劉峻與諸官人、士庶等千餘人出家，四岳諸山道士吕惠通等六百二十人出家，陰夫人、王婕妤等與諸宫人婦女二百三十人出家。便立十所寺，七所城外安僧，三所城内安尼。」

《集古今佛道論衡》卷甲《後漢明帝感夢金人騰蘭入雒道士等請求角試事》：「《漢法本内傳》云：（中略）時有司空陽城侯劉峻與諸官人士庶等千餘人出家，及四嶽諸山道士吕惠通等六百二十八人出家，陰夫人、王婕妤等與諸宫人婦女等二百三十人出家。至月末以來，日日供設，種種行施，法衣瓶器并出所司。便立十寺，七寺安僧，在城邑外；三寺安尼，在雒城内。漢興佛法，自此始焉。」

《續集古今佛道論衡》：「《漢法本内傳・道士度脱品》：（中略）五品已上陽城侯劉善峻等九十三人出家。時帝侍衛九品已上，鎮遠將軍姜荀兒等一百七十五人出家。京都治民及婦女阿潘等一百二十一人出家。十六日，帝共大臣并文武官數百人與出家者剃頭，日日設供，夜夜然燈，作種種伎樂。比至正月三十日，法服瓶鉢悉皆施訖，即立十寺，城外七寺，城内三寺。七寺安僧，三寺安尼。」

《破邪論》卷上：「《漢法本内傳》云：（中略）時司空陽城侯劉善峻、官人、民庶及婦女等發心出家，四岳諸山道士吕惠通等六百二十人出家，五品已上九十三人出家，九品已上鎮遠將軍姜苟兒等一百七十五人出家，京都治下民張子尚等二百七十人出家；明帝后宫陰夫人、王婕妤等一百九十人出家，京都婦女阿潘等一百二十一人出家。十六日，帝共大臣文武數百人與出家者剃髪，日日設供，夜夜燃燈，作種種伎樂。比至三十日，法衣瓶鉢悉皆施訖。即立十寺，城外七寺，城内三寺。七寺安僧，三寺安尼。漢之佛法，從此興焉。」

《法苑珠林》卷一八《感應緣》之《漢法内傳經驗》：「《漢法本内傳》稱：（中略）法蘭法師爲衆説法，開化未聞。時司空劉峻、京師官庶、後宫陰夫人、四岳諸山道士吕惠通等一千餘人并求出家，帝然可之。遂立十寺，七寺城外安僧，三寺城内安尼。」卷五五《破邪篇第六十二·感應緣》之《辯聖真僞》：「傳云：（中略）司空陽城侯劉峻與諸官人、仕庶等千有餘人出家，四岳諸道士吕惠通等六百二十人出家，陰夫人、王婕妤等與諸宫人、婦女二百三十人出家。便立十寺，七所城外安僧，三所城内安尼。」

《翻譯名義集》卷一《宗翻譯主篇》：「《譯經圖紀》云：（中略）時後宫陰夫人、王婕妤等一百九十人出家，司空陽城侯劉善峻等二百六十人出家，四岳道士吕慧通等六百二十人出家，京都張子尚等三百九十一人出家。帝親與群宫爲出家者，剃髪給施供養。經三十日，造寺城外，七所安僧，城内三寺安尼。具如《漢明法本内傳》。」

《古今譯經圖紀》卷一《後漢劉氏都洛陽》：「時後宫陰夫人、王婕好等一百九十人出家，司空陽城侯劉善峻、鎮遠將軍姜苟兒等二百六十八人出家，四岳道士吕慧通等六百二十人出家。京都男女張子尚、阿潘等三百九十一人出家。帝親與群官爲出家者剃髮，給施供養。經三十日，造寺十所，城外七寺，城内三寺。七寺安僧，三寺安尼。具如《漢明帝法本内傳》説。」

綜合以上記述，可知漢明帝時，佛教初傳中國，道教不容，與之在白馬寺鬥法。道教大敗，明帝大悦，聽許後宫陰夫人、王婕好等及京都婦女阿潘出家。此爲可考之最早比丘尼。然陰夫人、王婕好出家之事，正史不載。

佛教自漢代傳入，現已爲公認之史實，那麼不應直至晋代纔在女衆中傳播，産生女衆信徒。因此，不論《漢法本内傳》其書是真是僞，可以肯定的是，中國第一位比丘尼至少在東漢時就已出現。然此第一比丘尼，是否從嚴格意義上完全符合佛教律法的規定，這就涉及下面一個問題。

四、尼壇

尼壇，指比丘尼受戒之壇。最初比丘尼受戒，是與比丘同壇，并未單設僅供比丘尼受戒使用之戒壇。《大宋僧史略》卷上《尼得戒由》：「及建武中，江北諸尼乃往僧寺受戒，累朝不輟。

近以太祖敕，不許尼往僧中受戒，自是尼還於一衆得本法而已，戒品終不圓也。」《山堂肆考》卷一四七《釋教・立壇》：「《僧史略》：『初僧尼受戒本同壇，自宋太祖不許尼往僧寺中。』開寶五年二月，詔尼有合度者，只許於本寺起壇受戒，蓋自此始別立尼受戒壇也。」此説當指比丘尼專用之戒壇。

若從一般意義上講，可供比丘尼受戒之壇，當始於晋代。《比丘尼傳》卷一《浄撿尼傳》：「晋咸康中，沙門僧建於月支國得《僧祇尼羯磨》及《戒本》。升平元年二月八日，洛陽請外國沙門曇摩羯多，爲立戒壇。」由此可知，《佛祖統紀》卷三六《法運通塞志》所載「（元嘉）十一年，求那跋摩於南林寺立戒壇，爲僧尼受戒，爲震旦戒壇之始」誤。

佛法初入中國，戒法不全，女子出家只從大僧一邊得戒，後來隨著戒法的譯傳逐漸完備，纔改爲從比丘、比丘尼二衆同時受戒（按戒法要求，二衆必須各具足十人）。《比丘尼傳》記載了這一發展變化過程。

《比丘尼傳》卷一《浄撿尼傳》：「撿等四人同壇止，從大僧以受具戒。」但是，像這種依大僧一邊受戒，未盡如法。故《大宋僧史略》卷上《尼得戒由》云：「又晋咸康中，尼浄撿於一衆邊得戒，此亦未全也。」

《比丘尼傳》卷二《慧果尼傳》：「到元嘉六年，西域沙門求那跋摩至。果問曰：『此土諸尼，先受戒者，未有本事。推之愛道，誠有高例。未測厥後，得無異耶？』答：『無異。』又問：『就如律文，戒師得罪，何無異耶？』答曰：『有尼衆處，不二歲學，故言得罪耳。』又問：『乃可此國先未有尼，非閻浮無也？』答曰：『律制十僧，得授具戒；邊地五人，亦得授之。正爲有處，不可不如法耳。』又問：『幾許里爲邊地？』答曰：『千里之外，山海艱隔者是也。』九年，率弟子慧意、慧鎧等五人，從僧伽跋摩重受具戒，敬慎奉持，如愛頂腦。」

《比丘尼傳》卷二《僧果尼傳》：「元嘉六年，有外國船主難提，從師子國載比丘尼來至宋都，住景福寺。後少時，問果曰：『此國先來，已曾有外國尼未？』答曰：『未有。』又問：『先諸尼受戒，那得二僧？』答：『但從大僧受得本事者，乃是發起受戒人心，令生殷重，是方便耳。故如大愛道八敬得戒，五百釋女以愛道爲和上，此其高例。』果雖答，然心有疑，具諮三藏，三藏同其解也。又諮曰：『重受得不？』答曰：『戒定慧品，從微至著，更受益佳。』到十年，舶主難提復將師子國鐵薩羅等十一尼至。先達諸尼，已通宋語，請僧伽跋摩於南林寺壇界，次第重受三百餘人。」

其他典籍也有相關記述，如：

《四分律删繁補闕行事鈔》卷中《随戒釋相篇第十四》：「比丘尼受具初緣。至宋元嘉七年，有罽賓沙門求那跋摩至揚州譯《善戒》等經。又後有師子國尼八人來至，云：『宋地未經有尼，何得二衆受戒？』摩云：『尼不作本法者，得戒得罪。尋佛制意，法出大僧，但使僧法成就，自然得戒。所以先令作本法者，正欲生其信心，爲受戒方便耳。至於得戒，在大僧羯磨時生也。』諸尼苦求更受。答曰：『善哉！夫戒定慧品，從微至著，若欲增明，甚相隨喜。』且令西尼學語，更往中國，請尼令足十數。至元嘉十年，有僧伽跋摩者，此云衆鎧，解律《雜心》，自涉流沙至揚州。初求那許尼重受，未備而終。俄而師子國尼鐵索羅等三人至京，定前十數，便請衆鎧爲師，於壇上爲尼重受。出《高僧》、《名僧》、《僧史》、《僧録》，及晋、宋雜録，故略出緣起，永爲龜鏡。」

《四分比丘戒本疏》卷上：「又至宋文帝時，師子國尼鐵索（薩）羅等又與重受。自爾已來，方有戒法相傳。」

《緇門警訓》卷三《度尼教意》：「求那跋摩，此翻功德鎧，聖者言：『若無二衆，但一衆受，如愛道之緣者得也。何以知然？及論本法，止前方便，未有可成，還約僧中羯磨。』方感後師子國鐵索（薩）羅等十一尼，學宋語通，方二衆受。」

《佛祖統紀》卷三六《法運通塞志》：「（元嘉）十一年，求那跋摩於南林寺立戒壇，爲僧尼受戒，爲震旦戒壇之始。時師子國比丘尼八人來，未幾復有尼鐵索（薩）羅三人至，足爲十衆。乃請僧伽跋摩爲師，爲景福寺尼慧果等，於南林戒壇依二衆重受具戒，度三百餘人。」

《高僧傳》卷三《求那跋摩傳》：「時影福寺尼慧果、浄音等，共請跋摩云：『去六年，有師子國八尼至京，云宋地先未經有尼，那得二衆受戒，恐戒品不全。』跋摩云：『戒法本在大僧衆發，設不本事，無妨得戒，如愛道之緣。』諸尼又恐年月不滿，苦欲更受。跋摩稱云：『善哉！苟欲增明，甚助隨喜。』但西國尼年臘未登，又十人不滿，且令學宋語，别因西域居士，更請外國尼來足滿十數。」

《高僧傳》卷三、《出三藏記集》卷一四《僧伽跋摩傳》載：「初，三藏法師明於戒品，將爲影福寺尼慧果等重受具戒，是時二衆未備，而三藏遷化。俄而，師子國比丘尼鐵薩羅等至都，衆乃共請跋摩爲師，繼軌三藏。」

《翻譯名義集》卷一《宗翻譯主篇第十一》：「求那跋摩，宋云功德鎧，罽賓王之少子。（中略）《事鈔》云：宋元嘉七年至楊州譯《善戒》等經，爲比丘尼受具初緣。又後有師子國尼八人，來至云：『宋地未經有尼，何得二衆受戒？』摩云：『尼不作本法者，得戒得罪，尋佛制意，法出大僧。但使僧法成就，自然得戒。所以先令作本法者，正欲生其信心，爲受戒方便耳。至於得戒，在大僧羯磨時生也。』諸尼苦求更受。答曰：『善哉！夫戒定慧品，從微至著，若欲增明，甚相隨喜。』且令西尼學語，更往中國，請尼令足十數。至元嘉十年，有僧伽跋摩者，此云衆鎧，解律、《雜心》，自涉流沙至楊州。初求那許尼重受，未備而終。俄而師子國尼鐵索（薩）羅等三人至京，足前十數。便請衆鎧爲師，於壇上爲尼重受。」

《事物紀原》卷七《尼戒》、《山堂肆考》卷一四七《釋教·受戒》：「《薩婆多師資傳》曰：宋元嘉十一年，師子國尼鐵索羅等於建康南林寺壇上，爲景福寺尼惠果、净音等受戒法事。此方尼受戒，自惠果等始也。」

根據上述記載可知，求那跋摩於元嘉八年來到宋都，傳授大乘戒法。景福寺慧果尼向求那跋摩諮詢有關比丘尼二衆受戒事，欲如法重受具足戒。當時隨外國舶主難提來到中國的師子國比丘尼共有兩批，第一批是於元嘉六年至宋都，第二批是元嘉十一年。由於第一批先到者爲八人，不足十人，故當時未能傳戒，只留在中國學習漢語。直到四年後師子國比丘尼鐵薩羅等三人來到中國，比丘尼人數達到十人，二部具足，而此時求那跋摩已經去世，於是轉請僧伽跋摩共同爲宋都比丘尼重授具足戒。

除了前面提到的慧果、僧果從鐵薩羅重受具戒外，可考名姓的還有净音、僧敬、德樂三人。《比丘尼傳》卷二《寶賢尼傳》：「初晋升平中净撿尼，是比丘尼之始也，初受具戒，指從大僧。景福寺慧果、净音等，以諮求那跋摩。求那跋摩云：『國土無二衆，但從大僧受得具戒。』慧果等後遇外國鐵薩羅尼等至，以元嘉十一年，從僧伽跋摩於南林寺壇重受具戒，非謂先受不得，謂是增長戒善耳。」

《比丘尼傳》卷三《僧敬尼傳》：「逮元嘉中，魯郡孔默出鎮廣州，携與同行。（僧敬）遇見外國鐵薩羅尼等來向宋都，并風節峻異，更從受戒。」

《比丘尼傳》卷三《德樂尼傳》：「到十一年，有師子國比丘尼十餘人至，（德樂）重從僧伽跋摩受具足戒。」

因此，贊寧在《大宋僧史略》卷上《尼得戒由》中總結道：「宋元嘉十一年春，師子國尼鐵索羅等十人，於建康南林寺壇上，爲景福寺尼慧果、净音等二衆中受戒法事，十二日度三百餘人。此方尼於二衆受戒，慧果爲始也。知阿潘等但受三歸。又晉咸康中尼净撿於一衆邊得戒，此亦未全也。及建武中，江北諸尼乃往僧寺受戒。」

然《比丘尼傳》卷二《慧果尼傳》：「春秋七十餘，元嘉十年而卒。」元嘉十一年時，慧果已死，又如何能從二衆受戒呢？後世關於「尼於二衆受戒，慧果爲始也」之觀點，皆出於《比丘尼傳》之記載，然傳中關於此事之記述，前後頗有抵觸之處。考察傳中及其他相關記述，師子國比丘尼鐵薩羅於宋元嘉十一年至宋都，此事可以肯定。而慧果當時只就受戒問題請教了於元嘉八年至宋都的求那跋摩，後求那跋摩遷化，慧果也在不久後去世了，并没有從僧伽跋摩與鐵薩羅尼等二衆受戒。從《比丘尼傳》卷二《僧果尼傳》的記載看，僧果不僅與第一批來到中國的師子國比丘尼就受戒之事有所交流，而且也向求那跋摩請教過此事。故余認爲，尼於二衆受戒，當以僧果爲始。「慧果」與「僧果」僅一字之差，且生平事迹略有相同之處，故有可能在記述時將二人相互混淆。

中國的比丘尼戒法，除了在南朝宋時從師子國傳入，在漢末魏初時從東天竺也有傳入。《四分比丘戒本疏》卷上：「漢末魏初，復有東天竺尼與尼受戒。」《法苑珠林》卷八九《受戒篇第八十七·感應緣》：「《齊上統師傳》云：（中略）于時尼衆來求受戒，支法領曰：『如律所明，唯開邊地五人僧受具戒，不論尼衆。』是時尼等辭退而還，泣淚如雨，不能自勝。後到漢末魏初，東天竺國有二比丘尼來到長安，見比丘尼衆，問曰：『汝誰邊受戒？』尼衆答曰：『我到大僧所受五戒、十戒而已。』二尼嘆曰：『邊地尼等悉未有具。』爲還本國，化得一十五人來，三人在雪山凍死，二人墮黑嵎死，餘到此土，唯有十人。在此諸尼悉赴京師，與授具戒。後到吴地，亦與彼尼受具訖已。西尼思憶本鄉，即附舶南海而還。及至上船，唯有七人，三人命終。來去經途，十七餘年。」

更有靈異者，其還曾受彌勒菩薩「證驗」。日豐安《戒律傳來記》卷上：「次明尼衆者。（漢）靈帝之後，亦從大僧求受大戒。支法領語曰：『依如佛教，唯開邊地五人大僧受戒，不開尼衆。』尼衆泣淚而退。又從靈帝已後，逕五十三年。至當（漢）末魏初，東天竺國有二比丘尼到長安，見此土尼衆，問曰：『汝邊受大戒？』尼衆答曰：『我至大僧所，受三歸五戒。』二尼歎曰：『邊地比丘尼未有具戒。』遂還中國，化得十五人。三人在雪山凍死，二人墮黑澗死，屆至此土，唯有十人。自爾已前，尼悉赴京與受具足。後到吴地，與彼尼衆受戒。自爾已來，尼衆始有戒法相傳。受戒竟後，三人命終，唯七人在。來逕十七年，思憶本鄉，即附南海商人而還本國。一去已來，更不委耳。此初受戒，但在魏初，未許定是何年月日。又從魏初黄初元年庚子歲，後計有二百一十一年。至宋第二文帝義隆元嘉七年歲次庚午，有罽賓沙門求那跋摩，此言功德鎧，即其國王之少子，至於楊州譯《善戒》等經。又復有師子國尼八人，來至宋地云：『此地未曾有尼，何得二衆受戒？』功德鎧云：『尼無本法者得戒，而僧有罪。尋佛制意，先令作本法者，政欲生其善心，爲受戒方便。論其得戒，法出大僧，但使羯磨法成，自然得戒。』今詳魏初尼已受戒。而功德鎧即西域人，不練根由，而言無本法也。當時尼衆苦求更受，功德鎧云：『善哉！隨喜。』且令西尼學語，更往西國，請尼令足十數。而功德鎧雖先許尼重受大戒，但譯《比丘尼羯磨》一卷，《譯經圖記》云『《四分羯磨》一卷』是也，而受戒未事遂而終。俄然遂至元嘉十年歲次癸酉，有印度沙門僧伽跋摩，此云衆鎧，戒德清峻，道俗敬異，自流沙至楊州。復有師子國尼鐵索（薩）羅等三人至京，足前十數，便請衆鎧爲師，於壇上與尼重受大戒。齊末梁初，鍾山定林寺僧祐律師記云：最初爲影福寺慧果、净音、僧要、智景等二十三人受戒，自後不能繁記，自爾已來將爲善受。問：有何證驗知得戒耶？答：南山律師記云：昔魏文帝三年，內作無遮大會。文帝問曰：『此僧尼得戒原由云何可知？』諸大德悉皆不答。于時即有比丘，請向西國部得戒所由。到北天竺遇見一羅漢，啓問曰：『震旦僧尼受得戒不？』答曰：『我小聖不知得不。』又語比丘曰：『汝且住此，吾今爲汝往問彌勒，得不來報。』於是即入禪定，向兜率陀天。問曰：『我是小聖，不知邊地爲得戒不，故來問尊。』彌勒答言：『邊地得戒。』遂請證驗，即取金花而願言：『若邊地僧尼得戒者，願金花入羅漢手。若不得者，金花莫入。』願訖，金花即入掌中，一尺影現。奇征既爾，內懷歡喜。彌勒語曰：『汝下至震旦比丘所，亦當發願，若使震旦僧尼得戒不虛，唯願金花入比丘手。』當即發願已訖，以手案花，花入比丘掌中，一尺影現。瑞應既爾，欲來還國。遂有迦毗羅神，現身語曰：『道路縣遠，多諸險難，弟子送師令達彼國。』未至之間，魏文帝殿前先有金花空中影現。文帝問太史曰：『何變怪也？』太史答曰：『西國有佛法來此。』于時不盈一月，比丘掌中有一金花，來到之日，空裏金花即滅不現。」

又《資行鈔》：「謂漢靈帝自建寧元年，跨五十三年，至魏文帝黃初元年，先東天竺尼二人來，見震旦比丘尼未受戒已，歸天竺，尼得十五人。三人雪山凍死，二人黑澗死，十人至此土，與彼尼令授戒。又自黃初元年，跨二百一十一年，至宋第二文帝元嘉七年，罽賓沙門求那跋摩（此言汀百鎧）初至揚州，又有師子國尼八人來至宋地。宋地尼更欲重受戒，求請求那。求那許之，且令西尼學語。更往西國，請尼令足十。請尼令足十，敷而受戒事未遂，求那元嘉十年九月死。同十年，印度沙門僧伽跋摩至揚州。又有師子國尼鐵索羅等三人至京，足前十數滿足，請羅鎧爲師。元嘉十一年，南林寺前園戒壇重授大戒，見彼重受，當今初受也。凡自漢永平十年丁卯，佛法初來，經三百六十七年，至元嘉十一年，重令授戒。今師是爲初受戒之時，彼爲重受戒之時。是以《抄批》云：『鈔中所説事不盡理。』

「今更盡説比丘尼初受之由者，謂漢(聖)〔靈〕帝之後亦有尼從大僧求受大戒。支法領報曰：『如佛教，唯開邊地五人大僧受戒，不開尼衆。』尼衆泣淚而退。自此已後，逕五十三年，至漢末魏初，東天竺國有二比丘尼來到長安，見此土尼衆，問曰：『汝於誰邊受大戒？』尼衆答曰：『我至大僧所受三歸五戒。』二尼嘆曰：『邊地比丘尼未有具戒。』遂還中國，尼得十五人來，三人在雪山凍死，二人墮黑澗死，届至此土唯有十人。自爾已來，諸尼悉趣京師，與受具戒。後到吴地，與諸尼衆受具足戒。從此尼疏始有戒法，相傳受戒。於後三人命終，唯七人在。逕十七年，思憶故鄉，即附南海商人而還本國。一去已來，更不委耳。此初受戒，但在魏初，未詳定是何年月日。猶魏初已去，逕二百一十一年，至宋第二主文帝元嘉七年，罽賓沙門求那跋摩，此云功德鎧，即其國王之子也。至於揚都譯《善戒》等經，亦名《善生經》。又有師子國尼八人來到宋地，云：『此地未曾有尼，何得二衆受戒？』鎧曰：『尼無本法者得戒，而僧有罪。尋佛制意，先令作本法者，正欲生其善心，爲受戒方便。論其得戒，法於大僧，但使羯磨成就，自然得戒。』今詳魏初尼已受戒，而鎧是西域之人，不練根由，而言無本法也。當時尼衆，苦求重受。鎧云：『善哉！隨喜。』且令西尼學語，（中略）則知曹魏以來即從一衆邊受。

「（中略）《簡正記》云：『東晉初元帝至第三成帝咸康年中，有彭城婦女阿神見僧法始經中有比丘尼字，問之，因請出家，名爲浄檢。初於智山邊受三歸五戒而已。後至第五穆帝昇平元年，檢等四人汎舟於江，於法泰邊准《五分》。愛道初緣，從一衆受大戒。傚《大僧戒本》，撰《尼戒本》令念。此即江南尼衆，一衆受戒之初也。』（中略）《會正記》云：『求那其年九月二十八日，奄然已終，故不制前約。』（中略）至十一年，商主難提從彼國再請三尼，仍請衆鎧爲羯磨師，於前壇上，爲尼惠果等三百二十五人從重受。至元嘉十九年，衆鎧隨舶還國。鐵索羅等五人終在此方，餘亦返西。（中略）至十一年春，於南林寺前三藏本道場處，與諸尼受戒。最初爲影福寺尼惠果、浄音、偖要、智景等二十三人受戒。次爲小建安寺尼孔明及僧敬、法茂、法盛姊妹等受。次爲瞿曇、法明、法遵等受。次爲永安寺普敬、普要等受。次爲王園寺法静、智穆等姊妹受。總得十一，同法事相，仍有三百餘人。祇桓寺僧惠照等重受，亦此時也。」

綜合以上記述，《資行鈔》當最爲詳盡也。

五、尼寺

尼寺，指比丘尼所住之寺，又作尼庵、比丘尼寺。釋尊聽許其姨母摩訶波闍波提得戒出家以後，爲防止比丘尼與比丘雜處，有礙比丘的修行威儀，特令其别居一處。此應爲尼寺之濫觴。《四分律》卷四九《比丘尼犍度》：「佛言：『聽爲比丘尼别作住處。』」《婆藪槃豆法師傳》：「於阿緰闍國起三寺：一比丘尼寺，二薩婆多部寺，三大乘寺。」可見印度極早就有比丘尼寺的設立。

中國尼寺之始，説法不一。《比丘尼傳》卷一《净撿尼傳》載，净撿與「同其志者二十四人，於宫城西門共立竹林寺」，此一説也。《大宋僧史略》卷中《尼附》：「東晋何充始捨宅爲寺，安尼其間。」此又一説也。

若依《漢法本内傳》所記，漢明帝於永平十四年正月十五日，聽許後宫陰夫人、王婕妤及京都婦女阿潘等出家；十六日共大臣文武數百人與出家者剃髮；至三十日，即立十寺，城外七寺安僧，城内三寺安尼。則中國尼寺當始於漢明帝時。

根據《比丘尼傳》的記述，自净撿以後，尼寺逐漸增多。除了比丘尼自己籌資興建外，有很大一部分是當時的帝王、后妃、官宦、士庶等施捨所建。《比丘尼傳》卷一《明感尼傳》：「晋建元元年春，與慧湛等十人濟江，詣司空公何充。充一見甚敬重。于時京師未有尼寺，充以別宅爲之立寺。」從而開創了帝王官宦捨宅立寺之先河。

本書正文及校勘中，對於各尼寺之施建情況均有考證，此不贅述。

六、尼講

尼講，尼師講説經典之意。《大宋僧史略》卷上《尼講》：「東晉廢帝太和三年戊辰歲，洛陽東寺尼道馨，俗姓羊，爲沙彌尼時，誦通《法華》、《維摩》二部。受大戒後，研窮理味，一方道學所共師宗。尼之講說，道馨爲始也。」《釋氏要覽》卷下《説聽》之《講僧始》：「尼講，以東晋道馨講《法華》、《維摩》二經爲始也。」

《比丘尼傳》卷一《道馨尼傳》：「竺道馨，本姓楊，太山人也。志性專謹，與物無忤。沙彌時，常爲衆使，口恒誦經。及年二十，誦《法華》、《維摩》等經。具戒後，研求理味，蔬食苦節，彌老彌至。住洛陽東寺，雅能清談，尤善《小品》，貴在理通，不事辭辯，一州道學所共師宗。比丘尼講經，馨其始也。」

可見，道馨爲比丘尼講經之始。但湯用彤先生在《康復札記四則》中寫道：「又《宋僧史略》中所言『尼講』條，初見於寶唱《比丘尼傳・道馨傳》。但傳中所述當是『誦經』，不是『講經』，故尼姑講經是起於道馨也是後人的附會。」〔三〕但從傳中「雅能清談，尤善《小品》，貴在理通，不事辭辯」的記述看，可知道馨善於講解佛經義理。湯用彤先生所言「但傳中所述當是『誦經』，不是『講經』」，是因其所見《比丘尼傳》之版本較晚，年代較早的《金藏》本及《高麗藏》本均作「比丘尼講經」。且《佛祖統紀》卷三六《法運通塞志》：「（廢帝）三年，洛陽東寺尼道馨，爲衆説《法華》、《維摩》，聽者如市。」卷五三《歷代會要志》之《神尼異行》：「廢帝，洛陽東寺尼道馨，説《法華》、《維摩》，聽者如市。」亦載其事。又，若真爲「誦經」，前有《智賢尼傳》：「誦《正法華經》，猶日夜一遍。」也不應始於道馨。寶唱此處專門强調，必有其用意，故説「尼講」始於道馨不爲過也。

《比丘尼傳》中還記述了其他一些善於「講經」的比丘尼，如：

卷一《道儀尼傳》：「講《維摩》、《小品》，精義妙理，因心獨悟，戒行高峻，神氣清邈。聞中畿經律漸備，講集相續。」

卷二《慧瓊尼傳》：「綱紀寺舍，兼行講説。」

卷三《曇徹尼傳》：「才堪機務，尤能講説，剖毫析滯，探賾幽隱。」

卷三《妙智尼傳》：「齊武皇帝敕請妙智講《勝鬘》、《净名》，開題及講，帝數親臨，詔問無方。智連環剖析，初無遺滯。帝屢稱善，四衆雅服。」

卷三《智勝尼傳》：「聽受《大涅槃經》，一聞能持。後研律藏，功不再受，總持之譽，僉然改目。自製數十卷義疏，辭約而旨遠，義隱而理妙。（中略）齊文惠帝聞風，雅相接召，每延入宫，講説衆經。」

卷三《法全尼傳》：「大乘奥典，皆能宣講。」

卷三《净暉尼傳》：「永明八年，竟陵王請於第講《維摩經》。」

卷三《德樂尼傳》：「歲建大講，僧尼不限，平等資供。」

卷四《慧勝尼傳》：「具戒以後，講《法華經》。」

卷四《净賢尼傳》：「及明帝即位，禮待益隆，資給彌重，建齋設講，相繼不絶。」

卷四《净行尼傳》：「齊竟陵文宣王蕭子良厚加資給，僧宗、寶亮二法師雅相賞異。及請講説，聽衆數百人。」

卷四《妙褘尼傳》：「講《大涅槃經》、《法華》、《十地》，并三十餘遍。《十誦》、《毗尼》每經敷説，随方導物，利益弘多。」

卷四《惠暉尼傳》：「於是法筵頻建，四遠雲集，講説不休，禪誦無輟。」

卷四《法宣尼傳》：「於是移住山陰招明寺，經律遞講，聲高于越。」

可見，自道馨以後，比丘尼講經日益頻繁，水平也逐步提高，有的甚至被帝王、比丘所重而相邀講經。其中智勝尼除善於講經之外，還能「自製數十卷義疏」。

七、尼正

尼正，又稱尼僧正，即由官方任命來統理比丘尼衆之尼僧職稱。可考最早之尼僧正，當爲劉宋比丘尼寶賢。《比丘尼傳》卷二《寶賢尼傳》：「寶賢，本姓陳，陳郡人也。（中略）宋文皇帝深加禮遇，供以衣食。及孝武雅相敬待，月給錢一萬。明帝即位，賞接彌崇。以泰始元年敕爲普賢寺主，二年又敕爲都邑僧正。」《大宋僧史略》卷中《立僧正》：「又以尼寶賢爲僧正，文帝、孝武皆崇重之。」又《立尼正附》：「宋（太）〔泰〕始二年，敕尼寶賢爲尼僧正。」《尼附》：「宋寶賢爲京邑尼僧正，文帝四事供養，孝武月給錢一萬。」《佛祖統紀》卷三六《法運通塞志》：「（宋文帝元嘉）十二年，（中略）敕尼寶賢爲京邑尼僧正。」以上記述，只在時間上略有差異。從中可知，寶賢深受帝王尊崇，不僅帝王供養衣物所用，還「月給錢一萬」，故《大宋僧史略》卷中《尼附》云：「尼正之俸，寶賢始也。」

寶賢當上尼僧正以後，對協調當時佛教内部事務，起到了一定積極作用。《比丘尼傳》卷二《寶賢尼傳》：「賢乃遣僧局，齎命到講座，鳴木宣令諸尼，不得輒復重受戒。若年歲審未滿者，其師先應集衆懺悔竟，然後到僧局，僧局許可，請人監檢，方得受耳。若有違拒，即加擯斥。因兹已後，矯競暫息。在任清簡，才兼事義，安衆惠下，蕭然寡欲。」《比丘尼傳》中除了記有尼僧正寶賢外，還記有尼僧官法净。《比丘尼傳》卷二《法净尼傳》：「（泰始）二年敕爲京邑都維那，在事公正，確然殊絶。」從傳中記述來看，其與寶賢均能秉公處事，大衆欽服。

專門設立尼僧正來獨立管理比丘尼的制度，多行於南朝；北朝是將管理比丘尼的權力，歸附於僧正來行使。而設立尼都維那一職，更是少見。《大宋僧史略》卷中《立尼正附》：「北朝立制多是附僧，南土新規别行尼正。宋（太）〔泰〕始二年，敕尼寶賢爲尼僧正，又以法净爲京邑尼都維那。此則承乏之漸，梁、陳、隋、唐少聞其事，偏霸之國往往聞有尼統、尼正之名焉。」

八、尼衣

尼衣，即比丘尼所著之法衣。《賢愚經》卷一二《波婆離品》就記載了釋尊姨母摩訶波闍波提，在佛出家後，曾親手製作金襴衣（即金縷袈裟）一件奉佛。此爲比丘尼製法衣之始。

法衣即袈裟，梵語 kaṣāya，巴利語 kasāya 或 kasāva，意譯作壞色、不正色、赤色、染色。指纏縛於僧衆身上之法衣，以其色不正而稱名。佛教歷來對於衣著的顏色有著特殊的規定，在各種經律中説法不一，但總的有三種壞色之説，即以青、泥（皂、黑）、茜（木蘭色）三種爲袈裟之如法色（或謂若青、若黑、若木蘭色）。佛教傳入中國後，漢、魏時穿赤色衣（被赤衣），後來又有黑衣（緇衣）、青衣、褐色衣。顏色的流變，是佛教衣著流變的一個重要组成部分。正因爲佛教衣著顏色不同於俗世，故後世將道俗之别以「緇」「素」代稱。有關佛教衣著流變的問題，歷來系統論説較少，各書相關之記載又以僧服爲多，《比丘尼傳》則在尼衆衣著問題上，提供了重要的補充。這在周叔迦《漢族僧服考略》〔四〕中，也有體現。

《比丘尼傳》卷四《净秀尼傳》：「又嘗七日供養禮、懺訖，攝心澍想，即見二胡僧，舉手共語，一稱彌呿羅，一稱毗佉羅。所著袈裟，色如熟桑椹。秀即以泥染衣色，令如所見。」《大宋僧史略》卷上《服章法式》：「故（梁）净秀尼見聖衆衣色如桑熟椹，乃淺赤深黑也。」《廣弘明集》卷二三《僧行篇》第五沈約《南齊禪林寺尼净秀行狀》：「又於一時，虔請聖衆七日供養，禮懺始訖，攝心運想，即見兩外國道人舉手共語，一云呿羅，一言毗呿羅。所著袈裟，色如桑葚之熟，因即取泥以壞衣，色如所見。於是遠近尼僧并相仿斆，改服間色，故得絶於五大之過，道俗有分者也。」

可見當時比丘尼衣著與大衆并無明顯差别，在净秀「取泥以壞衣，色如所見」后，尼衆纔改穿間色(即三種壞色)之衣,使比丘尼著衣符合律法要求,杜絶了犯戒之五過(即自害、爲智者所訶、惡名流布、臨終生悔、死墮惡道),并使「道俗有分」。因而净秀可謂漢地尼衆衣著顔色改革之先驅。

九、尼詩

僧人作詩,代不乏人。現存的「僧詩」數量很多,其中以「證道偈」「臨終偈」爲代表。相比之下,尼僧所作的「尼詩」就顯得很少了。如《卍續藏經》所收清尼量海之《影響集》,清蟲天子《香艶叢書》所收《梵門綺語録》,載有很多尼詩。由於本文只就《比丘尼傳》本身進行探討,故對旁書外典不作論述。

尼詩亦如僧詩,也以「證道偈」「臨終偈」爲代表。如《五燈會元》卷一八《空室智通道人》:「空室道人智通者,龍圖范珣女也。(中略)因看《法界觀》,頓有省,連作二偈見意。一曰:『浩浩塵中體一如,縱横交互印毗盧。全波是水波非水,全水成波水自殊。』次曰:『物我元無異,森羅鏡像同。明明超主伴,了了徹真空。一體含多法,交參帝網中。重重無盡處,動静悉圓通。』」此即爲「證道偈」。

現在可考最早的尼詩,當爲南齊比丘尼慧緒所作。《比丘尼傳》卷三《慧緒尼傳》:「(慧緒)自索紙筆作詩曰:『世人或不知,呼我作老周。忽請作七日,禪齋不得休。』」《金藏》本及《高麗藏》本有夾注作:「後復有十字道別,今忘之。」可能此詩當爲六句,後兩句忘失矣。按傳中記述,慧緒在作完此詩後不久就去世了,可見其詩頗具「臨終偈」的意味。

這是《比丘尼傳》中明確作詩的唯一一例,若從比丘尼善於筆墨的角度看,傳中記述不乏其人。比如前面提到的智勝「自製數十卷義疏,辭約而旨遠,義隱而理妙」等,均反映出她們極高的文化修養和佛學造詣。

十、净土信仰

所謂净土,是相對於「穢土」而言。佛教認爲衆生所居之娑婆世界充滿濁惡,污穢不堪。《佛説阿彌陀經》:「娑婆國土,五濁惡世:劫濁、見濁、煩惱濁、衆生濁、命濁。」那麽所謂净土信仰,就是指離開現在所處的穢土,往生到圓滿的佛國净土中去。

中國的净土思想,主要以彌勒净土與彌陀净土爲主。彌勒净土之信仰,自唐以後逐漸衰落,彌陀净土就成爲净土一門的代表。在《比丘尼傳》中,就呈現了中國早期彌勒與彌陀净土信仰并行的局面。

彌勒净土信仰,即期生兜率天彌勒内院。西晉道安著有《净土論》六卷,爲中國宣揚彌勒净土信仰之始。《比丘尼傳》卷二《慧玉尼傳》：「慧玉，（中略）乃立誓言：『若誠齋有感，捨身之後，必見佛者。願於七日之内，見佛光明。』五日中宵，寺東林樹，靈光赫然。（中略）後六重寺沙門，四月八日於光處得金彌勒像，高一尺云。」同卷《玄藻尼傳》：「常翹心注想，願生兜率。」同卷《光静尼傳》：「至十九年歲旦，飲粒皆絶，屬念兜率，心心相續，如是不斷。至四月十八日夜，殊香異相，滿虚空中，其夜命過焉。」卷四《净秀尼傳》：「時有馬先生，世呼神人也，見秀記言：『此尼當生兜率。』（中略）彭城寺慧令法師，六月十九日夢見一柱殿，嚴麗非常，謂是兜率天宫，見净秀在其中。（中略）至七月十三日小間，自夢見幡蓋樂器，在佛殿西。二十二日，請相識僧會别。二十七日，告諸弟子：『我升兜率天。』言絶而卒，年八十九。」且尼玄藻、慧瓊、光静、净秀亦被收入《兜率龜鏡集》。

　　彌陀净土信仰，即求生阿彌陀佛所化之西方極樂世界。東晋慧遠在廬山結白蓮社，共修念佛三昧，求生净土，開結社念佛之先河，後被中國净土門人推爲初祖。《比丘尼傳》卷一所記尼道儀，即爲慧遠之姑。《比丘尼傳》卷一《令宗尼傳》：「年七十五，忽早召弟子，説其夜夢：『見一大山，云是須彌，高峰秀絶，上與天連，寶飾莊嚴，暉耀爛日，法鼓鏗鏘，香煙芳靡，語吾令前，愕然驚覺。即體中忽忽有異於常，雖無痛惱，狀如昏醉。』同學道津曰：『正當是極樂耳。』交言未竟，奄忽遷神。」《比丘尼傳》卷二《法盛尼傳》：「常願生安養，謂同業曇敬、曇愛曰：

『吾立身行道，志在西方。』十六年九月二十七日，塔下禮佛，晚因遇疾，稍就綿篤。其月晦夕，初宵假寐，如來垂虛而下，與二大士論一乘，俄與大衆騰芳蹈藹，臨省盛疾，光明顯燭，一寺咸見。僉來問盛：『此何光色？』盛具説之，言竟尋終，年七十二。」同卷《道瑗尼傳》：「又以元嘉十五年，造金無量壽像，以其年四月十日，像放眉間相光，明照寺内，皆如金色。」其中法盛、道瑗之往生事迹，均爲後世《净土往生傳》、《新修净土往生傳》、《净土聖賢録》、《西舫彙征》、《往生西方净土瑞應傳》等净土宗典籍所轉引。

又《比丘尼傳》卷二《法勝尼傳》：「年造六十，疾病經時，自言不差。親屬怪問，答云：『昨見二沙門，道知如此。』頃之復言：『見二比丘，非前所見者，偏袒右肩，手各執花，立其疾床。後遥見一佛，坐蓮華上，光照我身。』從此已後，夕不復眠，令人爲轉《法華》，至于後夜，氣息稍微，命令止經，『爲我稱佛』，亦自稱佛。將欲平明，容貌不改，奄忽而終焉。」從「爲我稱佛，亦自稱佛」的記述中，可知當時「稱名念佛」之法已行於尼衆。

當然，傳中還有很多事例，如《比丘尼傳》卷一《净撿尼傳》：「到升平末，忽復聞前香，并見赤氣，有一女人，手把五色花，自空而下。撿見欣然，因語衆曰：『好持後事，我今行矣。』執手辭別，騰空而上，所行之路，有似虹蜺，直屬于天。時年七十矣。」卷三《法緣尼傳》：「忽以其年二月八日俱失所在，經三日而歸，説至净土天宮見佛，佛爲開化。」只是未明歸處而已。

在《比丘尼傳》中，對於比丘尼臨終境況的記述，如臨終現瑞、言絶而卒、欣然遷化、遺身自焚等，均是研究比丘尼修證解脱的難得資料。

十一、觀音信仰

在前引《比丘尼傳》卷二《法盛尼傳》中所提到的「二大士」，即指觀世音菩薩與大勢至菩薩，二者均爲西方極樂世界之菩薩。故從某種意義上講，觀音信仰是浄土信仰的一個派生或組成部分，曾有念「五千觀世音」，可抵「一萬彌陀佛」之説。衆生危難之時，念觀音菩薩名號，觀音便會「尋聲救苦」，故觀音信仰在民間極爲流行。《比丘尼傳》就從一個側面，記述了觀音信仰在尼衆内部與民間傳播的一些情況。

（一）首先，觀音信仰在尼衆中的傳播，基本是通過讀誦、講説相關經典來完成的，而其中以《法華經》爲根本。爲什麽這麽説呢？在《比丘尼傳》中，曾一次提到《普門品》，兩次提到《觀世音經》。《法華傳記》卷一：「唯有什公《普門品》，於西海而别行。所以者何？曇摩羅懺，此云法豐，中印人，婆羅門種，亦稱伊波勒菩薩。弘化爲志，游化葱嶺，來至河西。河西王沮渠蒙遜，歸命正法，兼有疾患，以語菩薩。即云：『觀世音，此土有緣。』乃令誦念，病苦即除。因是别傳一品，流通部外也。」可見，《觀世音經》即爲《普門品》之别行。《普門品》，全稱《觀世音菩薩普門品》，乃《法華經》的第二十五品。《妙法蓮華經》卷七《觀世音菩薩普門品》：「佛告無盡意菩薩：『善男子，若有無量百千萬億衆生，受諸苦惱，聞是觀世音菩薩，一心稱名，觀世音菩薩即時觀其音聲，皆得解脱。』」并詳述稱念觀世音菩薩名號的各種好處。此爲觀音信仰之理論根源。

《比丘尼傳》中多次提到《法華經》，不難看出當時比丘尼讀誦、講説此經已十分普遍。如：

卷一《智賢尼傳》：「晋太和中，年七十餘，誦《正法華經》，猶日夜一遍。」

卷一《道馨尼傳》：「及年二十，誦《法華》、《維摩》等經。」

卷一《道儀尼傳》：「誦《法華經》，講《維摩》、《小品》。」

卷二《慧玉尼傳》：「誦《法華》、《首楞嚴》等經，旬日通利。」

卷二《道壽尼傳》：「勤苦超絶，誦《法華經》三千遍，常見光瑞。」

卷二《玄藻尼傳》：「精勤匪懈，誦《法華經》，菜食長齋，三十七載。」

卷二《普照尼傳》：「如常誦《法華經》一日三卷。」

卷二《法勝尼傳》：「令人爲轉《法華》。」

卷二《僧端尼傳》：「弟子普敬、普要，皆以苦行顯名，并誦《法華經》。」

卷四《僧念尼傳》：「誦《法華經》，日夜七遍。」

卷四《慧勝尼傳》：「具戒以後，講《法華經》。」

卷四《浄賢尼傳》：「寶顒講《法華經》，明於觀行。」

卷四《令玉尼傳》：「令惠誦《妙法蓮華》、《維摩》、《勝鬘》等經。」

卷四《妙禕尼傳》：「講《大涅槃經》、《法華》、《十地》，并三十餘遍。」

卷四《惠暉尼傳》：「讀《大涅槃經》，誦《法華經》。」

卷四《法宣尼傳》：「及至十八，誦《法華經》，首尾通利，解其指歸，坐卧輒見帳蓋覆之。」

通過對《法華經》的誦持，或者説是對《普門品》的誦持，獲得感應也就成了理所當然的事。歷代「觀世音應驗記」就記載了各種觀音感應事迹，其中齊陸杲《繫觀世音應驗記》將所記感應事迹，與觀音類經典經文相配合，更是突出了觀世音菩薩救苦救難，真實不虛。然其所記亦是男多女少，而《比丘尼傳》可補其闕。

卷一《明感尼傳》：「明感，本姓朱，高平人也。世奉大法。經爲虜賊所獲，欲以爲妻，備加苦楚，誓不受辱。謫使牧羊，經歷十載，懷歸轉篤，反途莫由。常念三寶，兼願出家。忽遇一比丘，就請五戒，仍以《觀世音經》授之，因得習誦，晝夜不休。願得還家，立五層塔。不勝憂念，逃走東行。初不識路，晝夜兼涉。徑入一山，見有斑虎，去之數步。初甚恐懼，小却意定，心願逾至，遂隨虎而行。積日彌旬，得達青州，將入村落，虎便不見。」

同卷《令宗尼傳》：「令宗，本姓滿，高平金鄉人也。幼有清信，鄉黨稱之。家遇喪亂，爲虜所驅，歸誠懇至，稱佛法僧，誦《普門品》，拔除其眉，託云惡疾，求訴得放，隨路南歸。行出冀州，復爲賊所逐，登上林樹，專誠至念。捕者前望，終不仰視，尋索不得，俄爾而散。宗下復去，不敢乞食，初不覺饑，晚達孟津，無船可濟，憧惶憂懼，更稱三寶。忽見一白鹿，不知所從來，下涉河流，沙塵隨起，無有波瀾。宗隨鹿而濟，曾不沾濡，平行如陸。因得達家，仍即入道。」

上二條，應《普門品》「滿中怨賊」與《請觀世音經》「示其道徑」。

卷二《玄藻尼傳》：「藻年十餘，身嬰重疾，良藥必進，日增無損。（中略）即於宅上設觀世音齋，澡心潔意，傾誠戴仰，扶疾稽顙，專念相續。經七日，初夜忽見金像高尺許，三摩其身，從首至足，即覺沈痾豁然消愈。」

上一條，應《請觀世音經》「遇大惡病」。

卷二《僧端尼傳》：「僧端，廣陵人也。門世奉佛，姊妹篤信，誓願出家，不當聘娶。而姿色之美，有聞鄉邑，富室湊之，母兄已許。臨迎之三日，宵遁佛寺。寺主置於别室，給其所須，并《請觀世音經》，二日能誦，雨淚稽顙，晝夜不休。過三日後，於禮拜中見佛像語云：『汝婿命盡，汝但精勤，勿懷憂念。』明日，其婿爲牛所觸亡也。因得出家。」

以上皆驗《普門品》「念彼觀音力，釋然得解脱」。

（二）其次，《比丘尼傳》體現了觀音信仰在當時已經民俗化。

前面提到的《玄藻尼傳》「即於宅上設觀世音齋」，觀音齋又作觀音素，是江蘇吴縣地方的一種習俗。即於農曆二月一日開始持齋，至十九日觀世音菩薩誕辰爲止；或從農曆六月九日至十九日觀世音菩薩成道日間持齋。玄藻生病之時，還未出家，於家中設觀音齋祈福，可見觀音信仰已成爲當時的一種民間信仰。

十二、佛道之争

佛教自傳入之日起，就與中國故有文化不斷碰撞與融合，其中，與道教之間的鬥争，從一開始就伴隨著佛教在中國的發展，如《漢法本内傳》所記佛道二教角力之事。這在《比丘尼傳》中也有明顯體現。

《比丘尼傳》卷一《智賢尼傳》：「太守杜霸，篤信黄老，憎嫉釋種，符下諸寺，剋日簡汰。制格高峻，非凡所行。年少怖懼，皆望風奔駭，唯賢獨無懼容，興居自若。集城外射堂，皆是耆德，簡試之日，尼衆盛壯，唯賢而已。霸先試賢以格，格皆有餘。賢儀觀清雅，辭吐辯麗。霸密挾邪心，逼賢獨住。賢識其意，誓不毁戒法，不苟存身命，抗言拒之。霸怒，以刀斫賢二十餘瘡，悶絶躄地，霸去乃甦。」

同卷《道馨尼傳》：「晋太和中，有女人楊令辯，篤信黄老，專行服氣。先時人物亦多敬事，及馨道王，其術寢亡。令辯假結同姓，數相去來，内懷妬嫉，伺行毒害。後竊以毒藥内馨食中，諸治不愈。」

卷三《僧猛尼傳》：「曾祖率，晋正員郎餘杭令，世事黄老，加信敬邪神。猛幼而慨然，有拔俗之志。」

她們在鬥争面前，有的據理力争，有的飽受摧殘，有的被害致死，但都表現出大無畏的衛道殉教精神，這是十分令人敬佩的。

以上是對《比丘尼傳》的一點簡單介紹，當然還有很多内容值得進一步探討。如傳中卷一所記明感、慧湛渡江，卷三《智勝尼傳》「寓居會稽。（中略）宋季多難，四民失業，時事紛紜，奄冉積載」等，均可反映出當時由於政局動蕩、朝代更替、戰争災荒而導致的人口向南遷徙。

總之，《比丘尼傳》既是一部生動的尼傳，又是一部翔實的尼史。它真實地記録了比丘尼出家、受戒、修行、教化、示寂的全過程，并從政治、經濟、文化、宗教、習俗等諸多方面，反映了當時社會的基本情況。除《房山石經》、《開寶藏》、《普慧藏》外，中國歷代藏經均有收録。《高麗藏》、《大正藏》亦有收録，且日、韓諸多經録典籍均有所載，可見該書早已傳至海外。近代亦有英譯本問世，足見其在國際上的影響。

《比丘尼傳》不僅開創了「爲尼立傳」之始，而且影響了後人對比丘尼的重視與研究。除前面提到的五代釋可洪外，唐慧琳亦撰《音義》，收於《一切經音義》第一百卷。五代僧義楚在其所撰《釋氏六帖》卷八《高行諸尼部》中，不僅全收寶唱《比丘尼傳》之人物，而且還新增比丘尼事迹二十餘人。由於此書中土久佚，且五代之書流傳稀少，故將其相關内容收於附録。清代《欽定古今圖書集成·博物彙編·神異典》卷二〇四、二〇五，單設《尼部》，亦是全文收録，且續增尼傳十餘人。近代有民國釋震華，仿《比丘尼傳》之體例，編《續比丘尼傳》六卷，上接寶唱所作，下收梁、陳、北齊、隋、唐、五代、宋、元、明、清、民國比丘尼二百餘人，還編有《中國佛教人名大辭典》一部，均爲研究比丘尼之不可多得的參考資料。

余大學時購得金陵刻經處本《比丘尼傳》一部，不時翻看，并作查考，故資料日漸豐富。此次將其整理出版，希望能够對讀者起到一定的參考作用。

王孺童書於北京木樨齋

二〇〇一年三月十二日

注釋

〔一〕中華書局點校本將「皎法師」改爲「釋寶唱」，其校勘記云：「釋寶唱，原作『皎法師』，據《開元釋教録》及《舊唐志》上、《新唐志》三改。」（其所據三書，文中皆有所引，可參看。）余認爲此改不甚妥當，釋寶唱與釋慧皎各著《僧傳》一部，爲何皎法師不能像釋寶唱一樣，再著《尼傳》一部呢？且湯用彤校注之《高僧傳》前，湯一介所撰《緒論》云：「又據《隋志》著録慧皎有《尼傳》二卷，已佚。」亦從舊本。故本文此處所引，從《隋書》舊本，不從中華書局點校本。

〔二〕據《開元釋教録》載，即《文殊師利所説般若波羅蜜經》一卷、《大乘十法經》一卷、《阿育王經》十卷、《寶雲經》七卷、《度一切諸佛境界智嚴經》一卷、《八吉祥經》一卷、《孔雀王咒經》二卷、《舍利弗陀羅尼經》一卷、《文殊師利問經》二卷、《菩薩藏經》一卷、《解脱道論》十二卷。

〔三〕《湯用彤學術論文集》，中華書局，一九八三年五月第一版，第三一六頁。

〔四〕《周叔迦佛學論著集》下册，中華書局，一九九一年一月第一版，第七二一頁。

凡例

一、本書以日本《大正藏》本爲底本，并采用其宋本（即《資福藏》本）、元本（即《普寧藏》本）、明本（即《永樂北藏》本）之校勘記，進行對校。

二、中華書局影印之《中華大藏經》，所收版本爲《趙城金藏》（後簡稱《金藏》）本，其《高麗藏》、《資福藏》、《磧砂藏》、《普寧藏》、《永樂南藏》、《徑山藏》、《清藏》本之校勘記，一并采用對校。

三、對照余所藏之《金藏》、《磧砂藏》、《洪武南藏》、《永樂北藏》、《清藏》、《頻伽藏》、金陵刻經處本，以補《大正藏》及《中華大藏經》漏校之處。

四、以《古今圖書集成》本、《釋氏六帖》及他書進行輔校。輔校者，與上述諸本不同處，方出校記。

五、本書各傳標題排序，底本及《金藏》、《頻伽藏》本乃每卷分別排序，且標題下均有「傳」字；其餘參校本均從頭至尾按「一至六十五」排序，且標題下無「傳」字。今從底本及《金藏》、《頻伽藏》本，文中不再出校記。

六、本書每卷卷首均有「大莊嚴寺釋寶唱撰」，今只在卷一存之，其餘删去。
七、本書各卷卷首原列本卷標題，現一律删去，移作書前《目録》。
八、本書之《序》，原置於卷一書名之後、標題之前，現移於卷一之前。
九、正文中的注釋文字，底本原作雙行夾注小字，今皆改爲單行小字。
一〇、《卍正藏經》第五十七册所收《高麗藏》本，每卷末均有「丙午歲，高麗國大藏都監奉敕雕造。寶永六己丑年五月六日初校誠譽，同六月十日再校了阿，同七月朔日三校貞準」數語，今在此録之以備考，書中全部删去。
一一、「前言」中并列所引内典，均按其在《大正藏》中之先後排序。
一二、凡底本誤或兩可者，均出校記説明。兩可者，從底本。凡有助於行文，而不害義者，酌情改從他本。
一三、在同一傳中出現相同問題時，只在第一次出現處出校記，并在校記中標明「下同」。在不同傳中出現相同問題時，均出校記；如需辨析者，則只在第一次出現處説明。
一四、凡缺筆、異型字，均徑改爲標準繁體字，不出校記。
一五、對於文中所記人物、寺院、史實略作注釋。凡校、注同時者，先校後注。
一六、每傳之後設有「附録」。凡正傳人物見於他書者，將相關文獻收於其中。

一七、凡「附録」及「附」中内容，若文字有明顯訛脱之處，則在其後加括號注明。（）中爲訛字，〔〕中爲正字或補字。

一八、書後附「釋寶唱事迹資料」「人名寺名表」。

序

原夫貞心亢志〔一〕，奇操異節，豈惟體率由於天真〔二〕，抑亦勵景行於仰止。故曰希顔之士〔三〕，亦顔之儔；慕驥之馬，亦驥之乘。斯則風烈徽猷〔四〕，流芳不絶者也。是以握筆懷鉛之客，將以貽厥方來〔五〕；比事記言之士，庶其勸誡後世〔六〕。故雖欲忘言，斯不可已也。昔大覺應乎羅衛〔七〕，佛日顯於閻浮，三界歸依，四生向慕。比丘尼之興，發源於愛道，登地證果，仍世不絶，列之法藏，如日經天。自拘尸滅影，雙樹匿迹，歲曆蟬聯，陵夷訛紊。於是時澆信謗，人或存亡。微言興而復廢者，不肖亂之也；正法替而復隆者，賢達維之也。

像法東流，浄撿爲首〔八〕，綿載數百，碩德係興〔九〕。善妙、浄珪窮苦行之節，法辯〔一〇〕、僧果盡禪觀之妙。至若僧端、僧基之立志貞固，妙相、法全之弘震曠遠〔一一〕，若此之流，往往間出。并淵深岳峙〔一二〕，金聲玉振〔一三〕，實惟叔葉之貞幹〔一四〕，季緒之四依也。而年代推移〔一五〕，清規稍遠，英風將範於千載，志業未集乎方册〔一六〕，每懷慨嘆，其歲久矣。始乃博采碑頌，廣搜記集，或訊之博聞〔一七〕，或訪之故老，詮序始終，爲之立傳。起晋升平，訖梁天監〔一八〕，凡六十五人〔一九〕。不尚繁華，務存要實，庶乎求解脱者，勉思齊之德〔二〇〕。而寡見庸疏，或有遺漏，博雅君子，箴其闕焉〔二一〕。

校注

〔一〕「亢」，《釋文紀》本作「抗」。案《説文通訓定聲·壯部》：「亢，叚借爲『抗』。」

〔二〕「惟」，《資福藏》、《磧砂藏》、《普寧藏》、《洪武南藏》、《永樂北藏》、《清藏》、金陵本作「唯」。

〔三〕「希」，《資福藏》、《磧砂藏》、《普寧藏》、《洪武南藏》本作「睎」。案《法言義疏》二《學行卷第一》：「睎驥之馬，亦驥之乘也。睎顔之人，亦顔之徒也。」《疏》：「『睎驥之馬』云云者，《説文》：『睎，望也。』經傳多作『希』。（中略）《晉書·虞溥傳》引此作：『希驥之馬，亦驥之乘。希顔之徒，亦顔之倫。』」

〔四〕「烈徽猷」，《資福藏》、《磧砂藏》、《普寧藏》、《洪武南藏》、《永樂南藏》、《永樂北藏》、《徑山藏》、《清藏》、金陵本作「列英徽」。

〔五〕「貽」，《資福藏》、《磧砂藏》、《普寧藏》、《洪武南藏》、《永樂南藏》、《永樂北藏》、《徑山藏》、《清藏》、金陵本作「語」。

〔六〕「誡」字下，《資福藏》、《磧砂藏》、《普寧藏》、《洪武南藏》、《永樂南藏》、《永樂北藏》、《徑山藏》、《清藏》、金陵本有「於」。

〔七〕「乎」，《徑山藏》本作「于」。

〔八〕「净撿」，《資福藏》、《磧砂藏》、《普寧藏》、《洪武南藏》、《永樂北藏》、《頻伽藏》、金陵本作「净檢」。下同。又《昭德先生郡齋讀書志後志》作「檢净」。

〔九〕「碩」，《永樂北藏》本誤作「頎」。

〔一〇〕「辯」，《資福藏》、《普寧藏》本及《全梁文》、《釋文紀》本作「辨」。

〔一一〕「全」，《金藏》本作「命」，《資福藏》、《磧砂藏》、《普寧藏》、《洪武南藏》、《永樂南藏》、《永樂北藏》、《徑山藏》、《清藏》、金陵本及《釋文紀》本作「令」。

〔一二〕「跱」，《資福藏》、《磧砂藏》、《普寧藏》、《洪武南藏》、《永樂北藏》、《清藏》、金陵本作「峙」。

〔一三〕「振」，《資福藏》、《磧砂藏》、《普寧藏》、《洪武南藏》、《永樂北藏》、《清藏》、金陵本作「震」。案《孟子正義》卷二〇《萬章章句下》：「孔子之謂集大成。集大成也者，金聲而玉振之也。金聲也者，始條理也；玉振之也者，終條理也。」

〔一四〕「叔」，《資福藏》、《磧砂藏》、《普寧藏》、《洪武南藏》、《永樂北藏》、《清藏》、金陵本作「菽」。「貞」，《釋文紀》本作「楨」。案《正字通·貝部》：「貞，亦作『楨』。」

〔一五〕「而」，《資福藏》、《磧砂藏》、《普寧藏》、《洪武南藏》、《永樂南藏》、《永樂北藏》、《徑山藏》、《清藏》、金陵本作「夫」。

〔一六〕「業」，《資福藏》、《磧砂藏》、《普寧藏》、《洪武南藏》、《永樂南藏》、《永樂北藏》、《徑山藏》、《清藏》、金陵本作「事」。

〔一七〕「博」，《金藏》、《資福藏》、《磧砂藏》、《普寧藏》、《洪武南藏》、《永樂北藏》、《清藏》、金陵本作「傳」。

〔一八〕「起晉升平，訖梁天監」，《資福藏》、《磧砂藏》、《普寧藏》、《洪武南藏》、《永樂南藏》、《永樂北藏》、《徑山藏》、《清藏》、金陵本及《全梁文》、《古今圖書集成》本作「起晉咸和，訖梁普通」。案《比丘尼傳》卷一《浄撿尼傳》中所記第一位比丘尼竺浄撿：「升平元年二月八日，洛陽請外國沙門曇摩羯多，爲立戒壇。（中略）撿等四人同壇止，從大僧以受具戒。晉土有比丘尼，亦撿爲始也。」且又記其卒於升平末年，「時年七十矣」。可見，若以浄撿受大僧戒，或其卒年起算，均應爲「升平」。若以其出生日起算，浄撿應生於西晉永平年前，也不應爲咸和。又《比丘尼傳》卷四《法宣尼傳》所記最後一位比丘尼釋法宣卒於「梁天監十五年」，且整部《比丘尼傳》都未出現「普通」年號。故應從底本及《金藏》、《頻伽藏》本，他本誤也。

〔一九〕此句下，《金藏》本有「爲上中下三卷」六字。案《比丘尼傳》之分卷，詳見前言。

〔二〇〕「思齊」，《論語·里仁》「見賢思齊焉」。

〔二〕「箴」,《金藏》本作「葴」,《資福藏》本作「藏」。又《全梁文》在末尾有「《釋藏》功五」雙行夾注。

附録

《釋氏六帖》卷八《高行諸尼部第十一・傳列高行》:「三,《尼高僧傳》,莊嚴寺僧寶(昌)〔唱〕撰,六十五人,依碑銘頌記集傳,或傳聞耆舊等述録也。」

《緣山三大藏總目録》卷中:「《比丘尼傳》四卷〔微〕,凡六十五人,《知津》同之。起晉咸和,訖梁普通。《標目》云:『自晉升平,訖梁天監。』《綱目》云:『七十五尼傳。』梁釋寶唱撰。」

《閲藏知津》卷四三《此方撰述》:「《比丘尼傳》四卷,《北》作二卷。《南》『功』,《北》『微』。梁莊嚴寺釋寶唱撰。起晉咸和,訖梁普通,凡六十五人。」

《昭德先生郡齋讀書志後志》卷八《傳記類》:「《比丘尼傳》四卷。右蕭梁僧寶唱撰。起晉升平,訖梁天監。得尼六十五人,爲之傳。以檢浄爲首。寶唱,金陵人,《藝文志》有其目。」

目録

比丘尼傳卷第一

大莊嚴寺釋寶唱撰〔一〕

晉

晉竹林寺净撿尼傳一〔二〕

净撿，本姓仲〔三〕，名令儀，彭城人也〔四〕。父誕，武威太守〔五〕。撿少好學，早寡，家貧，常爲貴游子女教授琴書。聞法信樂，莫由諮稟。後遇沙門法始〔六〕，經道通達，晉建興中，於宮城西門立寺，撿乃造之。始爲説法，撿因大悟〔七〕，念及强壯，以求法利，從始借經，遂達旨趣。他日，謂始曰：「經中云『比丘、比丘尼』，願見濟度〔八〕。」始曰：「西域有男女二衆，此土其法未具。」撿曰：「既云『比丘、比丘尼』，寧有異法？」始曰：「外國人云『尼有五百戒』〔九〕，便應是異。當爲問和上。」和上云〔一〇〕：「尼戒大同細異，不得其法，必不得授。尼有十戒，得從大僧受，但無和上尼，無所依止耳。」撿即剃落，從和上受十戒。同其志者二十四人，於宮城西門共立竹林寺，未有尼師，共諮净撿，過於成德。

和上者，西域沙門智山也。住罽賓國，寬和有智思〔一一〕，雅習禪誦。晉永嘉末，來達中夏，分衛自資，語必弘道。時信淺薄，莫知祈稟〔一二〕。建武元年，還反罽賓〔一三〕。後竺佛圖澄還〔一四〕，述其德業，皆追恨焉。

撿蓄徒養衆，清雅有節〔一五〕，説法教化，如風靡草。晉咸康中，沙門僧建於月支國得《僧祇尼羯磨》及《戒本》。升平元年二月八日〔一六〕，洛陽請外國沙門曇摩羯多〔一七〕，爲立戒壇。晉沙門釋道場〔一八〕，以《戒因緣經》爲難〔一九〕，云其法不成，因浮舟于泗，撿等四人同壇止〔二〇〕，從大僧以受具戒〔二一〕。晉土有比丘尼〔二二〕，亦撿爲始也。當其羯磨之日，殊香芬馥，闔衆同聞，莫不欣嘆，加其敬仰。善修戒行，志學不休。信施雖多，隨得隨散，常自後己，每先於人。到升平末〔二三〕，忽復聞前香，并見赤氣〔二四〕，有一女人〔二五〕，手把五色花〔二六〕，自空而下。撿見欣然，因語衆曰：「好持後事，我今行矣。」執手辭别，騰空而上，所行之路，有似虹蜺〔二七〕，直屬于天。時年七十矣。

校注

〔一〕「大」，《資福藏》、《磧砂藏》、《普寧藏》、《洪武南藏》、《永樂南藏》、《永樂北藏》、《徑山藏》、《清藏》、金陵本無。「大莊嚴寺」，《建康實録》卷八《晉孝宗穆皇帝》：「宋大明中，路太后於宣陽門外大社西藥園造莊嚴寺。」《南朝佛寺志》卷上、

《南朝寺考》：「宋孝武大明三年，路太后於宣陽門外太社西藥園造寺，名莊嚴寺，建塔七層，寺前有市（當今之笪橋西，今笪橋亦有市）。」

〔二〕「晋」，《資福藏》、《磧砂藏》、《普寧藏》、《洪武南藏》、《永樂南藏》、《永樂北藏》、《徑山藏》、《清藏》、金陵本作「洛陽」。「净撿」上，《資福藏》、《磧砂藏》、《普寧藏》、《洪武南藏》、《永樂南藏》、《永樂北藏》、《徑山藏》、《清藏》、金陵本有「竺」。

〔三〕「仲」，《金藏》本及《釋氏六帖》作「神」，《資福藏》、《磧砂藏》、《普寧藏》、《洪武南藏》、《永樂南藏》、《永樂北藏》、《徑山藏》、《清藏》、金陵本作「种」。

〔四〕「也」，《金藏》、《資福藏》、《磧砂藏》、《普寧藏》、《洪武南藏》、《永樂南藏》、《永樂北藏》、《徑山藏》、《清藏》、金陵本無。

〔五〕「武威」，《釋氏六帖》作「武昌」。

〔六〕「遇」，《金藏》、《資福藏》、《磧砂藏》、《普寧藏》、《洪武南藏》、《永樂南藏》、《永樂北藏》、《徑山藏》、《清藏》、金陵本無。

〔七〕「因」，《金藏》本作「自」。

〔八〕「度」，《資福藏》、《磧砂藏》、《普寧藏》、《洪武南藏》、《永樂北藏》、《清藏》、金陵本作「渡」。案《説文通訓定聲·豫部》：「度，又爲『渡』。」

〔九〕「國」，《磧砂藏》、《洪武南藏》本作「骨」。

〔一〇〕「上」，底本及《金藏》、《頻伽藏》本作「尚」。案「和上」亦作「和尚」，義同。然前文作「和上」，爲前後統一，故據《資福藏》、《磧砂藏》、《普寧藏》、《洪武南藏》、《永樂北藏》、《清藏》、金陵本改。

〔一一〕「和」，《金藏》本作「引」。

〔一二〕「祈」，《金藏》本作「所」。

〔一三〕「還反」，《資福藏》、《磧砂藏》、《普寧藏》、《洪武南藏》、《永樂南藏》、《永樂北藏》、《徑山藏》、《清藏》、金陵本作「西返」。

〔一四〕「竺佛圖澄」，《晋書》卷九五，《高僧傳》卷九，《法苑珠林》卷三一、卷六一有傳。

〔一五〕「節」，底本及《頻伽藏》本作「則」。案「節」「則」形近也，且「節」文意較通。據《金藏》、《資福藏》、《磧砂藏》、《普寧藏》、《洪武南藏》、《永樂南藏》、《永樂北藏》、《徑山藏》、《清藏》、金陵本改。

〔一六〕「升平」，《資福藏》、《磧砂藏》、《普寧藏》、《洪武南藏》、《永樂南藏》、《永樂北藏》、《徑山藏》、《清藏》、金陵本作「興平」。案東晋無「興平」年號，故他本誤也。

〔一七〕「洛陽請」，《金藏》本作「洛陽譯」，《資福藏》、《磧砂藏》、《普寧藏》、《洪武南藏》、《永樂南藏》、《永樂北藏》、《徑山藏》、《清藏》、金陵本作「於洛陽譯出」。案若從諸本，文意則成「升平元年二月八日，於洛陽譯出《僧祇尼羯磨》及《戒本》」。

〔一八〕「場」，《金藏》、《頻伽藏》本作「塲」。

〔一九〕案《開元釋教録》卷四：「《鼻奈耶律》十卷，一名《誡因緣經》，亦云《鼻奈耶經》，亦云《戒果因緣經》。沙門曇景筆受，見安公《經序》。苻秦建元十四年壬午正月十二日出。」而浄撿卒於東晋升平末年，其時《戒因緣經》尚未譯出，恐其中記述有誤。

〔二〇〕「止」，原作「上」，據《資福藏》、《磧砂藏》、《普寧藏》、《洪武南藏》、《永樂南藏》、《永樂北藏》、《徑山藏》、《清藏》、金陵本改。

〔二一〕「具」，《金藏》本作「其」。

〔二二〕「有」，《金藏》、《資福藏》、《磧砂藏》、《普寧藏》、《洪武南藏》、《永樂南藏》、《永樂北藏》、《徑山藏》、《清藏》、金陵本無。

〔二三〕「升平」，《資福藏》、《磧砂藏》、《普寧藏》、《洪武南藏》、《永樂南藏》、《永樂北藏》、《徑山藏》、《清藏》、金陵本作「咸康」。案傳中記述，净撿升平年還健在，而「咸康」早於「升平」，故《資福藏》、《磧砂藏》、《普寧藏》、《洪武南藏》、《永樂南藏》、《永樂北藏》、《徑山藏》、《清藏》、金陵本誤。

〔二四〕「赤」，《金藏》本作「朱」。

〔二五〕「女人」，《釋氏六帖》、《大宋僧史略》、《佛祖統紀》作「天女」。

〔二六〕「五色花」，《釋氏六帖》作「五色五花」。

〔二七〕「蜺」，《資福藏》、《磧砂藏》、《普寧藏》、《洪武南藏》、《永樂北藏》、《清藏》、金陵本作「霓」。案《説文・虫部》：「蜺，寒蜩也。从虫兒聲。」《説文解字注》：「或叚爲『虹霓』字。」

附録

《釋氏六帖》卷八《高行諸尼部第十一・洛陽净檢》：「姓神，彭城人。父誕，武昌太守。檢少好學，早寡，家貧，常爲貴游子女教琴書。聞法信樂，莫由請稟。後遇法始説法，悟道出家，晋朝尼始。後曇摩羯多受戒時，殊香芬馥，合衆同聞，莫不欣嘆，加其敬仰。後咸康末，忽聞前香，赤氣，有一天女，手把五色五花，自空而下，與檢升空，辭衆而去。」

《大宋僧史略》卷上《尼得戒由》：「又晋咸康中，尼净撿於一衆邊得戒，此亦未全也。」卷下《得道證果》之《尼附》：「晉代有尼凈撿，此方女人得戒之上首也。一旦，中庭有光，上屬于天，若虹霓狀，中有天女，相見欣然携手。撿遂引弟子，躡光而去。」《佛祖統紀》卷三六《法運通塞志》：「康帝，（中略）有尼凈檢，於本法得戒。一旦有天女乘光下庭中，忻然携手，揖别弟子，躡光上升。」卷五三《歷代會要志》之《神尼異行》：「晉康帝，比丘尼凈檢，於本法得戒。有天女下庭，忻然携手，躡光升天。」

僞趙建賢寺安令首尼傳二

安令首，本姓徐，東莞人也〔一〕。父忡〔二〕，仕僞趙，爲外兵郎〔三〕。令首幼聰敏好學，言論清綺，雅性虚淡，不樂人間，從容閑静，以佛法自娱，不願求娉。父曰：「汝應外屬，何得如此？」首曰：「端心業道，絶想人外，毁譽不動，廉正自足。何必三從，然後爲禮？」父曰：「汝欲獨善一身，何能兼濟父母？」首曰：「立身行道，方欲度脱一切，何况二親耶？」忡以問佛圖澄，澄曰：「君歸家，潔齋三日竟，可來。」忡從之。澄以茵支子磨麻油傅忡右掌〔四〕，令忡視之。見一沙門在大衆中説法，形狀似女〔五〕。具以白澄。澄曰：「是君女先身，出家益物。往事如此，若從其志，方當榮拔六親，令君富貴。生死大苦海〔六〕，向得其邊〔七〕。」忡還，許之。首便剪落〔八〕，從澄及凈撿尼受戒〔九〕，立建賢寺。澄以石勒所遺剪花納七條衣及象鼻澡罐與之〔一〇〕。博覽群籍，經目必誦，思致淵深，神照詳遠。一時道學〔一一〕，莫不宗焉，因其出家者二百餘人。又造五六精舍〔一二〕，匪憚勤苦，皆得修立。石虎敬之〔一三〕，擢父忡爲黄門侍郎〔一四〕、清河太守。

校注

〔一〕「也」，《資福藏》、《磧砂藏》、《普寧藏》、《洪武南藏》、《永樂南藏》、《永樂北藏》、《徑山藏》、《清藏》、金陵本無。

〔二〕「忡」，《金藏》本作「沖」。下同。《釋氏六帖》作「仲」。

〔三〕「爲」，《資福藏》、《磧砂藏》、《普寧藏》、《洪武南藏》、《永樂南藏》、《永樂北藏》、《徑山藏》、《清藏》、金陵本無。「郎」，《資福藏》、《磧砂藏》、《普寧藏》、《洪武南藏》、《永樂南藏》、《永樂北藏》、《徑山藏》、《清藏》、金陵本作「部」。

〔四〕「以」，《資福藏》、《磧砂藏》、《普寧藏》、《洪武南藏》本無。「茵支子」，《磧砂藏》、《普寧藏》、《洪武南藏》本作「燕梔子」，《永樂南藏》、《永樂北藏》、《徑山藏》、《清藏》、金陵本作「臙脂」。

〔五〕案《高僧傳》卷九《竺佛圖澄傳》：「善誦神呪，能役使鬼物，以麻油雜胭脂塗掌，千里外事，皆徹見掌中，如對面焉，亦能令潔齋者見。」《晉書》卷九五《藝術傳》之《佛圖澄》：「又令一童子潔齋七日，取麻油合胭脂，躬自研於掌中，舉手示童子，粲然有輝。童子驚曰：『有軍馬甚衆，見一人長大白皙，以朱絲縛其肘。』」此即「爪鏡」之卜筮法，乃爲佛制所禁。

〔六〕「海」，《資福藏》、《磧砂藏》、《普寧藏》、《洪武南藏》、《永樂南藏》、《永樂北藏》、《徑山藏》、《清藏》、金陵本無。

〔七〕「生死大苦海，向得其邊」，《古今圖書集成》本無。

〔八〕「剪」，金陵本作「翦」，下同。

〔九〕「及」，原作「乃」，形近而誤，據諸本改。

〔一〇〕「罐」，原作「灌」。案《一切經音義》卷一五《大寶積經第九十三卷》：「澡罐，（中略）盛浄水瓶也。《集訓》云：『汲水器也。』（中略）經中從水作『灌』，誤也。灌溉，非經義也。」據《磧砂藏》、《普寧藏》、《洪武南藏》、《永樂北藏》、《清藏》、金陵本改。「石勒」，《晋書》卷一〇四有載記。

〔一一〕「學」，《資福藏》、《磧砂藏》、《普寧藏》、《洪武南藏》、《永樂南藏》、《永樂北藏》、《徑山藏》、《清藏》、金陵本作「衆」。

〔一二〕「又造五六精舍」，《金藏》本作「又造五等寺、六精舍」，《資福藏》本作「又造五等寺，立精舍」，《磧砂藏》、《普寧藏》、《洪武南藏》、《永樂南藏》、《永樂北藏》、《徑山藏》、《清藏》、金陵本作「又造五寺，立精舍」。

〔一三〕「石虎」，即石季龍，《晋書》卷一〇六、一〇七有載記。

〔一四〕「父」，《資福藏》、《磧砂藏》、《普寧藏》、《洪武南藏》、《永樂南藏》、《永樂北藏》、《徑山藏》、《清藏》、金陵本無。

附　録

《釋氏六帖》卷八《高行諸尼部第十一·僞趙建賢》：「尼令首，住建賢寺，姓徐，東莞人也。父仲，仕僞趙外兵（即）〔郎〕將。令首幼敏聰好學，言論清奇，以佛法自娱。父曰：『汝應外屬，何以一身？』女曰：『立身行道，方度一切，何況二親？』仲問佛圖澄，令仲潔齋三日而來。澄以支子磨油塗仲右掌，令仲視之，見一尼在大衆中説法，似自女也。曰：『汝女先身出家，來只令出家，兼卿亦貴。』仲乃許之。依浄檢尼爲師，澄以石勒所遺剪花衲七條及象鼻澡罐與之。爾後博覽群（藉）〔籍〕，經目必誦，思理淵深。二百餘人同時出家，又造五寺。仲爲黄門侍郎。」

《十六國春秋》卷二一《後趙録十一·徐仲》：「徐仲，東莞人，仕勒爲外兵郎。有女令首，聰敏好學，言論清綺，雅性虚淡，不樂人間。從容閒净，以佛法自娱，不願求聘。父曰：『汝應外屬，何得如此？』女曰：『端心集道，絶想人外，毁譽不動，廉正自足。何必三從，然後爲禮？』父曰：『汝欲獨善一身，何能兼濟父母？』女曰：『立身行道，方欲度脱一切，何况二親耶？』仲以問佛圖澄，澄曰：『君歸家潔齋三日竟，可來。』仲從之。澄以臙脂磨麻油傅仲右掌，令仲視之。見一沙門在大衆中説法，形狀似女，具以白澄。澄曰：『是君女先身，出家益物。往事如此，若從其志，方當榮拔六親，令身富貴。生死大苦，向得其邊。』仲還許之。女便剪髮，從澄及净檢尼受戒，立建賢寺。澄以勒所遺剪花納七條衣及象鼻澡灌與之。得覽群籍，經目必誦，思致淵深，神照詳遠。一時道衆，莫不宗焉，因其出家者二百餘人。又造五寺，立精舍，匪憚勤苦，皆得修立。虎甚敬之，擢仲爲黄門侍郎、清和太守。」

司州西寺智賢尼傳三

智賢，本姓趙，常山人也。父珍，扶柳縣令。賢幼有雅操，志槩貞立。及在緇衣，戒行修備，神情凝遠，曠然不雜。太守杜霸，篤信黄老，憎㑲釋種〔一〕，符下諸寺，剋日簡汰。制格高峻，非凡所行。年少怖懼，皆望風奔駭，唯賢獨無懼容，興居自若〔二〕。集城外射堂，皆是耆德，簡試之日，尼衆盛壯，唯賢而已。霸先試賢以格，格皆有餘。賢儀觀清雅，辭吐辯麗。霸密挾邪心，逼賢獨住。賢識其意，誓不毁戒法，不苟存身命，抗言拒之。霸怒，以刀斫賢二十餘瘡，悶絶躄地，霸去乃甦〔三〕。倍加精進，菜齋苦節，門徒百餘人，常如水乳。及苻堅僞立〔四〕，聞風敬重，爲製織繡袈裟，三歲方成，價直百萬〔五〕。後住司州西寺，弘顯正法，開長信行。晋太和中，年七十餘，誦《正法華經》，猶日夜一遍。其所住處，衆鳥依栖，經行之時，鳴呼隨逐云〔六〕。

校　注

〔一〕「㑲」，《資福藏》、《磧砂藏》、《普寧藏》、《洪武南藏》、《永樂南藏》、《永樂北藏》、《徑山藏》、《清藏》、金陵本作「疾」。案《正字通・心部》：「㑲，同『嫉』，通作『疾』。」

〔二〕「唯賢獨無懼容，興居自若」，《資福藏》、《磧砂藏》、《普寧藏》、《洪武南藏》、《永樂南藏》、《永樂北藏》、《徑山藏》、《清藏》、金陵本作「唯賢獨無懼，從容興居自若」。

〔三〕「甦」，《金藏》本作「穌」，《磧砂藏》、《洪武南藏》本作「穌」，《釋氏六帖》作「蘇」。案《集韻・模韻》：「穌，死而更生曰『穌』。通作『蘇』，俗作『甦』，非是。」

〔四〕「苻堅」，原作「符堅」。案《晋書》卷一一三有《苻堅載記》。據金陵本及《釋氏六帖》改。

〔五〕「百」，《資福藏》、《磧砂藏》、《普寧藏》、《洪武南藏》、《永樂南藏》、《永樂北藏》、《徑山藏》、《清藏》、金陵本作「千」。

〔六〕「云」，《資福藏》、《磧砂藏》、《普寧藏》、《洪武南藏》、《永樂南藏》、《永樂北藏》、《徑山藏》、《清藏》、金陵本作「云云」。

附録

《釋氏六帖》卷八《高行諸尼部第十一・智賢雅操》：「常山人。父珍，扶柳縣令。賢幼懷雅操，志修戒行。太守杜霸信黄老，憎沙門，逼智賢，斫二十餘瘡。已蘇，志禀佛戒，後門徒百餘人。苻堅爲造織繡袈裟，三年乃成，價直千萬。後住(同)〔司〕州西寺，弘顯正法。晋太和中，年七十餘，念《正法華經》，一日一遍，鳥鵲隨逐。」

《法華經顯應録》卷下《高尼》之《司州賢法師》：「尼諱智賢，俗趙氏，常山人。戒行修謹，曠然不雜。時司州太守杜霸，信服黄老，嫉忌釋宗，符下簡汰，制格高峻，非凡所能。以格試賢，賢則有餘。逼賢獨住，賢識其意，誓不外犯。及(符)〔苻〕堅立，特敬之重，爲造織繡袈裟。後住西寺，洪顯大法，誦《正法華經》，晝夜一偏。其所住處，常爲衆鳥依栖，經行隨逐。」(《高尼傳》)

弘農北岳妙相尼傳四〔一〕

妙相，本姓張，名珮華，弘農人也。父茂，家素富盛。相早習經訓，十五適太子舍人北地皇甫達〔二〕。達居喪失禮，相惡之，告求離絶，因請出家，父并從之。精勤蔬食，游心慧藏，明達法相。住弘農北岳，蔭林面野〔三〕，徒屬甚多〔四〕。悦志閑曠，遁影其中二十餘載〔五〕，勵精苦行〔六〕，久而彌篤。每説法度人，常懼聽者不能專志，或涕泣以示之，是故其所啓訓皆能弘益。晉永和中，弘農太守請七日齋，座上白衣諮請佛法，言挾不遜。相正色曰：「君非直見慢，亦大輕邦宰。何用無禮，苟出人間耶！」於是稱疾而退。當時道俗咸嘆服焉〔七〕。後枕疾累日，臨終怡悦〔八〕，顧語弟子曰：「不問窮達，生必有死，今日别矣。」言絶而終。

校注

〔一〕「北岳」下，《永樂北藏》、《徑山藏》、《清藏》、金陵本有「寺」字。

〔二〕「達」，《資福藏》、《磧砂藏》、《普寧藏》、《洪武南藏》、《永樂南藏》、《永樂北藏》、《徑山藏》、《清藏》本作「逵」。下同。

〔三〕「面」，《資福藏》、《磧砂藏》、《普寧藏》、《洪武南藏》、《永樂南藏》、《永樂北藏》、《徑山藏》、《清藏》、金陵本作「西」。

〔四〕「徒」，《金藏》、《徑山藏》本作「塗」，《資福藏》本作「從」。

〔五〕「影」，《金藏》、《資福藏》、《磧砂藏》、《普寧藏》、《洪武南藏》、《永樂北藏》、《清藏》、金陵本作「景」。案《説文通訓定聲·壯部》：「景，字亦作『影』。」

〔六〕「勵」，《資福藏》、《磧砂藏》、《普寧藏》、《洪武南藏》、《永樂北藏》、《清藏》、金陵本作「厲」。案《説文·厂部》：

「厲，旱石也。」《說文解字注》：「凡勸勉，字亦作『勵』。」

〔七〕「咸」，《永樂北藏》、《徑山藏》、《清藏》、金陵本作「感」。

〔八〕「怡」，《資福藏》、《磧砂藏》、《普寧藏》、《洪武南藏》、《永樂南藏》、《永樂北藏》、《徑山藏》、《清藏》、金陵本作「恬」。

附録

《釋氏六帖》卷八《高行諸尼部第十一・妙相慧藏》：「姓張，弘農人。父茂，家富。相早習經訓，十五適太子舍人北地皇甫達。居喪失禮，相惡之，求絕出家，父從之。精勤蔬食，游心慧藏，明達法相。每説法度人，常懼聽者不專，泣以示之。於晉永和中，弘農太守請七日齋。白衣請法，言不謙遜，相正曰：『非直見慢，亦大輕辛。何用無禮，苟出人間！』後相臨終怡悅，語弟子曰：『不問窮達，生死必有，今日別矣。』言終化也。」

建福寺康明感尼傳五〔一〕

明感，本姓朱，高平人也。世奉大法。經爲虜賊所獲，欲以爲妻，備加苦楚，誓不受辱。謫使牧羊，經歷十載，懷歸轉篤，反途莫由。常念三寶，兼願出家。忽遇一比丘，就請五戒，仍以《觀世音經》授之，因得習誦，晝夜不休。願得還家，立五層塔〔二〕。不勝憂念，逃走東行。初不識路，晝夜兼涉。徑入一山，見有斑虎，去之數步。初甚恐懅〔三〕，小却意定〔四〕，心願逾至，遂隨虎而行。積日彌旬，得達青州，將入村落，虎便不見。至州，復爲明伯連所虜。音問至家，夫兒迎贖。家人拘制，其志未諧。苦身懃精〔五〕，三年乃遂。專篤禪行，戒品無愆。脱有小犯，輒累晨懺悔，要見瑞相，然後乃休，或見雨花，或聞空聲，或覩佛像，或夜善夢。年及桑榆，操行彌峻〔六〕。江北子女，師奉如歸。

晉建元元年春〔七〕，與慧湛等十人濟江〔八〕，詣司空公何充。充一見甚敬重〔九〕。于時京師未有尼寺，充以別宅爲之立寺〔一〇〕。問感曰：「當何名之？」答曰：「大晉四部，今日始備。檀越所建，皆造福業，可名曰建福寺〔一一〕。」公從之矣。後遇疾，少時便卒。

校注

〔一〕「康」，諸本同。案中國對外國東來之沙門或譯經者，依其國籍而冠姓，如天竺之竺曇摩騰、安息之安世高、康居之康僧會、月支之支謙等，然明感乃中國人，是否指明感被虜放羊之地爲康居國也。又東晉以前，沙門多隨師姓，如竺佛念、支道林，其「康」或爲其被虜時，所遇并從受五戒之沙門之姓也。

〔二〕「立」，《資福藏》、《磧砂藏》、《普寧藏》、《洪武南藏》、《永樂南藏》、《永樂北藏》、《徑山藏》、《清藏》、金陵本作「起」。

〔三〕「懅」，《金藏》本作「遽」，《古今圖書集成》本作「懼」。

〔四〕「小」，《資福藏》、《磧砂藏》、《普寧藏》、《洪武南藏》、《永樂南藏》、《永樂北藏》、《徑山藏》、《清藏》、金陵本作「少」。

〔五〕「懃」，《磧砂藏》、《洪武南藏》、《永樂北藏》、《清藏》、金陵本作「勤」。

〔六〕「行」，《資福藏》、《磧砂藏》、《普寧藏》、《洪武南藏》、《永樂南藏》、《永樂北藏》、《徑山藏》、《清藏》、金陵本作「業」。　「峻」，《新集藏經音義隨含録》作「焌」。

〔七〕「建元元年」，原作「永和四年」，《資福藏》、《磧砂藏》、《普寧藏》、《洪武南藏》、《永樂南藏》、《永樂北藏》、《徑山藏》、《清藏》、金陵本作「太和四年」，《釋氏六帖》作「太初四年」。案晉無太初年號。又《晉書》卷七七《何充傳》：「（充）永和二年卒，時年五十五。」若爲「太和四年」或「永和四年」，其時何充已死，明感等人均不能與之相見。又《佛祖統紀》卷五三《歷代會要志》之《建寺造塔》：「康帝，中書令何充捨宅爲建福寺。」卷三六《法運通塞志》：「康帝建元元年，中書令何充捨宅爲建福寺，以居比丘尼。」可見建福寺建於東晉康帝建元元年，據改之。

〔八〕「慧湛」，《資福藏》、《磧砂藏》、《普寧藏》、《洪武南藏》、《永樂南藏》、《永樂北藏》、《徑山藏》、《清藏》、金陵本作「惠湛」。　案同卷《慧湛尼傳》：「建元二年渡江，司空何充大加崇敬，請居建福寺住。」并未提與明感尼同去，且渡江時間比明感尼晚一年，恐其中記述有誤。

〔九〕「充」，《金藏》本無。　「甚」，諸本無。

〔一〇〕「別」，《金藏》本無。　案《大宋僧史略》卷中《尼附》：「東晉何充始捨宅爲寺，安尼其間，不無神異、義解、道明之者雄飛傑出矣。」《事物紀原》卷七《尼寺》：「《僧史略》曰：『東晉何充始捨宅安尼。』此蓋尼寺之起也。」

〔一一〕「建福寺」，《建康實録》卷八《晉康皇帝》：「晉康帝時，置兩寺：褚皇后立建興寺，在今縣東南二里，運瀆西岸；中書令何充立建福寺，今廢也（「今」謂許嵩作《實録》時也）。」《南朝佛寺志》卷上、《南朝寺考》：「建福寺，晉中書令何充建。

充素侫佛，好造塔。此寺亦康帝時所創，隋初廢。」

附録

《釋氏六帖》卷八《高行諸尼部第十一・建福明感》：「姓朱，高平人。世奉大法。爲虜賊所獲，欲以爲妻，備加苦楚，誓不受辱。謫使牧羊，經十年。忽見一僧，受與一卷《觀音經》，乃日夜誦習，願得歸出家，起五層塔。後自私逃，感虎引路，得達青州，虎遂不見。後乃出家。晋太初四年，與慧湛等十人渡江，見何充，充極重之。京師未有尼寺，充施宅爲寺。充問：『寺何名之？』曰：『今晋四衆方具，應名建福。』後造塔焉。」

《觀音慈林集》卷中《尼明感》：「明感，本姓朱，高平人也。世奉大法。爲虜賊所獲，欲以爲妻，備加苦楚，誓不受辱。謫使牧羊，經歷十載，懷歸轉篤，反途莫由。常念三寶，兼願出家。忽遇一比丘，就請五戒，仍以《觀世音經》授之，因得習誦，晝夜不休。願得還家，起五層塔。不勝憂念，逃走東行。初不識路，晝夜兼涉。逕入一山，見有斑虎，去之數步。初甚恐懅，少却意定，心願逾至，遂隨虎而行。積日彌旬，得達青州，將入村落，虎便不見。」

北永安寺曇備尼傳六〔一〕

曇備，本姓陶，丹陽建康人也。少有清信，願修正法。而無有昆弟〔二〕，獨與母居，事母恭孝，宗黨稱之。年及笄，嫁，徵幣弗許〔三〕。母不能違，聽其離俗。精懃戒行〔四〕，日夜無怠。晉穆皇帝禮接敬厚〔五〕，常稱曰〔六〕：「久看更佳。」謂章皇后何氏曰〔七〕：「京邑比丘尼，尠有曇備之儔也〔八〕。」到永和十年，后爲立寺于定陰里〔九〕，名永安〔一〇〕。今之何后寺是〔一一〕。謙虚導物，未嘗有矜慢之容。名譽日廣，遠近投集〔一二〕，衆三百人。年七十三〔一三〕，太元二十一年卒〔一四〕。弟子曇羅，博覽經律〔一五〕，機才贍密，敕續師任。更立四層塔，講堂房宇，又造卧像及七佛龕堂云〔一六〕。

校注

〔一〕「北永安寺」，傳中只作「永安」，無「北」字。案《比丘尼傳》卷三有《南永安寺曇徹尼傳》，恐「北」字乃相對而言。

〔二〕「弟」，《磧砂藏》、《洪武南藏》本作「第」。案《釋名》卷三《釋親屬》：「弟，第也。相次第而上也。」

〔三〕「嫁，徵幣」，《古今圖書集成》本作「將受聘」。「徵」，《資福藏》、《磧砂藏》、《普寧藏》、《洪武南藏》、《永樂南藏》、《永樂北藏》、《徑山藏》、《清藏》、金陵本作「微」，形誤。「幣」，《金藏》本作「蔽」，《資福藏》、《磧砂藏》、《普寧藏》、《洪武南藏》本作「弊」，皆形誤。

〔四〕「懃」，《磧砂藏》、《洪武南藏》、《永樂北藏》、《清藏》、金陵本作「勤」。

〔五〕「晋穆皇帝」，即司馬聃，《晋書》卷八有紀。

〔六〕「常」，《磧砂藏》、《普寧藏》、《洪武南藏》、《永樂南藏》、《永樂北藏》、《徑山藏》、《清藏》、金陵本作「嘗」。《資福藏》本作「當」，形誤。

〔七〕「章皇后」，《金藏》本無「皇」字。「章皇后何氏」，《晋書》卷三二有傳。案《晋書》卷九三《外戚傳》云其父何準：「唯誦佛經，修營塔廟而已。」何充又爲何準之兄。故何后信佛，亦不足怪也。

〔八〕「尠」，金陵本作「鮮」。案《集韻·獮韻》：「尟，或作『鮮』『尠』。」《廣韻·獮韻》：「鮮，『尠』俗。」「之」，諸本無。

〔九〕「爲」，《資福藏》、《磧砂藏》、《普寧藏》、《洪武南藏》、《永樂南藏》、《永樂北藏》、《徑山藏》、《清藏》本無。「定陰里」，《宋書》卷二九《符瑞志下》：「元嘉十五年六月，白雀見建康定陰里。」《梁京寺記》：「梁小莊嚴寺，在建業定陰里。」

〔一〇〕「名」下，《資福藏》、《磧砂藏》、《普寧藏》、《洪武南藏》、《永樂北藏》、《徑山藏》、《清藏》、金陵本有「曰」。「永安」，案《晋書》卷八《哀帝本紀》：「（升平五年九月戊申）穆帝皇后何氏稱永安宮。」卷三二《穆章何皇后傳》：「哀帝即位，稱穆皇后，居永安宮。」恐此即爲「永安寺」寺名之由來。

〔一一〕「今之何后寺是」，《資福藏》、《磧砂藏》、《普寧藏》、《洪武南藏》、《永樂南藏》、《永樂北藏》、《徑山藏》、《清藏》、金陵本作「今爲何后寺也」。「何后寺」，《建康實録》卷八《晋孝宗穆皇帝》：「案帝時，置僧尼寺三所。何皇后寺，在縣東一里，南臨大道。」《南朝佛寺志》卷上、《南朝寺考》：「何皇后寺，晋穆帝何皇后，性耽釋氏，造尼寺一所，在西州橋側，南臨大道（當今倉巷橋左近），後人呼爲何皇后寺。女尼居之者，戒行不盡嚴齊，蔡興宗嘗納寺尼智妃爲妾也。寺有陸整畫壁云。」《貞觀公私畫史》：「何后寺在江甯，有陸整畫。」案《宋書》卷五七、《南史》卷二九《蔡興宗傳》：「先是，興宗納何后寺尼智妃爲妾，姿貌甚美，有名京師，迎車已去，而師伯密遣人誘之，潛往載取，興宗迎人不覺（得）。」

〔一二〕「近」，《資福藏》、《磧砂藏》、《普寧藏》、《洪武南藏》、《永樂南藏》、《永樂北藏》、《徑山藏》、《清藏》、金陵本作「人」。

〔一三〕「三」，《資福藏》、《磧砂藏》、《普寧藏》、《洪武南藏》、《永樂南藏》、《永樂北藏》、《徑山藏》、《清藏》、金陵本作「二」。

〔一四〕「太元」，原作「泰元」。案東晉無此年號，應爲「太元」之誤，徑改。

〔一五〕「律」，《資福藏》、《磧砂藏》、《普寧藏》、《洪武南藏》、《永樂南藏》、《永樂北藏》、《徑山藏》、《清藏》、金陵本作「數」，《釋氏六帖》作「疏」。

〔一六〕「云」，《資福藏》、《磧砂藏》、《普寧藏》、《洪武南藏》、《永樂南藏》、《永樂北藏》、《徑山藏》、《清藏》、金陵本作「云云」。

附録

《釋氏六帖》卷八《高行諸尼部第十一·曇備化導》：「姓陶，丹陽建康人。少有清信，願勤戒行，日夜無怠，晋穆皇帝禮接敬厚。初未出家時，與母獨居，宗黨稱孝。人娶不許，有願出家，母不能違，聽其離俗，戒行精苦。永和十年，后立寺于定陰里，名曰永安。備謙虚導物，未嘗有慢矜之容。譽廣，遠人投集，三百之衆。年七十二，（泰）〔太〕元二十一年卒。弟子曇羅，博覽經疏，機才贍密，勑令續師住持。立四層塔，造卧佛及七佛龕。」

建福寺慧湛尼傳七〔一〕

慧湛，本姓彭，任城人也〔二〕。神貌超遠，精操殊特，淵情曠達〔三〕，濟物爲務，惡衣蔬食，樂在其中。嘗荷衣山行，逢群劫，欲舉刃向湛，手不能勝，因求湛所負衣。湛歡笑而與曰〔四〕：「君意望甚重，所獲殊輕。」復解其衣內新裙與之〔五〕。劫即辭謝，併以還湛，湛捨之而去。建元二年渡江〔六〕，司空何充大加崇敬，請居建福寺住云〔七〕。

校注

〔一〕「慧湛」，《資福藏》、《磧砂藏》、《普寧藏》、《洪武南藏》、《永樂南藏》、《永樂北藏》、《徑山藏》、《清藏》、金陵本作「惠湛」。下同。

〔二〕「本姓彭，任城人也」，《資福藏》、《磧砂藏》、《普寧藏》、《洪武南藏》、《永樂南藏》、《永樂北藏》、《徑山藏》、《清藏》、金陵本作「本姓任，彭城人也」，《釋氏六帖》作「姓劉」。

〔三〕「達」，《資福藏》、《磧砂藏》、《普寧藏》、《洪武南藏》、《永樂南藏》、《永樂北藏》、《徑山藏》、《清藏》、金陵本作「遠」。

〔四〕「歡」，《資福藏》本作「勸」，形誤。

〔五〕「內」，《金藏》、《資福藏》、《磧砂藏》、《普寧藏》、《洪武南藏》、《永樂南藏》本作「裏」，《永樂北藏》、《徑山藏》、《清藏》、金陵本作「裏」。

〔六〕「二」，《頻伽藏》本作「三」。案東晋康帝建元年號只有兩年，故《頻伽藏》本誤。又前卷《明感尼傳》載：「晋建元元年春，與慧湛等十人濟江，詣司空公何充。」這與建元二年仍相差一年，恐其中記述有誤。

〔七〕「云」，《資福藏》、《磧砂藏》、《普寧藏》、《洪武南藏》、《永樂南藏》、《永樂北藏》、《徑山藏》、《清藏》、金陵本作「云云」，《古今圖書集成》本作「焉」。

附録

《釋氏六帖》卷八《高行諸尼部第十一·慧湛伏賊》：「姓劉，彭城人。神貌超遠，精操殊特，濟物爲務，惡衣蔬食。路逢群賊，舉刃向湛，手不能下，伏罪而止。又求湛所負衣，湛笑而與之曰：『君意望甚重，所獲極輕。』復解新衣與之。賊等并却還，湛捨之而去。建元二年渡江，何充重之。」

延興寺僧基尼傳八

僧基，本姓明，濟南人也。綰髮志道，秉願出家。母氏不聽，密以許嫁〔一〕，祕其聘禮〔二〕。迎接日近，女乃覺知，即便絶糧，水漿不下。親屬共請〔三〕，意不可移。至於七日，母呼女婿，婿敬信，見婦殆盡，謂婦母曰：「人各有志，不可奪也。」母即從之。因遂出家，時年二十一。内外親戚皆來慶慰，競施珍華〔四〕，争設名供。州牧給伎，郡守親臨。道俗咨嗟，嘆未曾有。基净持戒範，精進習經數〔五〕，與曇備尼名輩略齊。樞機最密，善言事議，康皇帝雅相崇禮〔六〕。建元二年〔七〕，皇后褚氏爲立寺於都亭里運巷内〔八〕，名曰延興〔九〕。基居寺住〔一〇〕，徒衆百餘人，當事清明，道俗加敬。年六十八，隆安元年卒矣〔一一〕。

校注

〔一〕「嫁」，《永樂南藏》、《永樂北藏》、《徑山藏》、《清藏》、金陵本作「娉」，《古今圖書集成》本作「聘」。

〔二〕「祕」，《金藏》、《磧砂藏》、《洪武南藏》本作「秘」。「聘」，《金藏》本無，《磧砂藏》、《洪武南藏》本卷一末音釋及《釋氏六帖》作「娉」。

〔三〕「共」，《資福藏》、《磧砂藏》、《普寧藏》、《洪武南藏》、《永樂南藏》、《永樂北藏》、《徑山藏》、《清藏》、金陵本作「禁」，《古今圖書集成》本作「固」。

〔四〕「華」，《資福藏》、《磧砂藏》、《普寧藏》、《洪武南藏》、《永樂南藏》、《永樂北藏》、《徑山藏》、《清藏》、金陵本作「席」。

〔五〕「進」，諸本無。

〔六〕「樞機最密，善言事議，康皇帝雅相崇禮」，《資福藏》、《磧砂藏》、《普寧藏》、《洪武南藏》、《永樂南藏》、《永樂北藏》、《徑山藏》、《清藏》、金陵本作「機樞最密，善事議秉，皇帝雅相崇禮」。「康皇帝」，即司馬岳，《晋書》卷七有紀。

〔七〕「二」，《資福藏》、《磧砂藏》、《普寧藏》、《洪武南藏》、《永樂南藏》、《永樂北藏》、《徑山藏》、《清藏》、金陵本作「三」。

案東晉康帝建元年號只有兩年，故他本誤。

〔八〕「都亭里運巷」，原作「都亭里通恭巷」，《資福藏》、《磧砂藏》、《普寧藏》、《洪武南藏》、《永樂南藏》、《永樂北藏》、《徑山藏》、《清藏》、金陵本作「都停旦運巷」。案《宋書》卷一〇〇《自序》：「義熙十一年，高祖賜館于建康都亭里之運巷。」故底本及《金藏》、《頻伽藏》本「通」乃「運」之形誤，「恭」乃「巷」之衍誤；他本「旦」乃「里」之形誤。據《宋書》改。「皇后褚氏」，《晉書》卷三二有傳。

〔九〕「延興」，《建康實録》卷八《晉康皇帝》：「褚皇后立延興寺，在今縣東南二里，運瀆西岸。」《南朝佛寺志》卷上、《南朝寺考》：「延興寺，晉康帝褚皇后所建，在運瀆西岸（今北乾道橋一帶）。隋時廢。」

〔一〇〕「居」，《資福藏》、《磧砂藏》、《普寧藏》、《洪武南藏》、《永樂南藏》、《永樂北藏》、《徑山藏》、《清藏》、金陵本作「尼」。

〔一一〕「矣」，《資福藏》、《磧砂藏》、《普寧藏》、《洪武南藏》、《永樂南藏》、《永樂北藏》、《徑山藏》、《清藏》、金陵本無。

又案據傳中記述推算，僧基「年六十八，隆安元年（公元三九七年）卒矣」，建元二年（公元三四四年）僧基應爲十五歲，可傳中又記僧基二十一歲出家，十五歲時僧基尚未出家，褚皇后又如何爲之立寺？恐其中記述有誤。

附録

《釋氏六帖》卷八《高行諸尼部第十一・僧基有志》：「姓明，濟南人。綰髮志道，慶願出家。母以不聽，密許於人，祕其娉禮。迎娶日近，女乃覺知，即便絶食，七日殆死。女婿曰：『人各有志，不可奪也。』遂許出家。機樞密行，酷志冰霜。皇后褚氏爲立其寺，名曰延興，基尼寺焉。畜徒百人，教誡精嚴。六十八，隆安元年卒。」

洛陽城東寺道馨尼傳九〔一〕

竺道馨，本姓羊〔二〕，太山人也〔三〕。志性專謹，與物無忤。沙彌時，常爲衆使，口恒誦經。及年二十，誦《法華》、《維摩》等經〔四〕。具戒後〔五〕，研求理味，蔬食苦節，彌老彌至〔六〕。住洛陽東寺，雅能清談，尤善《小品》，貴在理通，不事辭辯，一州道學所共師宗。比丘尼講經〔七〕，馨其始也。

晋太和中〔八〕，有女人楊令辯，篤信黄老，專行服氣。先時人物亦多敬事，及馨道王，其術寖亡。令辯假結同姓，數相去來，内懷妬嫉〔九〕，伺行毒害。後竊以毒藥内馨食中，諸治不愈。弟子問〔一〇〕：「往誰家得病？」答曰：「我其知主〔一一〕，皆籍業緣〔一二〕，汝無問也〔一三〕。設道有益，我尚不説，況無益耶？」不言而終。

校注

〔一〕「洛」，《資福藏》、《磧砂藏》、《普寧藏》、《洪武南藏》、《永樂南藏》本作「雒」。下同。

〔二〕「羊」，《永樂北藏》、《徑山藏》、《清藏》、金陵本作「楊」。案本傳後有「（楊）令辯假結同姓」語，故從「楊」亦可。

〔三〕「太」，《法華經顯應録》作「泰」。

〔四〕「等經」，《資福藏》、《磧砂藏》、《普寧藏》、《洪武南藏》、《永樂南藏》、《永樂北藏》、《徑山藏》、《清藏》、金陵本無。

〔五〕「具戒」，《資福藏》、《磧砂藏》、《普寧藏》、《洪武南藏》、《永樂南藏》、《永樂北藏》、《徑山藏》、《清藏》、金陵本作「具足戒行」。

〔六〕「至」，《資福藏》、《磧砂藏》、《普寧藏》、《洪武南藏》、《永樂南藏》、《永樂北藏》、《徑山藏》、《清藏》、金陵本作「勵」。

〔七〕「講」，《資福藏》、《磧砂藏》、《普寧藏》、《洪武南藏》、《永樂南藏》、《永樂北藏》、《徑山藏》、《清藏》、金陵本作「誦」。

〔八〕「太和」，原作「泰和」。案東晋無此年號，應爲「太和」之誤，因據改。

〔九〕「姤」，《磧砂藏》、《洪武南藏》、《永樂北藏》、《清藏》、金陵本作「妬」。

〔一〇〕「子」下，《古今圖書集成》本有「等」。

〔一一〕「其」，《金藏》、《資福藏》、《磧砂藏》、《普寧藏》、《洪武南藏》、《永樂南藏》、《永樂北藏》、《徑山藏》、《清藏》、金陵本作「甚」。

〔一二〕「籍」，《磧砂藏》、《洪武南藏》、《永樂北藏》、《頻伽藏》、金陵本作「藉」，《古今圖書集成》本作「昔」。

〔一三〕「汝」，《金藏》本無。

附録

《釋氏六帖》卷八《高行諸尼部第十一・道馨誦經》：「姓羊，太山人。志學博采，與物無忤。沙彌時，嘗爲衆使，口即誦經。及年二十，念《法華經》、《維摩經》。具戒之後，研求理味，蔬食苦節，彌老彌篤。住洛陽東寺，雅能談論，無能屈者。善《小品般若》。尼中誦經，首也。」

《佛祖統紀》卷三六《法運通塞志》：「（廢帝）三年，洛陽東寺尼道馨，爲衆説《法華》、《維摩》，聽者如市。」卷五三《歷代會要志》之《神尼異行》：「廢帝，洛陽東寺尼道馨，説《法華》、《維摩》，聽者如市。」

《大宋僧史略》卷上《尼講》：「東晋廢帝（大）〔太〕和三年戊辰歲，洛陽東寺尼道馨，俗姓羊，爲沙彌〔尼〕時，誦通《法華》、《維摩》二部。受大戒後，研窮理味，一方道學所共師宗。尼之講説，道馨爲始也。」

《釋氏要覽》卷下《説聽》之《講僧始》：「尼講，以東晋道馨講《法華》、《維摩》二經爲始也。」

《法華經顯應録》卷下《高尼》之《洛陽馨法師》：「東晋時，有尼竺道馨，生於泰山羊氏。立性專謹，與物無忤。在沙彌時，爲衆所使，甘苦無倦。年二十，誦《法華》、《維摩》二經，研求理味，老而益勤。比丘尼誦經，自馨始也。住洛陽東寺，秉節戒行，爲人所宗。時有一女，名楊令辯，專行黄老服氣之術，人亦敬事，而嫉馨爲人，密以毒藥納其食。馨中之弟子問病所得，乃曰：『成不道也，皆酬夙緣耳。』遂卒。」（《大藏·高尼傳》「群」字函）

《事物紀原》卷七《尼講》：「又曰：『東晉廢帝太和三年，洛陽東寺尼道馨通《法華》、《維摩》，研窮理味，一方宗師，此則尼講説之始也。』」

《山堂肆考》卷一四七《在寺講説》：「東晉廢帝太和三年，洛陽東寺尼道馨通《法華》、《維摩》，研窮理味，爲一方宗師，此尼講説之始也。」

新林寺道容尼傳十

道容，本歷陽人，住烏江寺〔一〕。戒行精峻，善占吉凶，逆知禍福，世傳爲聖。晉明帝時〔二〕，甚見敬事，以花布席下驗其凡聖，果不萎焉。及簡文帝〔三〕，先事清水道師。道師，京都所謂王濮陽也〔四〕。第内爲立道舍，容亟開導〔五〕，未之從也。後宫人每入道屋〔六〕，輒見神人爲沙門形，滿於室内。帝疑容所爲也，而莫能決。踐祚之後，烏巢太極殿〔七〕。帝使曲安遠筮之〔八〕，云：「西南有女人師，能滅此怪。」帝遣使往烏江迎道容，以事訪之，容曰〔九〕：「唯有清齋七日，受持八戒，自當消弭。」帝即從之，整肅一心，七日未滿，群烏競集，運巢而去。帝深信重，即爲立寺，資給所須，因林爲名，名曰新林〔一〇〕，即以師禮事之，遂奉正法。後晉顯尚佛道〔一一〕，容之力也。逮孝武時〔一二〕，彌相崇敬。太元中，忽而絶迹〔一三〕，不知所在。帝敕葬其衣鉢〔一四〕，故寺邊有冢云〔一五〕。

校注

〔一〕「本歷陽人，住烏江寺」，《資福藏》、《磧砂藏》、《普寧藏》、《洪武南藏》、《永樂南藏》、《永樂北藏》、《徑山藏》、《清藏》、金陵本作「本住歷陽烏江寺」。

〔二〕「晉明帝」，即司馬紹，《晉書》卷六有紀。

〔三〕「簡文帝」，即司馬昱，《晉書》卷九有紀。

〔四〕「王濮陽」，《異苑》卷四：「晉簡文既廢世子道生，次子郁又早卒，而未有息。濮陽令在帝前禱至三更，忽有黄氣自西南來逆室前，爾夜幸李太后而生孝皇帝。」卷九：「滎陽鄭鮮之字道子，爲尚書左僕射，女脚患攣癖，就王僕〔陽〕醫，僕陽請水澆之，餘澆庭中枯衰樹，樹既生，女脚亦差。」《太平御覽》卷五六〇《儀禮部三十九·冢墓四》：「王濮陽，北墓向南，以西爲上。」卷九六五《果部二·棗》：「《異苑》曰：『鄭鮮之女，脚患攣癖，就王濮陽，請水澆之，餘灌庭中枯棗樹。棗樹既生，女脚亦差。』」

〔五〕「導」，《金藏》本作「道」。

〔六〕「宫人」，《資福藏》、《磧砂藏》、《普寧藏》、《洪武南藏》、《永樂南藏》、《永樂北藏》、《徑山藏》、《清藏》、金陵本作「帝」。

〔七〕「巢」，《新集藏經音義隨函録》作「摷」。案《一切經音義》：「鳥窠曰『巢』，象形。在傳中作『摷』，不成其字也。」

〔八〕「曲安遠」，《晉書》卷七六《王彪之傳》：「簡文有命用秣陵令曲安遠補句容令，（中略）彪之執不從，曰：『秣陵令三品縣耳，殿下昔用安遠，談者紛然。句容近畿，三品佳邑，豈可處卜術之人無才用者邪！湘東雖復遠小，所用未有朗比，談者謂頗兼卜術得進。』」《高僧傳》卷五《竺法曠傳》：「晉簡文皇帝遣堂邑太守曲安遠詔問起居，并諮以妖星，請曠爲力。」《藝文類聚》卷七三《雜器物部》、《太平御覽》卷七五九《器物部》引《南越志》，曰：「南海以蝦頭爲杯，鬚長數尺，金銀鏤之。晋廣州刺史，常以杯獻簡文，簡文用以盛酒，未及飲，無故酒躍於外。時廬江太守曲安遠，頗解術數，即令筮之，安遠曰：『即三旬，後庭將有告變者。』果有生子，人面犬身。」

〔九〕「容」，《金藏》、《資福藏》、《磧砂藏》、《普寧藏》、《永樂南藏》、《永樂北藏》、《徑山藏》、《清藏》、金陵本作「答」。

〔一〇〕「新林」，即波提寺，參見傳後附録《法苑珠林》卷三一《建康實録》卷八《晋太宗簡文皇帝》：「案簡文即位，自立僧寺一：波提寺。今廢。」《南朝佛寺志》卷上、《南朝寺考》：「波提寺：晋室自偏安江左，帝主妃后皆溺情内典，塔寺日盛。簡文帝爲會稽王時，即好玄言。踐阼以來，彌殷崇奉。咸安二年，造波提於京師。隋時廢。」

〔一一〕「後」上，《資福藏》、《磧砂藏》、《普寧藏》、《洪武南藏》、《永樂南藏》、《永樂北藏》、《徑山藏》、《清藏》、金陵本有「往」。「顯」下，《金藏》本有「滿」。

〔一二〕「逮」，《資福藏》、《磧砂藏》、《普寧藏》、《永樂南藏》、《永樂北藏》、《徑山藏》、《清藏》、金陵本作「建」，形誤。「孝武」，即司馬曜，《晋書》卷九有紀。

〔一三〕「迹」下，《頻伽藏》本有「講」。

〔一四〕「葬」，《磧砂藏》、《普寧藏》、《洪武南藏》、《永樂南藏》、《永樂北藏》、《徑山藏》、《清藏》本無，金陵本作「瘞」。

〔一五〕「云」，《資福藏》、《磧砂藏》、《普寧藏》、《洪武南藏》、《永樂南藏》、《永樂北藏》、《徑山藏》、《清藏》本作「云云」。

附録

《釋氏六帖》卷八《高行諸尼部第十一・道容吉凶》：「住歷陽烏江寺。戒行苦節，占吉凶，逆知禍福，世傳爲聖。晋明帝見重，以花布席下驗其凡聖，果不萎也。至簡文重道，後有烏巢於太極殿，帝使曲安〔遠〕筮之，云：『西南有女人師，能滅此怪。』帝遣使往請道容至内，請帝齋潔，受八戒七日。帝從之，七日未滿，群烏競集，運巢而去。帝爲立新林寺，遂崇正法。後不知所之。」

《佛祖統紀》卷三六《法運通塞志》：「簡文帝，咸安元年，有烏來巢太極殿。帝召曲安遠筮之，曰：『西南有女人師，能除此怪。』時尼道容住歷陽烏江寺，召至都，以華置席下驗凡聖，容所坐華不萎。謂帝曰：『陞〔陛〕下當奉行八關齋戒，自然消弭災怪。』帝如言行之，群烏運巢而去。敕建新林寺以居之。」卷五二《歷代會要志》之《祈禱災異》：「晋簡文，有烏巢太極殿。召尼道容，授八關齋戒，烏運巢而去。」卷五三《歷代會要志》之《建寺造塔》：「簡文帝詔爲尼道容建新林寺。」

《法苑珠林》卷三一《妖怪篇第二十四·感應緣》之《晋南京烏巢殿屋怪》：「晋《南京寺記》云：波提寺，在秣陵縣新林青陵。昔晋咸安二年，簡文皇帝起造，本名新林寺。時歷陽郡烏江寺尼道容，苦行通靈，預知禍福，世傳爲聖麼。咸安初，有烏巢殿屋，帝使常筮人占之，曰：『西南有女人師，當能銷伏此怪。』即遣使至烏江迎聖麼，問此吉凶。麼曰：『修德可以禳災，齋戒亦能轉障。』帝乃建齋七日，禮懺精勤，法席未終，忽有群烏運巢而去，一時净盡。帝深加敬信，因爲聖麼起此寺焉。」卷四二《愛請篇第三十九之二·感應緣》之《晋尼竺道容》：「晋尼竺道容，不知何許人。居于烏江寺，戒行精峻，屢有徵感。晉明帝時，甚見敬事，以華藉席驗其所得，果不萎焉。時簡文帝事清水道，所奉之師即京師所謂王濮陽也。第内具道舍，客亟開化，帝未之從。其後帝每入道屋，輒見神人爲沙門形，盈滿室内，帝疑容所爲，因事爲師，遂奉正法。晉氏顯尚佛道，此尼力也。當時崇異，號爲聖人，新林寺即帝爲容所造也。孝武初，忽而絶迹，不知所在。乃葬其衣鉢，故寺邊有冢云。」（出《冥祥記》）

《廣博物志》卷四五《鳥獸》、《天中記》卷五九《烏》：「簡文帝咸安初，有烏巢殿屋。帝使人占之，曰：『西南有女人師，當能伏此怪。』時歷陽郡烏江寺有尼苦行通靈，時號聖麼，帝即遣召問之。對曰：『脩德可以禳災，齋戒亦能轉（禍）〔障〕。』帝乃建齋七日，忽烏運巢而去。帝因爲聖麼起新林亭。（晉《南京寺記》）」

《佩文韻府》卷二〇之六：「《幽明録》：『歷陽郡烏江寺尼道容，苦行通靈，預知禍福，世傳爲聖麼。咸安初，有烏巢殿屋。帝迎聖麼問吉凶。麼令建齋禮懺法，席未終，群烏運巢而去。』」

司州令宗尼傳十一〔一〕

令宗，本姓滿〔二〕，高平金鄉人也〔三〕。幼有清信，鄉黨稱之。家遇喪亂，爲虜所驅，歸誠懇至〔四〕，稱佛法僧，誦《普門品》，拔除其眉，託云惡疾，求訴得放〔五〕，隨路南歸。行出冀州，復爲賊所逐，登上林樹〔六〕，專誠至念。捕者前望，終不仰視，尋索不得，俄爾而散〔七〕。宗下復去〔八〕，不敢乞食，初不覺饑，晚達孟津，無船可濟〔九〕，慞惶憂懼〔一〇〕，更稱三寶。忽見一白鹿〔一一〕，不知所從來，下涉河流，沙塵隨起，無有波瀾。宗隨鹿而濟，曾不沾濡〔一二〕，平行如陸。因得達家，仍即入道。誠心冥詣，學行精懇，開覽經法，深義入神。晉孝武聞之，遺書通問。

後百姓遇疾，貧困者衆，宗傾資賑給，告乞人間。不避阻遠，隨宜贍恤〔一三〕，蒙賴甚多，忍饑懃苦〔一四〕，形容枯悴。年七十五，忽早召弟子，説其夜夢：「見一大山，云是須彌，高峰秀絶〔一五〕，上與天連〔一六〕，寶飾莊嚴，暉耀爛日〔一七〕，法鼓鏗鏘〔一八〕，香煙芳靡〔一九〕，語吾令前〔二〇〕，愕然驚覺。即體中忽忽有異於常〔二一〕，雖無痛惱，狀如昏醉。」同學道津曰：「正當是極樂耳〔二二〕。」交言未竟〔二三〕，奄忽遷神。

校注

〔一〕「司州」下，《永樂北藏》、《徑山藏》、《清藏》、金陵本有「寺」。

〔二〕「本姓滿」，《金藏》本作「姓歸」。

〔三〕「平」，原作「乎」，形誤。據諸本改。「也」，《資福藏》、《磧砂藏》、《普寧藏》、《永樂南藏》、《永樂北藏》、《徑山藏》、《清藏》本無。

〔四〕「惄」，《金藏》、《資福藏》、《磧砂藏》、《普寧藏》、《洪武南藏》、《永樂南藏》、《永樂北藏》、《徑山藏》、《清藏》、金陵本及《一切經音義》、《新集藏經音義隨函録》作「慊」。案《一切經音義》：「鄭注《禮記》云：『慊，厭也。《孟子》：不慊於心。』」

〔五〕「託云惡疾，求訴得放」，《資福藏》、《磧砂藏》、《普寧藏》、《永樂南藏》、《永樂北藏》、《徑山藏》、《清藏》本作「託云惡爲疾，求訴得放」，《洪武南藏》本作「託云爲惡疾，求訴得放」，金陵本作「託云惡疾，爲求訴得放」。

〔六〕「林」，《金藏》、《資福藏》、《磧砂藏》、《普寧藏》、《洪武南藏》、《永樂南藏》、《永樂北藏》、《徑山藏》、《清藏》、金陵本作「枯」。

〔七〕「爾而散」，《古今圖書集成》本作「而散去」。

〔八〕「去」，《古今圖書集成》本作「前」。

〔九〕「船」，《金藏》本作「舩」。

〔一〇〕「惶」，《資福藏》、《磧砂藏》、《普寧藏》、《洪武南藏》、《永樂南藏》、《永樂北藏》、《徑山藏》、《清藏》、金陵本作「遑」。

〔一一〕「忽」，《金藏》本無。

〔一二〕「沾」，《金藏》本作「霑」。

〔一三〕「恤」，《金藏》、《頻伽藏》本作「卹」。

〔一四〕「懃」，《磧砂藏》、《洪武南藏》、《永樂北藏》、《清藏》、金陵本作「勤」。

〔一五〕「高」，《資福藏》、《磧砂藏》、《普寧藏》、《洪武南藏》、《永樂南藏》、《永樂北藏》、《徑山藏》、《清藏》、金陵本作「峻」。

〔一六〕「上」，《資福藏》、《磧砂藏》、《普寧藏》、《洪武南藏》、《永樂南藏》、《永樂北藏》、《徑山藏》、《清藏》、金陵本作「高」。

〔一七〕「暉」，《金藏》本作「輝」。案《集韻・微韻》：「暉，日之光。（中略）煇，火之光。或作『輝』。」「燿」，《金藏》、《磧砂藏》、《洪武南藏》、《永樂北藏》、《清藏》、金陵本作「曜」。案《集韻・笑韻》：「曜，光也。或从光。」《廣韻・笑韻》：「燿，光燿。曜，日光也，又照也。」

〔一八〕「鏘」，《金藏》、《資福藏》、《磧砂藏》、《普寧藏》、《洪武南藏》、《永樂南藏》、《永樂北藏》、《徑山藏》、《清藏》、金陵本作「鎗」。

〔一九〕「芳靡」，《資福藏》、《磧砂藏》、《普寧藏》、《洪武南藏》、《永樂南藏》、《永樂北藏》、《徑山藏》、《清藏》、金陵本作「芬馥」。

〔二〇〕「吾令」，《資福藏》、《磧砂藏》、《普寧藏》、《洪武南藏》、《永樂南藏》、《永樂北藏》、《徑山藏》、《清藏》、金陵本作「令吾」。

〔二一〕「忽忽」，《金藏》、《資福藏》、《磧砂藏》、《普寧藏》、《洪武南藏》、《永樂南藏》、《永樂北藏》、《徑山藏》、《清藏》、金陵本作「忽」。

〔二二〕「樂」，《資福藏》、《磧砂藏》、《普寧藏》、《洪武南藏》、《永樂南藏》、《永樂北藏》、《徑山藏》、《清藏》、金陵本無。

〔二三〕「交」，《金藏》本作「受」。

附録

《釋氏六帖》卷八《高行諸尼部第十一・令宗濟貧》：「姓滿，高平金鄉人。幼有清信，鄉黨稱善。家遇兵亂，爲虜所驅，誦《觀音經》，歸依三寶，詐拔其眉，託之惡疾，求放。得放，隨路南歸，遇賊上樹而免。至河，得鹿引過。後乃出家，戒行精勵，濟諸貧乏。後夢須彌山崩而卒。」《觀音慈林集》卷中《尼令宗》：「令宗，本姓滿，高平金鄉人。幼有清信，鄉黨稱之。家遇喪亂，爲虜所驅，歸誠慊至，稱佛法僧，誦《普門品》，求訴得放，隨路南歸。行出冀州，復爲賊所逐，登上枯樹，專誠至念觀音。捕者前望，終不仰視，尋索不得，俄爾而散。宗下復去，晚達孟津，無船可濟，憧遑憂懼，更誠稱念。忽見一白鹿，不知所從來，下涉河流，宗隨鹿而濟，曾不沾濡，平行如陸。因得達家，仍即入道。學行精懇，覽經深義入神。晉孝武聞之，遣書通問。年七十五卒。」

簡静寺支妙音尼傳十二〔一〕

妙音，未詳何許人也。幼而志道，居處京華，博學内外，善爲文章。晉孝武皇帝〔二〕、太傅會稽王道子、孟顗等〔三〕，并相敬信〔四〕。每與帝及太傅中朝學士談論屬文，雅有才致，藉甚有聲〔五〕。太傅以太元十年爲立簡静寺，以音爲寺主〔六〕，徒衆百餘人。内外才義者〔七〕，因之以自達，供䞋無窮〔八〕，富傾都邑。貴賤宗事，門有車馬，日百餘兩〔九〕。

荆州刺史王忱死〔一〇〕，烈宗意欲以王恭代之〔一一〕。時桓玄在江陵〔一二〕，爲忱所折挫，聞恭應往，素又憚恭。殷仲堪時爲恭門生〔一三〕，玄知殷仲堪弱才〔一四〕，亦易制御，意欲得之，乃遣使憑妙音尼爲堪圖州。既而烈宗問妙音：「荆州缺，外問云誰應作者〔一五〕？」答曰：「貧道道士〔一六〕，豈容及俗中論議。如聞外内談者〔一七〕，并云無過殷仲堪。以其意慮深遠，荆楚所須。」帝然之，遂以代忱〔一八〕。權傾一朝，威行内外云〔一九〕。

校注

〔一〕「簡」，《金藏》本作「籣」。下同。「簡静寺」，《續高僧傳》卷五《釋僧旻傳》：「又於簡静寺講《十地經》，堂宇先有五間，慮有迫迮，又於堂前權起五間，合而爲一。及至就，講寺内悉滿，斯感化之來殆非意矣。」又《釋門自鏡録》卷上《勃逆闡提録二》、《佛祖統紀》卷三六《法運通塞志》、卷五四《歷代會要志》、《法苑珠林》卷一八《感應緣》均記簡静寺尼智通事。

〔二〕「皇」，《資福藏》、《磧砂藏》、《普寧藏》、《洪武南藏》、《永樂南藏》、《永樂北藏》、《徑山藏》、《清藏》、金陵本無。

〔三〕「會稽王道子、孟顗等」，原作「會稽王道、孟顗等」。案會稽王道子，《晋書》卷六四有傳，云：「太元十七年，道子爲會稽王。」據《資福藏》、《磧砂藏》、《普寧藏》、《洪武南藏》、《永樂南藏》、《永樂北藏》、《徑山藏》、《清藏》、金陵本補「子」字。又《資福藏》、《磧砂藏》、《普寧藏》、《洪武南藏》、《永樂南藏》、《永樂北藏》、《徑山藏》、《清藏》、金陵本無「孟顗等」三字。孟顗，《宋書》卷六六、《南史》卷一九有傳。

〔四〕「信」，《資福藏》、《磧砂藏》、《普寧藏》、《洪武南藏》、《永樂南藏》、《永樂北藏》、《徑山藏》、《清藏》、金陵本作「奉」。

〔五〕「藉」，《金藏》本作「籍」。案《晋書》卷六四《會稽文孝王道子傳》：「于時孝武帝不親萬機，但與道子酣歌爲務，姏姆尼僧，尤爲親暱，并竊弄其權。」

〔六〕「以」，《金藏》本無。

〔七〕「内」上，《資福藏》、《磧砂藏》、《普寧藏》、《永樂南藏》、《永樂北藏》、《徑山藏》、《清藏》本有「一生」，金陵本作「一時」。

〔八〕「䞋」，《資福藏》、《磧砂藏》、《普寧藏》、《洪武南藏》、《永樂南藏》、《永樂北藏》、《徑山藏》、《清藏》，金陵本作「嚫」。案《一切經音義》卷九〇《高僧傳第七卷》：「《文字集略》云：䞋，施也，遺贈也。或從口作『嚫』。」《廣韻·震韻》：「嚫，嚫施。䞋，上同。」《正字通·貝部》：「䞋，按梵書作『嚫』。」

〔九〕「兩」，《資福藏》、《磧砂藏》、《普寧藏》、《洪武南藏》、《永樂南藏》、《永樂北藏》、《徑山藏》、《清藏》，金陵本作「乘」。

〔一〇〕「王忱」，《晋書》卷七五有傳。案《晋書》卷九《孝武帝本紀》：「（太元十七年冬十月）辛亥，都督荆益寧三州諸軍事、荆州刺史王忱卒。」

〔一一〕「烈」，《資福藏》、《磧砂藏》、《普寧藏》、《洪武南藏》、《永樂南藏》、《永樂北藏》、《徑山藏》、《清藏》，金陵本作「列」。「烈宗」，《古今圖書集成》本作「帝」。下同。「烈宗」，即晋孝武帝。「王恭」，《晋書》卷八四有傳。

〔一二〕「桓玄」，《晋書》卷九九有傳。案《晋書》卷七五《王忱傳》：「桓玄時在江陵，既其本國，且奕葉故義，常以才雄駕物。忱每裁抑之。玄嘗詣忱，通人未出，乘轝直進。忱對玄鞭門幹，玄怒，去之，忱亦不留。嘗朔日見客，仗衛甚盛，玄言欲獵，借數百人，忱悉給之，玄憚而服焉。」

〔一三〕「恭門生」，《資福藏》、《磧砂藏》、《普寧藏》、《洪武南藏》、《永樂南藏》、《永樂北藏》、《徑山藏》、《清藏》本作「黄門侍郎」。

〔一四〕「玄」，諸本無。

〔一五〕「問」，《資福藏》、《磧砂藏》、《普寧藏》、《洪武南藏》、《永樂南藏》、《永樂北藏》、《徑山藏》、《清藏》、金陵本作「聞」。

〔一六〕「道士」，《資福藏》、《磧砂藏》、《普寧藏》、《洪武南藏》、《永樂南藏》、《永樂北藏》、《徑山藏》、《清藏》、金陵本作「出家人」。

〔一七〕「外内」，《資福藏》、《磧砂藏》、《普寧藏》、《洪武南藏》、《永樂南藏》、《永樂北藏》、《徑山藏》、《清藏》、金陵本作「内外」。

〔一八〕案《晋書》卷九《孝武帝本紀》：「（太元十七年）十一月癸酉，以黄門郎殷仲堪爲都督荆益梁三州諸軍事、荆州刺史。」

〔一九〕「云」，《資福藏》、《磧砂藏》、《普寧藏》、《洪武南藏》、《永樂南藏》、《永樂北藏》、《徑山藏》、《清藏》、金陵本作「云云」，《古今圖書集成》本無。

附録

《釋氏六帖》卷八《高行諸尼部第十一·妙音文章》：「未詳何人。幼而志道，居處京華，博學内外，善爲文章，雅有才致，甚有嘉聲。太傅會稽王（導）〔道〕子、晋孝武帝以宗談論屬文，見重。帝爲立簡静寺，以音爲寺主，徒衆百餘。供嚫無窮，富皆施傾都。貴賤宗事，院門前車日百餘乘。荆州刺史王忱死，烈宗帝意欲以王恭代之。時桓玄在江陵，爲（沉）〔忱〕所折挫，聞恭應任，素又憚恭。殷仲堪時爲黄門侍郎，知仲堪才弱，亦易制御，意欲得之，乃遣使憑妙音尼圖之。烈宗果問妙音：『荆州缺，外聞云誰應作？』曰：『貧道豈容俗中談論。然外内談者，并云無過堪也。以其意慮深遠，荆楚所須。』帝然之，遂以代忱。權傾一朝，威行内外。」

《晉書》卷六四《會稽文孝王道子傳》、卷七五《國寶傳》：「（國寶）使陳郡袁悦之因尼〔支〕妙音致書與太子母陳淑媛，説國寶忠謹，宜見親信。」

《資治通鑑》卷一〇七《晉紀二十九·烈宗孝武皇帝中之下》：「陳郡袁悦之有寵於道子，國寶使悦之因尼妙音致書於太子母陳淑媛云：『國寶忠謹，宜見親信。』帝知之，發怒，以他事斬悦之。」

《元經》卷七：「又因尼妙音與太子母陳淑媛游，帝悦其諂媚。」

《通志》卷八〇、卷一二七、《通鑑紀事本末》卷一七上、《册府元龜》卷四七九、《大事記續編》卷三二：「因尼〔支〕妙音致書太子母陳淑媛，（説）〔言〕國寶忠謹，宜見親信。」

《佩文韻府》卷二七之四：「又《晉書·簡文三子傳》：『王國寶因尼妙音致書與太子母陳淑媛，説國寶忠誼，宜見親信。』」卷四〇之二：「《晉書·王國寶傳》：『國寶少無士操，不脩廉隅，使袁悦之因尼支妙音致書與陳淑媛，説國寶忠謹，宜見親信。帝知之，託以他罪殺悦之。國寶大懼。』」

何后寺道儀尼傳十三

道儀，本姓賈，雁門婁煩人〔一〕。慧遠之姑〔二〕。出嫡同郡解直〔三〕，直爲尋陽令〔四〕，亡，儀年二十二，棄捨俗累，披著法衣，聰明敏哲，博聞强記。誦《法華經》〔五〕，講《維摩》、《小品》，精義妙理〔六〕，因心獨悟，戒行高峻，神氣清邈〔七〕。聞中畿經律漸備，講集相續。晉太元末〔八〕，乃至京師〔九〕，住何后寺〔一〇〕。端心律藏，妙究精微，身執卑恭，在幽不惰，衣裳麤弊，自執杖鉢，清散無矯〔一一〕，道俗高之。年七十八，遇疾已篤〔一二〕，執心彌勵〔一三〕，誦念無殆。弟子請曰：「願加消息，冀蒙勝損。」答曰：「非所宜言〔一四〕。」言絶而卒。

校注

〔一〕「婁煩」，《永樂北藏》、《徑山藏》、《清藏》、金陵本作「樓煩」。案《高僧傳》卷六《釋慧遠傳》：「釋慧遠，本姓賈氏，雁門婁煩人也。」

〔二〕「慧遠」，《資福藏》、《磧砂藏》、《普寧藏》、《洪武南藏》、《永樂北藏》、《清藏》、金陵本作「惠遠」。「之姑」，《資福藏》、《磧砂藏》、《普寧藏》、《洪武南藏》、《永樂南藏》、《永樂北藏》、《徑山藏》、《清藏》、金陵本作「姑也」。案《北山録》卷四：「有僧澈者，善篇牘，嘗至山南攀松而嘯（盧山南也），於是和風遠集，衆鳥悲鳴，超然有勝氣。退而諮於遠曰：『律禁管絃歌舞，一吟一嘯可得爲乎？』遠曰：『以亂意言之皆爲違法。』澈聞唯而止。其姑道儀見於《高尼傳》也（《尼傳》四卷）。」

〔三〕「嫡」，《資福藏》、《磧砂藏》、《普寧藏》、《洪武南藏》、《永樂南藏》、《永樂北藏》、《徑山藏》、《清藏》、金陵本作「適」，《頻伽藏》作「嫡」。案《集韻·昔韻》：「婦人謂嫁曰『嫡』。」

〔四〕「尋陽」，《永樂北藏》、《清藏》、金陵本作「潯陽」。

〔五〕「經」，《金藏》本無。

〔六〕「妙」，《資福藏》、《磧砂藏》、《普寧藏》、《洪武南藏》、《永樂南藏》、《永樂北藏》、《徑山藏》、《清藏》、金陵本作「達」。

〔七〕「邈」，《古今圖書集成》本作「遠」。

〔八〕「太元」，原作「泰元」。案東晋無此年號，應爲「太元」之誤。據《釋氏六帖》改。

〔九〕「乃」，《資福藏》、《磧砂藏》、《普寧藏》、《洪武南藏》、《永樂南藏》、《永樂北藏》、《徑山藏》、《清藏》、金陵本無。

〔一〇〕案《高僧傳》卷六《釋慧持傳》：「釋慧持者，慧遠之弟也。（中略）持有姑爲尼，名道儀，住在江夏。儀聞京師盛於佛法，欲下觀化，持乃送姑至都，止于東安寺。」

〔一一〕「清」，《金藏》本作「請」。「矯」，《釋氏六帖》作「嬌」。

〔一二〕「已」，《資福藏》、《磧砂藏》、《普寧藏》、《洪武南藏》、《永樂南藏》、《永樂北藏》、《徑山藏》、《清藏》、金陵本作「而」。

〔一三〕「勵」，《磧砂藏》、《洪武南藏》本及《釋氏六帖》作「厲」。

〔一四〕「非所宜言」，《資福藏》、《磧砂藏》、《普寧藏》、《洪武南藏》、《永樂南藏》、《永樂北藏》、《徑山藏》、《清藏》、金陵本作「非汝所宜」。

附録

《釋氏六帖》卷八《高行諸尼部第十一・道儀遠姑》：「道儀，姓賈，鴈門人。慧遠姑也。出適同郡解直，直爲尋陽令，亡，儀年二十二，棄捨俗累，被著法衣，聰明敏哲，博聞强記。誦《正法華經》，講《維摩經》、《小品般若》，精義達理，因心獨悟，戒行高峻，神氣清邈。乃聞京畿經律漸備，講集相續。晋太元末，乃至京師，住何后寺。端心律藏，妙究精微，身執早恭，在幽不隨，衣裳麤弊，自執杖鉢，清散無嬌，道俗高之。身七十八，遇疾已篤，執心彌厲，誦念無怠。弟子請曰：『願知消息，冀蒙指誨。』曰：『非所宜言。』言絶而卒。」

比丘尼傳卷第二

宋

景福寺慧果尼傳一〔一〕

慧果，本姓潘〔二〕，淮南人也。常行苦節，不衣綿纊，篤好毗尼，戒行清白，道俗欽羨，風譽遠聞。宋青州刺史北地傅弘仁〔三〕，雅相嘆貴〔四〕，厚加賑給。以永初三年，曇宗云〔五〕：元嘉七年，寺主弘安尼〔六〕，以起寺，借券書見示〔七〕，是永初三年〔八〕。割宅東面，爲立精舍，名曰景福〔九〕。果爲綱紀〔一〇〕，賜遺之物〔一一〕，悉以入僧，衆業興隆，大小悦服。

到元嘉六年〔一二〕，西域沙門求那跋摩至。果問曰：「此土諸尼，先受戒者，未有本事。推之愛道，誠有高例。未測厥後，得無異耶？」答曰〔一三〕：「無異。」又問：「就如律文，戒師得罪，何無異耶？」答曰：「有尼衆處，不二歲學，故言得罪耳。」又問：「乃可此國先未有尼，非閻浮無也？」答曰：「律制十僧，得授具戒〔一四〕；邊地五人，亦得授之。正爲有處，不可不如法耳。」又問：「幾許里爲邊地？」答曰：「千里之外，山海艱隔者是也〔一五〕。」

九年，率弟子慧意、慧鎧等五人〔一六〕，從僧伽跋摩重受具戒，敬慎奉持，如愛頂腦〔一七〕。春秋七十餘，元嘉十年而卒〔一八〕。弟子慧意〔一九〕、慧鎧，并以節行聞于時也。

校注

〔一〕「景」上，《資福藏》、《磧砂藏》、《普寧藏》、《洪武南藏》、《永樂南藏》、《永樂北藏》、《徑山藏》、《清藏》、金陵本有「宋」。「一」，原作「第一」。案爲前後統一，故删「第」。

〔二〕「本」，《資福藏》、《磧砂藏》、《普寧藏》、《洪武南藏》、《永樂南藏》、《永樂北藏》、《徑山藏》、《清藏》、金陵本無。

〔三〕「傅」，底本及諸本均作「傳」。案《宋書》卷五五《傅僧祐傳》：「傅僧祐，祖父弘仁，高祖外弟也。以中表歷顯官，征虜將軍、南譙太守，太常卿。」《梁書》卷四二《傅岐傳》：「傅岐字景平，北地靈州人。高祖弘仁，宋太常。」《南史》卷七〇《傅琰傳》：「傅琰字季珪，北地靈州人也。曾祖弘仁，宋武帝之外弟，以中表歷顯官，位太常卿。」《水經注》卷一六：「孫暢之嘗見青州刺史傅弘仁説：『臨淄人發古冢得桐棺』。」卷二六：「孫暢之所云：『青州刺史傅弘仁言：得銅棺隸書處』。」故「傳」爲「傅」形誤，據《釋氏六帖》改。

〔四〕「貴」，金陵本及《古今圖書集成》本作「賞」。

〔五〕「曇宗」上，《頻伽藏》本有陰文「注」字。「曇宗」，《高僧傳》卷一三有傳。

〔六〕「寺」，《金藏》本無。「主」，原作「生」，形誤，據《資福藏》、《磧砂藏》、《普寧藏》、《洪武南藏》、《永樂南藏》、《永樂北藏》、《徑山藏》、《清藏》、金陵本改。

〔七〕「借」上，《資福藏》、《磧砂藏》、《普寧藏》、《洪武南藏》、《永樂南藏》、《永樂北藏》、《徑山藏》、《清藏》、金陵本有「願」。

〔八〕「是」，《資福藏》、《磧砂藏》、《普寧藏》、《洪武南藏》、《永樂南藏》、《永樂北藏》、《徑山藏》、《清藏》、金陵本無。案《高僧傳》卷一三《釋曇宗傳》：「後終於所住，著《京師塔寺記》二卷。」可見以上注語應出於此書。又此注語之句讀，從《頻伽藏》本。《頻伽藏》本於注語後，正文前，有陰文「本」字。

〔九〕「福」下，《資福藏》、《磧砂藏》、《普寧藏》、《洪武南藏》、《永樂南藏》、《永樂北藏》、《徑山藏》、《清藏》、金陵本有「寺」。案《南朝佛寺志》卷上、《南朝寺考》：「開福寺，在冶城東南，晋時之所建也。宋元嘉八年，有尼慧果、浄音，共請求那跋摩受戒，遂改爲景福尼寺。南唐避諱，又改景福爲永福云。」又引《宋祇洹寺求那跋摩傳》：「宋元嘉八年達於建康，時景福寺尼慧果、浄音等共受跋摩戒。」又引《至正金陵新志》引《乾道志》：「永福尼寺在廣濟倉東，舊在冶城（南東）〔東南〕，本晋開福寺，後徙此改景福寺。南唐避諱，改今額。」與傳中所記有異。

〔一〇〕「果」上，《資福藏》、《磧砂藏》、《普寧藏》、《洪武南藏》、《永樂南藏》、《永樂北藏》、《徑山藏》、《清藏》、金陵本有「以」字。

〔一一〕「䁖」，《資福藏》、《磧砂藏》、《普寧藏》、《洪武南藏》、《永樂南藏》、《永樂北藏》、《徑山藏》、《清藏》、金陵本作「嘍」。

〔一二〕「到」，《古今圖書集成》本作「至」。

〔一三〕「曰」，原無。案前後均作「答曰」，據《資福藏》、《磧砂藏》、《普寧藏》、《永樂南藏》、《永樂北藏》、《徑山藏》、《清藏》、金陵本補。

〔一四〕「授」，《資福藏》、《磧砂藏》、《普寧藏》、《洪武南藏》、《永樂南藏》、《永樂北藏》、《徑山藏》、《清藏》、金陵本作「受」。下同。

〔一五〕「隔」上，《金藏》、《資福藏》、《磧砂藏》、《普寧藏》、《洪武南藏》、《永樂南藏》、《永樂北藏》、《徑山藏》、《清藏》、金陵本有「阻」。　案《高僧傳》卷三《求那跋摩傳》：「時影（景）福寺尼慧果、淨音等，共請跋摩云：『去六年，有師子國八尼至京，云宋地先未經有尼，那得二衆受戒，恐戒品不全。』跋摩云：『戒法本在大僧衆發，設不本事，無妨得戒，如愛道之緣。』諸尼又恐年月不滿，苦欲更受。跋摩稱云：『善哉，苟欲增明，甚助隨喜。』但西國尼年臘未登，又十人不滿，且令學宋語，别因西域居士，更請外國尼來足滿十數。其年夏，在定林下寺安居，時有信者采華布席，唯跋摩所坐華彩更鮮，衆咸崇以聖禮。夏竟，還祇洹。其年九月二十八日中食未畢，先起還閣，其弟子後至，奄然已終，春秋六十有五。」據此可以肯定，慧果問求那跋摩事，當在元嘉八年。

〔一六〕「慧意、慧鎧」，《資福藏》、《磧砂藏》、《普寧藏》、《洪武南藏》、《永樂南藏》、《永樂北藏》、《徑山藏》、《清藏》、金陵本作「慧燈」。

〔一七〕案《高僧傳》卷三《僧伽跋摩傳》：「以宋元嘉十年，出自流沙，至于京邑。」《出三藏記集》卷一四《僧伽跋摩傳》：「以宋元嘉十年步自流沙，至于京都。」可見慧果不可能於元嘉九年率弟子從僧伽跋摩受戒，恐其中記述有誤。

〔一八〕「而」，《古今圖書集成》本無。　案《資行鈔》：「彼《比丘尼傳》第二云（《惠果傳》）：『九年，（卒）〔率〕弟子惠燈等五人，從僧伽跋摩重受具戒，敬頂奉持，如愛頂腦。春秋七十餘年，元嘉十年而卒云云。』《抄批飾宗記》等意：『十一年春，重受南林寺前園中壇，求那所築也。』抄批云：『景福寺尼惠果、淨音、僧要、智影等二十三人受文。』」又《高僧傳》卷三、《出三藏記集》卷一四《僧伽跋摩傳》：「初，三藏法師明於戒品，將爲影（景）福寺尼慧果等重受具戒，是時二衆未備，而三藏遷化。俄而，師子國比丘尼鐵薩羅等至都，衆乃共請跋摩爲師，繼軌三藏。」《佛祖統紀》卷三六《法運通塞志》：「（元嘉）十一年，（中略）

時師子國比丘尼八人來，未幾復有尼鐵索羅三人至，足爲十衆。乃請僧伽跋摩爲師，爲景福寺尼慧果等，於南林戒壇依二衆重受具戒，度三百餘人。」本卷《僧果尼傳》、《寶賢尼傳》也同記此事。若慧果尼卒於元嘉十年，又如何能從二衆邊受具戒呢？又余察諸書所記此段事迹，年代與人物諸多混亂不相符處，本傳所記慧果尼之事，恐爲與同卷僧果尼之事相混淆。詳見本書前言。

〔一九〕「慧意」，原無，因前云「率弟子慧意、慧鎧等五人」，後云「并以節行聞于時也」，故據《資福藏》、《磧砂藏》、《普寧藏》、《永樂南藏》、《永樂北藏》、《徑山藏》、《清藏》、金陵本補。

附録

《釋氏六帖》卷八《高行諸尼部第十一・慧果苦節》：「姓潘，淮南人。常行苦節，不衣綿纊，篤好毗尼，戒行清白，道俗欽羨，風譽遠聞。宋青州刺史傅弘仁，雅相嘆貴，厚加賑給。以永初三年，割宅爲寺，名曰影福，以果爲寺（王）〔主〕，嚫遺之物，悉入僧衆，大小悦服。元嘉六年，西域沙門求那跋摩至。果問戒法，率弟子慧燈等五人，從跋摩重受戒，敬慎奉持，如受頂禮。春秋七十餘，元嘉十（平）〔年〕卒。弟子慧燈，并以節行聞名。」

建福寺法盛尼傳二

法盛，本姓聶，清河人也。遭趙氏亂〔一〕，避地金陵。以元嘉十四年於建福寺出家。才識慧解〔一〕，率由敏悟。自以桑榆之齒，流寓皇邑，雖復帝道隆寧，而猶懷舊土，唯有探賾玄宗〔三〕，乃可以遣憂忘老耳〔四〕。遂從道場寺偶法師受菩薩戒〔五〕。晝則披陳玄素，夕則清言味理，漸染積年〔六〕，神情朗贍〔七〕，雖曰暮齒，有逾壯年。常願生安養，謂同業曇敬、曇愛曰：「吾立身行道，志在西方。」十六年九月二十七日，塔下禮佛，晚因遇疾〔八〕，稍就綿篤。其月晦夕，初宵假寐，如來垂虛而下〔九〕，與二大士論一乘，俄與大衆騰芳蹈藹，臨省盛疾，光明顯燭，一寺咸見。僉來問盛：「此何光色？」盛具説之，言竟尋終〔一〇〕，年七十二。

豫章太守吳郡張辯〔一一〕，素所尊敬，爲之傳述云〔一二〕。

校注

〔一〕「趙氏亂」，指羯族石勒與匈奴族劉曜政權之爭。二者所建立之政權都名「趙」，故云「趙氏亂」。見《晉書》卷一〇三《劉曜載記》、卷一〇四《石勒載記》。

〔二〕「慧」，《資福藏》、《磧砂藏》、《普寧藏》、《洪武南藏》、《永樂南藏》、《永樂北藏》、《徑山藏》、《清藏》、金陵本作「惠」。

〔三〕「唯」，《古今圖書集成》本作「惟」。

〔四〕「遺」，《金藏》、《資福藏》、《磧砂藏》、《普寧藏》、《洪武南藏》、《永樂南藏》、《永樂北藏》、《徑山藏》、《清藏》、金陵本作「遺」。「憂」，原無，據《金藏》、《資福藏》、《磧砂藏》、《普寧藏》、《洪武南藏》、《永樂南藏》、《永樂北藏》、《徑山藏》、《清藏》、金陵本補。「憂忘」，《金藏》本作「忘憂」。

〔五〕「道場寺」，《南朝佛寺志》卷上、《南朝寺考》：「鬬場寺，在秣陵縣三橋籬門外鬬場里，因以里名寺。（當在今聚寶門外赤石磯左近。）《高僧傳》皆云道場寺，殆慧皎以『鬬』非佛旨，遂以『道』字音近而呼與。寺前有市，亦名鬬場市。」《出三藏記集》卷九《華嚴經記》：「於揚州司空謝石所立道場寺。」《宋書》卷九七《夷蠻傳》：「時鬬場寺多禪僧，京師爲之語曰：『鬬場禪師窟，東安談義林。』」「偶法師」，《净土往生傳》作「遇法師」。案偶法師無考，若爲遇法師，《高僧傳》卷五有《釋法遇傳》。

〔六〕「漸染積年」，《資福藏》、《磧砂藏》、《普寧藏》、《洪武南藏》、《永樂南藏》、《永樂北藏》、《徑山藏》、《清藏》、金陵本作「漸冉積時」，《頻伽藏》本作「漸冉積年」，《古今圖書集成》本作「勤習積時」。

〔七〕「神」，《頻伽藏》本作「齒」。「贍」，原作「瞻」。案《廣弘明集》卷一九《法義篇第四之二》蕭子顯撰《御講金字摩訶般若波羅蜜經序》：「精詳朗贍，莫能追領。」《晉書》卷三六《張華傳》：「華學業優博，辭藻温麗，朗贍多通，圖緯方伎之書莫不詳覽。」《宋書》卷四四《謝晦傳》：「涉獵文義，朗贍多通。」《南史》卷二一《王瞻傳》：「頗嗜酒，每飲或彌日，而精神朗贍，不廢簿領。」據《資福藏》、《磧砂藏》、《普寧藏》、《洪武南藏》、《永樂南藏》、《永樂北藏》、《徑山藏》、《清藏》、金陵本改。

〔八〕「疾」，《資福藏》、《磧砂藏》、《普寧藏》、《洪武南藏》、《永樂南藏》、《永樂北藏》、《徑山藏》、《清藏》、金陵本作「病」。

〔九〕「垂虛」，《資福藏》、《磧砂藏》、《普寧藏》、《洪武南藏》、《永樂南藏》、《永樂北藏》、《徑山藏》、《清藏》、金陵本作「乘空」。

〔一〇〕「終」，《資福藏》、《磧砂藏》、《普寧藏》、《洪武南藏》、《永樂南藏》、《永樂北藏》、《徑山藏》、《清藏》、金陵本作「絶」。

〔一一〕「郡」，《金藏》本作「群」，形誤。「張辯」，《宋書》卷五三有傳。案《宋書》卷八《明帝本紀》：「甲辰，以豫章太守張辯爲廣州刺史。」《續高僧傳》卷五《釋僧旻傳》：「宋吏部郎吴郡張辯。」

〔一二〕案《高僧傳》卷七《釋曇鑑傳》：「吴都張辯作傳并贊。」《咸淳臨安志》卷七〇《僧瑜傳》：「吴郡張辯爲平南長史，具爲傳讚。」《高僧傳》卷一二、《法苑珠林》卷八〇、卷一一五《釋僧瑜傳》：「吴郡張辯爲平南長史，親覩其事，具爲傳贊。」可見其善作傳贊。

附　録

《釋氏六帖》卷八《高行諸尼部第十一·法盛西方》：「法盛，姓聶，清河人。遭趙氏亂，避地金陵。元嘉十四年，於建福寺出家。才識慧解，率由敏悟。自以桑榆之歲，流寓皇邑，雖復帝道隆寧，而猶懷舊云，唯有探賾玄宗，乃可以遺憂忘老。遂從道場寺偶法師受菩薩戒。晝則披陳黑素，夕則清言味理。雖曰暮齒，有逾壯身，願生西方，同業曇敬、愛曰：『吾立身行道，志在西方。』十六年九月二十七日塔下禮佛，晚因遇疾，稍就綿篤。其月晦夕，初霄假寐，如來乘虚而下，與二大士論二乘法，俄與大衆騰芳蹈藹，臨省盛。具説言竟，尋卒，七十二。豫章太守吴郡張辯，素所尊敬，爲之傳述。」

《佛祖統紀》卷二八《净土立教志第十二之三·往生高尼傳》：「法盛，居金陵道場寺，習十六觀想。一夕禮像，遇病假寐，見大士乘雜華雲、出寶色光前來相迎。時諸尼欵門問疾，咸見光明迸溢。盛曰：『佛及菩薩放光度我。』言竟而絶。」

《净土往生傳》卷上《劉宋金陵尼法盛》：「尼法盛，俗姓聶，貝之清河人。東晋之末，避地金陵。宋元嘉中，始於建福寺出家焉。才識慧解，率由天縱。盛以桑榆之齒，流寓皇邑。徒以運偶隆平，而心所存，終懷舊土。乃曰：『以情繼情，念奚不生，唯憑佛道可用銷焉。』遂從道場寺遇法師受菩薩戒。晝則披陳玄素，夕則澄寂理味，漸積歲時，神情朗贍，雖曰暮齒，有逾壯年。每欲拔迹三界，接武九品，於是分十六觀，并作八池，以系前想。十六年九月二十七日，於其居寺塔下，禮彌陀像，際晚遇病，稍就綿篤。盛方假寐，見彌陀佛與二菩薩乘雜華雲，雲出寶光，前以照盛。是時諸尼款扉問疾，且見盛房光明逆溢，奇而問之。盛曰：『適吾假寐，見彌陀佛及二菩薩以在吾前，而復以光照我。豈佛之慈度我耶？』言竟而絶。時豫章太守吴郡張辯，素所尊敬，爲之傳述。」

《净土論》卷下第六《引現得往生人相貌》之《比丘尼得往生者四人》：「尼法盛，本姓聶，清河人也。以元嘉十年，於建福寺出家，道德隆盛，常願生安養，謂同學曇敬、曇愛曰：『吾立身行道，志在西方。』十六年九月二十七日，塔下禮佛，因即遇疾，稍就綿篤。其月晦夕，初宵假寤，見如來乘虚而下，與二大士論（乘）〔義〕。俄與大衆，騰芳蹈藹，臨省盛疾，光明顯燭，一寺咸見。僉來問盛：『此何光色？』盛具説之，言訖尋絶，年七十二。豫章太守吴郡張（辨）〔辯〕，素所尊敬，爲之傳述。」

《净土聖賢録》卷六《往生比邱尼》：「法盛，姓聶，清河人。宋元嘉十四年，年已七十許，出家於金陵建福寺。才識敏悟，謂同業曇敬、曇愛曰：『吾立身行道，志在西方。』十六年九月二十七日，塔下禮佛，晚而不豫，病日加。其月晦夕假寐，見如來從空而下，與二大士論一乘法，光明顯燭，寺衆咸驚。盛爲具説所見，言訖而絶，年七十二。」

《新修浄土往生傳》卷上十四《劉宋金陵尼法盛》：「十四，(左)〔尼〕法盛，清〔河〕人。才識惠解，敏若生知。晝則披陳玄素，夕則澄寂理味。漸積歲時，神情朗贍，雖曰暮齒，有逾(扗)〔壯〕年。每欲救迹三界，栖神九品，於是(今)〔分〕十六觀并作(入)〔八〕池，以系前想。一日病，方假寐，見彌陀佛與二菩薩乘雜華雲，雲出寶光，前以照盛。是時，諸尼穀扉問病，且見盛房光明迸溢，駭而問之，盛曰：『適吾假寐，見彌陀佛及二菩薩已在吾前，而復以光照我。此佛之時，慈度我也。』言竟而絶。」

《西舫彙征》卷上《高尼浄因》：「法盛，居金陵道場寺，習十六觀想。一夕禮像，遇病假寐，見大士乘雜華雲，出寶色光，前來相迎。時諸尼欵門問疾，咸見光明迸溢。盛曰：『佛及菩薩放光度我。』言竟而絶。」

《往生西方浄土瑞應傳・尼法藏第二十二》：「宋朝尼法藏，金陵建福寺住。禪業高遠，謂同學曇敬：『吾立身行道，志在西方。』後忽染患。初見阿彌陀佛與諸聖衆省問法藏疾，光明照耀一寺，衆咸見。因爾而終也。」(案因其中有「謂同學曇敬」語，且内容基本與傳中記述一致，故

「法藏」應爲「法盛」之誤。此誤當因與「法藏尼」事迹相混淆所致，可參見卷三《超明尼傳》附録。）

江陵牛牧寺慧玉尼傳三

慧玉，長安人也。行業勤修，經戒通備。常游行教化，歷履邦邑，每屬機緣，不避寒暑。南至荆楚，仍住江陵牛牧精舍〔一〕。誦《法華》、《首楞嚴》等經，旬日通利。陝西道俗〔二〕，皆歸敬之〔三〕。觀覽經論，未曾廢息。元嘉十四年十月爲苦行，齋七日，乃立誓言：「若誠齋有感，捨身之後，必見佛者〔四〕。願於七日之内，見佛光明。」五日中宵，寺東林樹，靈光赫然。即以告衆，衆皆欣敬，加悦服焉。寺主法弘〔五〕，後於光處起立禪室。

初玉在長安，於薛尚書寺見紅白色光〔六〕，燭曜左右〔七〕，十日小歇。後六重寺沙門四月八日於光處得金彌勒像〔八〕，高一尺云。

校注

〔一〕「牛牧精舍」，《法華經顯應録》、《歷朝法華持驗紀》作「牧牛寺」，《法苑珠林》作「靈收寺」，《集神州三寶感通録》作「靈牧寺」。案《法苑珠林》卷七三《十惡篇第八十四·感應緣》之《宋撫軍將軍劉毅驗》：「毅敗，夜單騎突出，投牛牧寺。」

《宋書》卷四五《王鎮惡傳》：「毅得從大城東門出奔牛牧佛寺。」《南史》卷一六《王鎮惡傳》：「（朱顯之）奪馬以授毅，從大城東門出奔牛牧佛寺自縊。」《資治通鑑》卷一一六《晋紀三十八·安皇帝》義熙八年「毅夜投牛牧佛寺」下胡三省注：「牛牧寺在江陵城北二十里。」

〔二〕「陜」，原作「郟」。案郟爲古國名，在今山東郯城縣北。又六朝時陜西謂荆州，故據《資福藏》、《磧砂藏》、《普寧藏》、《洪武南藏》、《永樂南藏》、《永樂北藏》、《徑山藏》、《清藏》、金陵本改。

〔三〕「之」，《資福藏》、《磧砂藏》、《普寧藏》、《洪武南藏》、《永樂南藏》、《永樂北藏》、《徑山藏》、《清藏》、金陵本作「禮」。

〔四〕「者」，《資福藏》、《磧砂藏》、《普寧藏》、《洪武南藏》、《永樂南藏》、《永樂北藏》、《徑山藏》、《清藏》、金陵本作「土」。

〔五〕「弘」，《集神州三寶感通録》作「和」。

〔六〕「薛」，《金藏》本作「薩」。　「薛尚書寺」，案《續高僧傳》卷二五、《釋門自鏡録》卷下《飲啖非法録》有《齊梁州薛寺僧道遠傳》，梁州在陜西漢中地區，不知彼「薛寺」即此「薛尚書寺」否？

〔七〕「曜」，《古今圖書集成》本作「耀」。

〔八〕「六重寺」，不詳。案《高僧傳》卷五、《太平廣記》卷八九、《出三藏記集》卷一五、《歷代三寶紀》卷八、《大唐内典録》卷三《釋道安傳》，記道安住「長安五重寺」。

附録

《釋氏六帖》卷八《高行諸尼部第十一·慧玉佛光》：「長安人。行業勤修，戒律通備。游行教化，歷履邦邑，每屬機緣，不避寒暑。南至荆楚，仍住江陵牛牧寺。誦《法華》、《首楞嚴》，旬日通利。陝西道俗，皆歸敬之。觀覽經論，未曾廢息。元嘉十四年爲苦行，齋七日，乃立誓言：『若誠齋有感，捨身之後，必見佛者。願於七日之内，必見佛光明。』五日中霄，寺東林樹，靈光赫然。即以告衆，人皆欣敬。寺主法弘，後於光處起立禪室。玉在長安薛尚書寺，見紅白色光燭左右，十日小歇。後六重寺沙門四月八日於光處得金彌勒像，高一尺等。」

《法苑珠林》卷一六《敬佛篇第六之四・彌勒部第五・感應緣》引《冥祥記》：「宋尼釋慧玉，長安人也。行業勤修，經戒通備。嘗於長安薛尚書寺見紅白光，十餘日中。至四月八日，六重寺沙門來游此寺，於光處得彌勒金像，高一尺餘。慧玉後南渡樊郢，住江陵靈收寺。元嘉十四年十月夜，見寺東樹有紫光爛起，暉映一林，以告同學妙光等，而悉弗之見也。二十餘日，玉常見焉。後寺主釋法弘，將於樹下營築禪基，仰首條間，得金坐像，亦高尺許云。」《廣博物志》卷三七亦引之。

《集神州三寶感通録》卷中《宋江陵金像出樹光照緣十九》：「宋元嘉十四年，江陵靈牧寺尼慧玉，行業精勤人也。昔於長安薛尚書寺見紅白光於寺中，後有六重寺沙門於先光處得彌勒金像，高一尺。及住江陵見寺東樹有紫光起，暉映一林，以告餘人，并云不見。後寺主法和將於樹下築禪堂基，仰首樹上，得金坐像，亦高尺許。」

《法華經顯應録》卷下《高尼》之《江陵玉法師》：「尼慧玉，長安人。勤行戒善，道德通備。教化游行，不避寒暑。住江陵牧牛寺。誦《法華》、《楞嚴》等經，旬日通利，世以爲奇。宋元嘉中，爲苦行齋，誓曰：『吾若誠心有感，捨身之後，必見佛土。七日之中，願見佛光。』至于五夜，寺東樹林忽現光相，形色赫然。衆見歡喜，即於發光之地，起立禪堂，以安清衆。」（《高尼傳》）

《歷朝法華持驗紀》卷上《宋尼慧玉》：「宋尼慧玉，長安人，住江陵牧牛寺。誦《法華》、《楞嚴》等經，旬日通利。元嘉中，焚香禮佛，誓曰：『若誠心有感，捨身之後，得見佛土。七日之内，願見佛光。』至第五夜，寺東林樹忽現光相，形色赫然，衆嘆希有。」

建福寺道瑗尼傳四〔一〕

道瑗，本姓江，丹陽人也。年十餘，博涉經史。成戒已後，明達三藏，精勤苦行。晋太元中，皇后美其高行〔二〕，凡有所修福〔三〕，多憑斯寺。富貴婦女，爭與之游。以元嘉八年大造形像，處處安置。彭城寺金像二軀〔四〕，帳座完具〔五〕；瓦官寺彌勒行像一軀〔六〕，寶蓋瓔珞；南建興寺金像二軀〔七〕，雜事幡蓋〔八〕。於建福寺造卧像并堂，又製普賢行像〔九〕，供養之具，靡不精麗。又以元嘉十五年造金無量壽像〔一〇〕，以其年四月十日〔一一〕，像放眉間相光，明照寺内，皆如金色。道俗相傳，咸來修敬，瞻覿神輝，莫不歡悦〔一二〕。復以元皇后遺物〔一三〕，開拓寺南，更造禪房云〔一四〕。

校注

〔一〕「道瑗」，原作「道瓊」，《西舫彙征》作「道爰」。案「道瓊」無考，後世典籍均作「道瑗」，故據《磧砂藏》、《普寧藏》、《洪武南藏》、《永樂南藏》、《永樂北藏》、《徑山藏》、《清藏》、金陵本改。下同。

〔二〕「皇后」，案若傳中所記爲晋太元中事，則應指孝武定王皇后，《晋書》卷三二有傳。

〔三〕「有」，《資福藏》、《磧砂藏》、《普寧藏》、《洪武南藏》、《永樂南藏》、《永樂北藏》、《徑山藏》、《清藏》、金陵本無。

〔四〕「彭城寺」，《建康實録》卷八《晋孝宗穆皇帝》：「彭城敬王造彭城寺，在今縣東南三里，西大門臨古御街。」《南朝佛寺志》卷上、《南朝寺考》：「彭城寺，晋穆帝升平五年彭城敬王紘之所造。在秣陵縣東南，門臨御街（當今高井一帶）。歷代高僧有釋道淵、僧弼、僧覆、道遠、道盛、慧開、寶興、僧令等，皆止於是寺。先有丈六金像，後移置湘宫寺焉。」又引《至正金陵新志》：「晋穆帝升平五年，彭城王造寺一所。」

〔五〕「完」，《金藏》、《資福藏》、《磧砂藏》、《普寧藏》、《洪武南藏》、《永樂南藏》、《永樂北藏》、《徑山藏》、《清藏》、金陵本作「宛」。

〔六〕「瓦官寺」，《高僧傳》卷一《安清傳》：「曇宗《塔寺記》云：『丹陽瓦官寺，晋哀帝時沙門慧力所立。』」卷一三《釋慧力傳》：「至晋興寧中，啓乞陶處以爲瓦官寺。」卷五《竺法汰傳》：「瓦官寺本是河内山玩公墓爲陶處，晋興寧中，沙門慧力啓乞爲寺，止有堂塔而已。及汰居之，更拓房宇，修立衆業，又起重門，以可地勢。」《佛祖統紀》卷三六《法運通塞志》：「（晋）哀帝興寧元年，詔以瓦官窑地賜沙門慧力建瓦官寺。」《南朝佛寺志》卷上、《南朝寺考》：「瓦官寺，本河内山玩墓也。」

在小長干，地名三井岡（當今之花盝岡）。張昭、陸機諸宅，皆環繞其側。晋元帝時，王導以爲陶處。哀帝興甯中，沙門慧力啟乞爲寺，始建堂塔。（中略）或曰瓦官，實名瓦棺。西晋時地産青蓮二朵，掘得瓦棺，爲誦《法華經》老僧葬處。其説甚誕，不足信也。」又引《景定建康志》：「越城在三井岡東南一里，今瓦官寺在岡東偏（案今越城亦隔在城外）。」又引《至正金陵新志》：「西晋時，地産青蓮二朵，掘之得瓦棺，内見一老僧，花從舌底出。詢及父老曰：『昔有僧誦《法華經》，卒葬於此。』」

〔七〕「南建興寺」，案《南朝佛寺志》卷上、《南朝寺考》：「建興寺，在何皇后寺南，運瀆高曄橋西渚，地名建興里，有南苑處其中。」建興寺當因「建興里」而名之。然「南」字不知是指「在何皇后寺南」，還是在建興寺南另有一「建興寺」？

〔八〕「幡」，金陵本作「旛」。案《説文解字注》：「『幡』即『旛』之俗。」

〔九〕「製」，《資福藏》、《磧砂藏》、《普寧藏》、《洪武南藏》、《永樂北藏》、《清藏》、金陵本作「制」。

〔一〇〕「十五」，《釋氏六帖》作「四」。

〔一一〕「其」，《净土往生傳》作「明」。「十」，《資福藏》、《磧砂藏》、《普寧藏》、《洪武南藏》、《永樂南藏》、《永樂北藏》、《徑山藏》、《清藏》、金陵本作「十一」。

〔一二〕「歡」，《金藏》本作「懽」，《資福藏》、《磧砂藏》、《普寧藏》、《洪武南藏》、《永樂南藏》、《永樂北藏》、《徑山藏》、《清藏》、金陵本作「歎」。

〔一三〕「元皇后」，即文帝袁皇后，《宋書》卷四一、《南史》卷一一有傳。

〔一四〕「云」，《資福藏》、《磧砂藏》、《普寧藏》、《洪武南藏》、《永樂南藏》、《永樂北藏》、《徑山藏》、《清藏》、金陵本作「云云」。

附録

《釋氏六帖》卷八《高行諸尼部第十一·道瑗造像》：「本姓江，丹陽人。年十餘歲，博涉經史。成戒已後，明達三藏，精勤苦行。晋太元中，皇后美其高行，凡所修福，多憑建福寺。富貴婦女，争與之游。元嘉八年大造其像，處處安置。彭城寺金佛二軀，帳座皆具；瓦官寺彌勒行像一軀，寶蓋瓔珞；南建興寺金佛二軀；建福寺造卧佛并堂，又制普賢行像。又元嘉四年造金無量壽佛，四月十一日放光眉間，明照寺内，皆如金色。道俗相傳，咸來修敬，瞻覩神輝，莫不嘆悦。後以元皇后遺物，開拓寺南，更造禪房。」

《浄土往生傳》卷上《劉宋丹陽尼道瑗》：「尼道瑗，俗姓江，丹陽人也。或云丹徒人。少以聰悟自得，經籍書史皆所博涉。成戒之後，研味三藏，尤得其要。晋孝武(泰)〔太〕元中，皇后美其高行，凡所資善，多歸其寺。豪婦貴女，争與之游。宋元嘉八年，大造佛像，以廣福業。彭城金像二軀，瓦官寺彌勒行像一軀，建興寺金像二軀，建福寺卧像并普賢行像兩軀。又隨其像，陳獻幡華，頗極精麗。十五年，又造金無量壽像一軀，願憑其像，接置西方。明年夏四月十一日，像於眉間大放光明，以照其寺，寺内盡如金色。於金色中，無量壽佛與瑗記曰：『汝捨此報，必遂依我。當善護持，勿生疑慢。』瑗得其記，彌增感悦。旋於其月望日，就其像前，坐以終報。」

《新修净土往生傳》卷上十五《劉宋丹陽尼道瑗》：「十五，尼道瑗，（再）〔丹〕陽人也。少（聽）〔聰〕悟，自得經籍書史，皆所博涉。成戒之後，研味三（莊）〔藏〕，尤得其要。大造〔佛〕像，以廣福業。（皷）〔彭〕城金像二軀，瓦官寺彌勒像一軀，（違）〔建〕興寺金像二軀，建福寺卧像并普賢行像兩軀。又隨其像，陳獻幡花，頗極精麗。又造金無量壽佛一軀，願馮其福，接（量）〔至〕西方。明年夏四月十一日，像於眉間大放光明，照〔寺〕盡如金色。於金色中，無量壽佛與瑗記曰：『汝於此報，必遂依我。當善護持，勿生疑慢。』瑗得其記，彌增感悦。旋於其月望日，就其像前，端坐入滅。」

《西舫彙征》卷上《高尼净因》：「道爰，丹陽人。先於諸事，造大像七軀，屋極精麗。又冶金銅，造無量壽佛像，忽於眉間放大光明，地皆金色。像與爰記曰：『汝舍此身，必生我國。』即於像前，端坐而化。」

江陵祇洹寺道壽尼傳五

道壽，未詳何許人也。清和恬寂，以恭孝見稱〔一〕。幼受五戒，未嘗起犯。元嘉中遭父憂，因毁遘疾，自無痛癢，唯黄瘠骨立〔二〕，經歷年歲，諸治不瘳。因爾發願，願疾愈〔三〕，得出家〔四〕。立誓之後，漸得平復，如願出俗，住祇洹寺。勤苦超絶，誦《法華經》三千遍〔五〕，常見光瑞。元嘉十六年九月七日夜中〔六〕，寶蓋垂覆其上云〔七〕。

校注

〔一〕「見」，《金藏》、《資福藏》、《磧砂藏》、《普寧藏》、《洪武南藏》、《永樂南藏》、《永樂北藏》、《徑山藏》、《清藏》、金陵本無。

〔二〕「唯」，《古今圖書集成》本作「惟」。

〔三〕「愈」，《永樂南藏》、《永樂北藏》、《徑山藏》、《清藏》、金陵本作「痊」。又「疾愈」，《頻伽藏》本作「愈痊」。

〔四〕「得」上，《資福藏》、《磧砂藏》、《普寧藏》、《洪武南藏》、《永樂南藏》、《永樂北藏》、《徑山藏》、《清藏》、金陵本有「可」。

〔五〕「遍」，金陵本作「偏」。

〔六〕「夜中」，《資福藏》、《磧砂藏》、《普寧藏》、《洪武南藏》、《永樂南藏》、《永樂北藏》、《徑山藏》、《清藏》、金陵本作「夜，見空中」。

〔七〕「云」，《資福藏》、《磧砂藏》、《普寧藏》、《洪武南藏》、《永樂南藏》、《永樂北藏》、《徑山藏》、《清藏》、金陵本作「云云」。

附録

《釋氏六帖》卷八《高行諸尼部第十一·道壽寶蓋》：「未詳何處人。清和恬寂，以恭孝見稱。幼受五戒。宋元嘉中，遭父憂，因毁戒遘疾，唯黄骨立，經歷年歲，諸治不瘳。因爾發願，疾愈出家。立誓之後，漸得平復，如願出家，住祇（桓）〔洹〕寺。勤苦超絶，誦《法華經》三千遍，常見光瑞。元嘉十六年九月七日夜，見空中寶蓋垂覆其上。」

《佛祖統紀》卷三六《法運通塞志》：「尼道壽，誦《法華》滿三千遍，每見光瑞，空中有寶蓋垂覆頂上。」卷五三《歷代會要志第十九·神尼異行》：「宋文帝，尼道壽誦《法華》，有寶蓋垂覆頂上。」

《弘贊法華傳》卷六《誦持第六·宋祇洹寺釋道壽》：「釋道壽，未詳何許人也。清和恬寂，以恭孝稱。受五戒，未嘗犯。元嘉中，遭其父憂，因毁遘疾，自無痛癢，唯黄瘠骨立。經歷年歲，諸治不瘳，因爾發願，願疾愈出家。立誓之後，漸得平復，如願出俗，住祇洹寺。勤苦超絶，誦《法華經》三千遍，常見光瑞。元嘉十六年九月七日夜，見空中寶蓋垂覆其上。後不知所終。」

《法華經顯應録》卷下《高尼》之《江陵壽法師》：「宋元嘉中，有尼道壽，不詳何許人。清和恬寂，以孝恭稱。幼受五戒，未嘗毁破。因丁父憂，遂成瘦疾，年深不差，乃嘗願曰：『吾若疾愈，即往出家。』病果愈，因從剃落。晚住江陵祇洹寺，勤苦絶倫，誦《法華經》滿三千徧，每見光瑞，不以爲稱。一夜，忽見空中寶蓋垂覆頂上，時以爲持誦之驗。」（《高尼傳》）

《歷朝法華持驗紀》卷上《宋尼道壽》：「宋元嘉時，尼道壽誦《法華》滿三千部，每見空中有光明寶蓋垂覆己頂。」

吴太玄臺寺釋玄藻尼傳六〔一〕

玄藻，本姓路，吴郡人〔二〕，安苟女也〔三〕。《宣驗記》云：即是安苟〔四〕。藻年十餘，身嬰重疾，良藥必進，日增無損。時太玄臺寺釋法濟語安苟曰〔五〕：「恐此疾由業〔六〕，非藥所消〔七〕。貧道按佛經云〔八〕：『若履危苦，能歸依三寶，懺悔求願者，皆獲甄濟。』君能與女并捐棄邪俗，洗滌塵穢，專心一向，當得痊愈。」安苟然之。即於宅上設觀世音齋〔九〕，澡心潔意，傾誠戴仰，扶疾稽顙，專念相續。經七日，初夜忽見金像高尺許，三摩其身，從首至足，即覺沈痾豁然消愈。既靈驗在躬，遂求出家，住太玄臺寺〔一〇〕，精勤匪懈，誦《法華經》，菜食長齋，三十七載。常翹心注想，願生兜率。宋元嘉十六年〔一一〕，出都造經，不測所終〔一二〕。

校注

〔一〕「釋」，《資福藏》、《磧砂藏》、《普寧藏》、《洪武南藏》、《永樂南藏》、《永樂北藏》、《徑山藏》、《清藏》、金陵本無。

〔二〕「人」下，《資福藏》、《磧砂藏》、《普寧藏》、《洪武南藏》、《永樂南藏》、《永樂北藏》、《徑山藏》、《清藏》、金陵本有「也」。

〔三〕「安苟」，《磧砂藏》、《普寧藏》、《洪武南藏》、《永樂南藏》、《永樂北藏》、《徑山藏》、《清藏》、金陵本作「安荀」。下同。

〔四〕「即是」，《資福藏》、《磧砂藏》、《普寧藏》、《洪武南藏》、《永樂南藏》、《永樂北藏》、《徑山藏》、《清藏》、金陵本作「是即」。「安苟」下，《資福藏》、《磧砂藏》、《普寧藏》、《洪武南藏》、《永樂南藏》、《永樂北藏》、《徑山藏》、《清藏》、金陵本有「也」。

〔五〕「太」，原無。爲前後一致，據《資福藏》、《磧砂藏》、《普寧藏》、《洪武南藏》、《永樂南藏》、《永樂北藏》、《徑山藏》、《清藏》、金陵本補。「太玄臺寺」，《高僧傳》卷七《釋僧鏡傳》：「釋僧鏡，姓焦，本隴西人，遷居吴地。（中略）後東反姑蘇，復專當法匠。臺寺沙門道流，請停歲許。」《出三藏記集·雜録》卷一二《法苑雜緣原始集目録序第七·雜圖像集上卷第八》有「《吴郡臺寺釋慧護造丈六金像記》第二」。「釋法濟」，《高僧傳》卷六《釋道祖傳》：「釋道祖，吴國人也，少出家，爲臺寺支法濟弟子。」

〔六〕「疾」，《資福藏》、《磧砂藏》、《普寧藏》、《洪武南藏》、《永樂南藏》、《永樂北藏》、《徑山藏》、《清藏》、金陵本作「病」。

〔七〕「藥」，《資福藏》、《磧砂藏》、《普寧藏》、《洪武南藏》、《永樂南藏》、《永樂北藏》、《徑山藏》、《清藏》、金陵本作「醫」。

〔八〕「按」，《磧砂藏》、《洪武南藏》、《永樂北藏》、《清藏》、《頻伽藏》、金陵本作「案」。

〔九〕「上」，《資福藏》、《磧砂藏》、《普寧藏》、《洪武南藏》、《永樂南藏》、《永樂北藏》、《徑山藏》、《清藏》、金陵本作「内」。「齋」，《兜率龜鏡集》、《觀音慈林集》作「像」。

〔一〇〕「住」上，《資福藏》、《磧砂藏》、《普寧藏》、《洪武南藏》、《永樂南藏》、《永樂北藏》、《徑山藏》、《清藏》、金陵本有「求」。

〔二二〕「宋元嘉十六年」，《釋氏六帖》作「宋元嘉，年五十六載」。

〔二三〕「出都造經，不測所終」，《兜率龜鏡集》作「誦彌勒佛名，寂然而逝」。又《古今圖書集成》本傳末云：「按《兜率龜鏡集》：『藻於元嘉十六年，誦彌勒佛名，寂然而逝。』」

附録

《釋氏六帖》卷八《高行諸尼部第十一·玄藻金佛》：「姓路，吴郡人，安苟女也。《宣驗記》云：『是即安苟也。』藻年十餘歲，身嬰重疾，日增無損。時玄臺寺法濟語安苟曰：『恐此病由業，非醫所能，應歸三寶。』然之，即於宅内設觀音齋。藻洗心潔意，扶疾稽顙，專念相續。經七日，初夜忽見佛高尺許，三摩其身，沉痾豁然消愈。遂求出家，住太玄臺寺，精勤匪懈，誦《法華經》三十七載。常翹心注想，願生兜率。宋元嘉，年五十六載，出都造經，不測所終。」

《兜率龜鏡集》卷中《玄藻尼》：「藻，本姓路，吴郡人，安苟女也。藻年十餘歲，身嬰重疾，良藥必進，日增無損。時太玄臺寺釋法濟語安苟曰：『恐此病由業，非醫所消。貧道案經云：若履危苦，能歸依三寶，懺悔求願者，皆獲甄濟。君能與女并捐棄邪俗，洗滌塵穢，專心一向，當得痊愈。』安苟然之。即於宅内設觀音像，澡心潔意，傾誠戴仰，扶疾稽顙，專念相續。經七日，初夜忽見金像高尺許，三摩其身，從首至足，即覺沈痾，豁然消愈。既靈驗在躬，遂求出家，精勤匪懈，誦《法華經》，菜食長齋，三十七載。常翹心注想，願生兜率。宋元嘉十六年，誦彌勒佛名，寂然而逝。」

《觀音慈林集》卷中《尼玄藻》：「玄藻，本姓路，吴郡人也。安荀之女。藻年十餘，身嬰重疾，良藥必進，日增無損。時太玄臺寺釋法濟語安荀曰：『恐此病由業，非醫所消。貧道按佛經云：若履危苦，能歸依三寶，懺悔求願者，皆獲甄濟。君能與女洗滌塵穢，專心一向，當得痊愈。』安荀然之。即於宅内設觀世音像，齋澡心潔，扶疾稽顙，專念相續。經七日，初夜忽見金像高尺許，三摩其身，從首至足，即覺沉痾豁然消愈。既靈驗在躬，遂求出家，精勤匪懈，誦《法華經》，菜食長齋，三十七載。常翹心注想，願生兜率。宋元嘉十六年，出都造經，寂然而終。」

《宣驗記》：「安荀，本姓路，吴郡人也。年十餘，身嬰重疾，良藥必進，日增無損。時太玄臺寺釋法濟語安荀曰：『恐此疾由業，非醫所消。貧道案佛經云：若履危苦，能歸依三寶，懺悔求願者，皆獲甄濟。君能（此下原有「與女并」三字）捐棄邪俗，洗滌塵穢，專心一向，當得痊愈。』安荀然之。即於宅内設觀世音齋，澡心潔意，傾誠載仰；扶疾稽顙，專念相續。經七日初夜，忽見金像，高尺許，三摩其身，從首至足，即覺沈痾豁然消愈。既靈驗在躬，遂求出家，求在太玄臺寺。精勤匪懈，誦《法華經》，菜食長齋，三十七載。常翹心注想，願生兜率。宋元嘉十六年，出都造經，不測所終。」（《比丘尼傳》二：「玄藻本姓路，吴郡人也，安荀女也。」注《宣驗記》云：「是即安荀也。」今據改其名，以補斯記。）（出魯迅輯《古小説鈎沉》）

南安寺釋慧瓊尼傳七〔一〕

慧瓊者，本姓鍾，廣州人也。履道高潔，不味魚肉。年垂八十，志業彌勤〔二〕，常衣紵麻〔三〕，不服綿纊，綱紀寺舍，兼行講説本經，住廣陵南安寺。元嘉十八年，宋江夏王世子母王氏以地施瓊〔四〕，瓊修立爲寺，號曰南外永安寺〔五〕。至二十二年，蘭陵蕭承之爲起外國塔〔六〕。瓊以元嘉十五年又造菩提寺，堂殿坊宇，皆悉嚴麗。因移住之，以南安施沙門慧智。瓊以元嘉二十年隨孟顗之會稽〔七〕，至破岡卒〔八〕。敕弟子云：「吾死後不須埋藏，可借人剥裂身體，以飤衆生〔九〕。」至於終盡，不忍屠割〔一〇〕，乃造句容縣〔一一〕，舉著山中〔一二〕，欲使鳥獸自就噉之〔一三〕。經十餘日，儼然如故，顔色不異。令使村人以米散屍邊，鳥食遠處米盡，近屍之粒皆存〔一四〕。弟子慧朗在都聞之，奔馳奉迎，還葬高座寺前堈〔一五〕，墳上起塔云。

校注

〔一〕「釋」，《資福藏》、《磧砂藏》、《普寧藏》、《洪武南藏》、《永樂南藏》、《永樂北藏》、《徑山藏》、《清藏》、金陵本無。

〔二〕「勤」,《釋氏六帖》、《兜率龜鏡集》作「勸」。

〔三〕「芻」,《金藏》本作「蒭」,《釋氏六帖》作「葛」。案《集韻・虞韻》:「芻,或从艸。」《廣韻・虞韻》、《説文通訓定聲・需部》:「芻,俗作『蒭』。」

〔四〕「宋江夏王世子母王氏」,即宋江夏王劉義恭妃。《南齊書》卷三三《王僧虔傳》、《南史》卷一五《檀道濟傳》:「尚書(即王僧虔)同堂姊爲江夏王妃。」

〔五〕「外」,《金藏》、《資福藏》、《磧砂藏》、《普寧藏》、《洪武南藏》、《永樂南藏》、《永樂北藏》、《徑山藏》、《清藏》、金陵本無。

〔六〕「蕭承之」,《南齊書》卷一、《南史》卷四有紀。

〔七〕「二十」,《資福藏》、《磧砂藏》、《普寧藏》、《洪武南藏》、《永樂南藏》、《永樂北藏》、《徑山藏》、《清藏》、金陵本作「二十四」。

〔八〕「岡」,原作「綱」,《金藏》本及《新集藏經音義隨函録》作「罡」。案《晉書》卷六八《賀循傳》:「會循出,至破岡。」《宋書》卷八三《吴喜傳》:「而自破岡以東至海十郡。」卷八四《孔覬傳》:「諸將帥咸勸退保破岡。」《梁書》卷四九《袁峻傳》:「鄱陽王恢東鎮破岡。」據《資福藏》、《磧砂藏》、《普寧藏》、《洪武南藏》、《永樂北藏》、《清藏》、金陵本改。

〔九〕「飤」,《資福藏》、《磧砂藏》、《普寧藏》、《洪武南藏》、《永樂北藏》、《清藏》、金陵本作「食」。案《説文・食部》:「飤,糧也。从食。」《説文解字注》:「其字本作『食』,俗作『飤』。」《説文通訓定聲・頤部》:「飤,古書或借『飤』爲『食』耳。」

〔一〇〕「忍」,《金藏》本作「思」,疑誤。

〔一一〕「造」,《資福藏》、《磧砂藏》、《普寧藏》、《洪武南藏》、《永樂南藏》、《永樂北藏》、《徑山藏》、《清藏》、金陵本作「告」。

〔二〕「舉」，《資福藏》、《磧砂藏》、《普寧藏》、《洪武南藏》、《永樂南藏》、《永樂北藏》、《徑山藏》、《清藏》、金陵本作「輿」。

〔三〕「獸」，《金藏》本作「狩」。案《說文通訓定聲・孚部》：「《公羊》桓四傳注：『狩，猶獸也。』」《一切經音義》卷三三《佛說太子沐魄經》：「走獸，（中略）經文從『犬』作『狩』。」

〔四〕「存」，《資福藏》、《磧砂藏》、《普寧藏》、《洪武南藏》、《永樂南藏》、《永樂北藏》、《徑山藏》、《清藏》、金陵本作「在」。

〔五〕「堈」，《資福藏》、《磧砂藏》、《普寧藏》、《洪武南藏》、《永樂北藏》、《清藏》、金陵本作「崗」，《古今圖書集成》本作「岡」，《新集藏經音義隨函録》作「堽」。　「高座寺」，《南朝佛寺志》卷上、《南朝寺考》：「高座寺，晋咸康中造，本名尸黎密寺。以地有甘露井（當即今之永甯泉），故亦名甘露寺。永嘉之末，有西域沙門尸黎密者，渡江而南，止建初寺，不通漢語。爲丞相王導等所敬，時人呼爲高座。常在石子岡東（即今聚寶門外雨花山崗）行頭陀，卒葬於此。成帝懷其風素，於冢樹剎。後有關右沙門來游建康，就剎起寺。陳郡謝琨追旌往事，遂名其寺爲高座。或曰晋竺道生所居爰名高座，不足據也。」又引《景定建康志》：「高座寺一名永甯寺，在城南門外，晋咸康中造。注引劉岑《記略》云：『考此山得名於晋永嘉中，名甘露寺，尸黎密多爲王茂弘所敬，故留。竺道生繼號所居爲高座。』」《高僧傳》卷一《帛尸梨蜜傳》：「帛尸梨密多羅，此云吉友，西域人，時人呼爲高座。（中略）密常在石子岡東行頭陀，既卒，因葬於此。成帝懷其風，爲樹剎冢所。後有關右沙門來游京師，迺於冢處起寺，陳郡謝琨贊成其業，追旌往事，仍曰高座寺也。」《世說新語》卷上《言語第二》注：「《塔寺記》曰：『尸黎密冢曰高坐，在石子岡常行頭陀，卒於梅岡，即葬焉。晋元帝於冢邊立寺，因名高坐。』」

附録

《釋氏六帖》卷八《高行諸尼部第十一・慧瓊不食》：「姓鍾，廣州人。履道高潔，不味魚肉。身垂八十，志業彌勒，常衣葛麻，不服綿纊，綱紀寺舍，兼行講説，住廣陵南安寺。元嘉十八年，宋江夏王世子母王氏以地施瓊爲寺，號南永安。十五，又造菩提寺，蘭陵蕭（永）〔承〕之爲起殊國塔。後終，令弟子身施諸禽獸。弟子依言，禽獸不食，乃至散米粟在尸側，遠處食盡，近尸不食。弟子慧朗在都聞之，奔馳奉迎，還葬高座寺前崗，墳上起塔。」

《兜率龜鏡集》卷中《慧瓊尼》：「瓊，本（始）〔姓〕鍾，廣州人也。履道高潔，不味魚肉。年垂八十，志業彌勒，常衣芻麻，不服綿纊，綱紀寺舍，兼行講説。元嘉十八年，宋江夏王世子母王氏以地施瓊，瓊修立爲寺，號曰南永安寺。至二十二年，蘭陵蕭承之爲起外國塔。瓊於元嘉十五年創造菩提寺，堂殿坊宇，皆悉嚴麗。以元嘉二十四年隨孟顗之會稽，敕弟子云：『吾死後不須埋藏，可借人剥裂身體，以食衆生。』至於終盡，不忍屠割，乃告句容縣令，輿著山中，使鳥獸自就噉之。經十餘日，儼然如故，顔色不異。令使村人以米散屍邊，鳥食遠處，近屍之粒皆在。弟子慧朗在都聞之，奔馳奉迎，還葬高座寺前岡，墳上起塔云。（瓊一生苦節，志樂彌勒，故得終盡異人，乃上生之明證也。）」

南皮張國寺普照尼傳八

普照，本姓董，名悲〔一〕，勃海安陵人也〔二〕。少秉節概，十七出家，住南皮張國寺。後從師游學廣陵建熙精舍，率心奉法，闔衆嘉之。及師慧孜亡〔三〕，杜於慶弔〔四〕，而苦行絶倫。宋元嘉十八年十二月，因感勞疾〔五〕，雖劇，而篤情深信，初自不改，專意祈誠，不捨日夜。不能下地，枕上叩頭懺悔，時息如常，誦《法華經》一日三卷。到十九年二月中，忽然而絶，兩食頃甦〔六〕，云：「向西行，中道有一塔，塔中有一僧，閉眼思惟，驚問何來，答以其事，即問僧曰：『此處去某甲寺幾里〔七〕？』答曰：『五千萬里。』路上有草及行人，皆無所識。時風雲高靡，區墟嚴浄，西面尤明。意欲前進，僧乃不許，因爾迴還，豁然醒寤〔八〕。」後七日而卒〔九〕，時年二十五也〔一〇〕。

校注

〔一〕「悲」上，《資福藏》、《磧砂藏》、《普寧藏》、《洪武南藏》、《永樂南藏》、《永樂北藏》、《徑山藏》、《清藏》、金陵本有「徐」。

〔二〕「勃」，《資福藏》、《磧砂藏》、《普寧藏》、《洪武南藏》、《永樂北藏》、《清藏》金陵本作「渤」。

〔三〕「孜」，《資福藏》、《磧砂藏》、《普寧藏》、《洪武南藏》、《永樂南藏》、《永樂北藏》、《徑山藏》、《清藏》、金陵本作「敬」。

〔四〕「杜」，《資福藏》、《磧砂藏》、《普寧藏》、《洪武南藏》、《永樂南藏》、《永樂北藏》、《徑山藏》、《清藏》、金陵本作「息」。

〔五〕「感」，《資福藏》、《磧砂藏》、《普寧藏》、《洪武南藏》、《永樂南藏》、《永樂北藏》、《徑山藏》、《清藏》、金陵本作「成」。

〔六〕「甦」，《磧砂藏》、《洪武南藏》本作「穌」，《釋氏六帖》作「蘇」。

〔七〕「某甲寺」，《釋氏六帖》作「我家」。

〔八〕「寤」，原作「悟」。案前云「忽然而絶，兩食頃甦」，作「寤」文義較通。據《永樂北藏》、《清藏》、金陵本改。

〔九〕「日」，《釋氏六帖》作「月」。

〔一〇〕「時」「也」，《資福藏》、《磧砂藏》、《普寧藏》、《洪武南藏》、《永樂南藏》、《永樂北藏》、《徑山藏》、《清藏》、金陵本無。《釋氏六帖》此處有「餘應莫紀」。

附録

《釋氏六帖》卷八《高行諸尼部第十一・普照絶倫》：「姓董，勃海安陵人。少秉節概，十七出家，住南皮張國寺。後從師游學廣陵建熙寺，率心奉法，合衆嘉之。及師慧敬亡，杜於慶吊，苦行絶倫。元嘉十八年十二月，因得勞疾，雖劇，篤情深信，初自不改，專意祈誠，不捨日夜。不能下地，枕上叩頭，懺悔時息，而誦《法華經》一日三卷。至十九年二月中，忽然而絶。兩食頃蘇，云向西行，中道有塔，一僧在中，開眼。問僧曰：『此處去我家幾里？』曰：『五千萬里。』路上有草及人，皆無所識。意欲前進，僧乃不許，因爾迴還，豁然醒悟。後七月卒，年二十五，餘應莫紀。」

梁郡築戈村寺釋慧木尼傳九〔一〕

慧木，本姓傅，北地人〔二〕。十一出家〔三〕，師事慧超〔四〕，受持小戒〔五〕。居梁郡築戈村寺，始讀《大品》，日誦兩卷，兼通雜經。木母老病，口中無齒，木嚼脯飴母〔六〕，爲口不浄，不受大戒。白衣精勤〔七〕，懺悔自業。忽見戒壇與天皆黄金色，舉頭仰視，南見一人，著褋衣〔八〕，衣色悉黄，去木或近或遠，語木曰：「我已授汝戒。」尋復不見，木不以語人。多諸感異，皆類此也。木兄聞，欲知，乃詐之曰：「汝爲道積年，竟無所益，便可養髮，當爲訪婿。」木聞心愁，因述所見，即受具戒。臨受戒夕，夢人口授《戒本》，及受戒竟，再覽便誦。宋元嘉中，造十方佛像，并《四部戒本》及《羯磨》，施四衆云〔九〕。

校注

〔一〕「戈」，《磧砂藏》、《普寧藏》、《洪武南藏》、《永樂南藏》、《永樂北藏》、《徑山藏》、《清藏》、金陵本作「弋」。下同。

〔二〕「地」，《釋氏六帖》作「海」。

〔三〕「十」上，《古今圖書集成》本有「年」。

〔四〕「慧超」，案《高僧傳》卷四《竺僧度傳》：「時河内有竺慧超者，亦行解兼著，與高士雁門周續之友善，注《勝鬘經》焉。」不知是一人否。

〔五〕「小」，《資福藏》、《磧砂藏》、《普寧藏》、《洪武南藏》、《永樂南藏》、《永樂北藏》、《徑山藏》、《清藏》、金陵本作「十」。

〔六〕「木」下，《資福藏》、《磧砂藏》、《普寧藏》、《洪武南藏》、《永樂南藏》、《永樂北藏》、《徑山藏》、《清藏》、金陵本有

「但」。「脯」，《金藏》、《磧砂藏》、《洪武南藏》、《永樂北藏》、《清藏》、金陵本及《新集藏經音義隨函録》作「餔」，《古今圖書集成》本作「哺」。案《磧砂藏》、《洪武南藏》本卷二末音釋：「嚼餔，（中略）正作『哺』。食在口曰餔。」

〔七〕「白衣」，《資福藏》、《磧砂藏》、《普寧藏》、《洪武南藏》、《永樂南藏》、《永樂北藏》、《徑山藏》、《清藏》、金陵本作「日夜」。

〔八〕「襈」，《釋氏六帖》作「王后」。

〔九〕「施」上，《資福藏》、《洪武南藏》、《永樂南藏》、《永樂北藏》、《徑山藏》、《清藏》、金陵本有「廣」。又案《古今圖書集成》本傳末云：「按《法苑珠林》：宋尼慧木，十一出家。師慧超常建經堂，木往禮拜，輒見屋内東北隅有一沙門，金色黑衣，足不履地。木又於夜中卧而誦習，夢到西方，見一浴池，有芙蓉諸華，生人列坐其中。有一大華獨空無人，木欲登華，攀牽用力，不覺誦經，音響高大。木母謂其魘，驚起唤之。木母老病，口無復齒，木恒嚼哺飴母。以爲口中不得凈漱，故年將立，不受大戒。母終亡後，木自除草，開壇請師受戒。凡見靈異，祕不語人。唯静稱尼聞其道德。稱往爲狎，方便請問，乃爲具説。木後與同等共禮無量壽佛，因伏地不起，咸謂得眠，蹴而問之，木竟不答。静稱復獨苦求問，木云：『當伏地之時，夢往安養國見佛，爲説《小品》，已得四卷。因被蹴即覺，甚追恨之。』木元嘉十四年，時已六十九。」

附録

《釋氏六帖》卷八《高行諸尼部第十一・慧木至孝》：「姓傅，北海人。十一出家，師事慧超，受持小戒。居梁郡築弋村寺，始讀《大品》，日誦兩卷，兼通雜經。木母老病，口中無齒，木恒嚼哺飴母，爲口不净，不受具。日夜精勤，懺悔自業。忽見戒壇與天皆黄金色，舉頭仰視，南見一人，著王后衣，色悉黄，去木或近或遠，語木曰：『我已授汝戒。』尋復不見，木不以語人，多感異事，皆類此也。木兄知，乃詐之曰：『汝爲道積年，竟無所詔，便可養髮，當爲訪婿。』木聞心愁，因述所見，即受具戒。臨受戒夕，夢人口授《戒本》，及受竟，再覽便過。宋元嘉中，造十方佛，并《四部戒本》及《羯磨文》，廣施二衆云云。」

《法苑珠林》卷一五《敬佛篇第六・彌陀部第四・感應緣》之《宋比丘尼慧木》：「宋尼慧木者，姓傅氏。十一出家，持小乘戒。居梁郡築弋村寺，始讀《大品》，日誦兩卷。師慧超嘗建經堂，木往禮拜，輒見屋内東北隅有一沙門，金色黑衣，足不履地。木又於夜中卧而誦習，夢到西方，見一浴池，有芙蓉華，諸化生人列坐其中。有一大華獨空無人，木欲登華，攀牽用力，不覺誦經，音響高大。木母謂其魘，驚起唤之。木母篤老，口無復齒，木常嚼哺飴母。爲以過中，不得净漱，故年將立，不受大戒。母終亡後，木自除草，開壇請師受戒。忽於壇所見天地晃然，悉黄金色，仰望西南，見一天人，著褋衣，衣色赤黄，去木或近或遠，尋没不見。凡見靈異，祕不語人。木兄出家，聞而欲知，乃誑誘之曰：『汝爲道積年，竟無所昭，比可養髮，當訪出門。』木聞甚懼，謂當實然，乃粗言所見。唯静稱尼聞其道德，稱往爲狎，方便請問，乃爲具説。木後與同等共禮無量壽佛，因伏地不起，咸謂得眠，蹴而問之，木竟不答。静稱復獨苦求問，木云：『當伏地之

時，夢往安養國見佛，爲説《小品》，已得四卷。因被蹴即覺，甚追恨之。』木元嘉十四年，時已六十九。」(出《冥祥記》)

《净土聖賢録》卷六《往生比邱尼》：「慧木，姓傅，年十一出家，居梁郡築戈邨寺，日誦《大品》，多諸靈異。嘗夢到西方，見一浴池，有芙蕖華，諸化生人列坐其中已，而請師受戒。忽於壇所見天地晃然，悉黄金色。一日與大衆共禮無量壽佛，伏地不起，或蹴而問之，云：『當伏地時，覺身到安養國，佛爲説《小品》，已得四卷，因被蹴而覺，甚追恨之。』宋元嘉十四年，時本年已六十九。後不詳其終。」

吴縣南寺法勝尼傳十

法勝，少出家〔一〕，住吴縣南寺，或云東寺〔二〕。恭信恪勤〔三〕，衆所知識。宋元嘉中，河内司馬隆爲毗陵丞〔四〕，遇抄，戰亡。妻山氏，二親早没〔五〕，復無兒女，年又老大，入吴投勝，勝接待如親。後百日〔六〕，山氏遇疾，疾涉三年〔七〕，甚經危篤。勝本無蓄積，贍待醫藥〔八〕，皆資乞告，不憚雨暑〔九〕，不避風寒〔一〇〕，山氏遂愈〔一一〕，衆并稱貴之〔一二〕。

後游京師，進修禪律，該通定慧，探索幽隱，訓誘徒屬〔一三〕，不肅而成。動不徇利〔一四〕，静不求名，殷勤周至，莫非濟物。

年造六十，疾病經時，自言不差。親屬怪問，答云：「昨見二沙門，道知如此。」頃之復言：「見二比丘，非前所見者，偏袒右肩[一五]，手各執花，立其疾床[一六]。後遥見一佛，坐蓮華上，光照我身。」從此已後，夕不復眠，令人爲轉《法華》[一七]，至于後夜，氣息稍微，命令止經，「爲我稱佛」，亦自稱佛。將欲平明，容貌不改，奄忽而終焉[一八]。

校注

〔一〕「少出家」，《資福藏》、《磧砂藏》、《普寧藏》、《洪武南藏》、《永樂南藏》、《永樂北藏》、《徑山藏》、《清藏》、金陵本作「不知何許人也」。

〔二〕「或云東寺」，《資福藏》、《磧砂藏》、《普寧藏》、《洪武南藏》、《永樂南藏》、《永樂北藏》、《徑山藏》、《清藏》、金陵本無。

〔三〕「勤」，《新集藏經音義隨函録》作「懃」。

〔四〕「河」，《磧砂藏》本誤作「可」。「丞」，《金藏》本作「承」。「司馬隆」，《太平廣記》卷三二〇《鬼五·司馬隆》：「東魏徐，忘名，還作本郡卒，墓在東安靈山。墓先爲人所發，棺柩已毁。謝玄在彭城，將有齊郡司馬隆、弟進及東安王箱等，共取壞棺，分以作車。少時三人悉見患，更相注連，凶禍不已。箱母靈語子孫云：『箱昔與司馬隆兄弟取徐府君墓中棺爲車，隆等死亡喪破，皆由此也。』」（出《幽明録》）

〔五〕「没」，《金藏》本作「殁」。

〔六〕「百」下，《資福藏》、《磧砂藏》、《普寧藏》、《洪武南藏》、《永樂南藏》、《永樂北藏》、《徑山藏》、《清藏》、金陵本有「餘」。

〔七〕「疾，疾」，《資福藏》、《磧砂藏》、《普寧藏》、《洪武南藏》、《永樂南藏》、《永樂北藏》、《徑山藏》、《清藏》、金陵本作「病，病」。

〔八〕「贍」，《金藏》、《資福藏》、《普寧藏》、《永樂南藏》本作「瞻」。「待」，《永樂南藏》本及《釋氏六帖》作「侍」。

〔九〕「雨」，《資福藏》、《磧砂藏》、《普寧藏》、《洪武南藏》、《永樂南藏》、《永樂北藏》、《徑山藏》、《清藏》、金陵本作「寒」。

〔一〇〕「不避風寒」，《資福藏》、《磧砂藏》、《普寧藏》、《洪武南藏》、《永樂南藏》、《永樂北藏》、《徑山藏》、《清藏》、金陵本無。

〔一一〕「遂」下，《資福藏》、《磧砂藏》、《普寧藏》、《洪武南藏》、《永樂南藏》、《永樂北藏》、《徑山藏》、《清藏》、金陵本有「得」。

〔一二〕「并」，《資福藏》、《磧砂藏》、《普寧藏》、《洪武南藏》、《永樂南藏》、《永樂北藏》、《徑山藏》、《清藏》、金陵本作「益」。

〔一三〕「徒」，《資福藏》、《磧砂藏》、《普寧藏》、《洪武南藏》、《永樂南藏》、《永樂北藏》、《徑山藏》、《清藏》、金陵本作「眷」。

〔一四〕「動」，《金藏》本作「勁」。「徇」，原作「詢」，《釋氏六帖》作「殉」。案「動不徇利，静不求名」乃相應而言，故「徇」與「求」當同義。《廣雅》卷五《釋言》：「徇，營也。」《一切經音義》卷六《大般若波羅蜜多經第四百九十卷》：「《尚書》云『徇于貨色』，孔安國曰：『徇，求也。』《鵬鳥賦》云『貪夫徇財，烈士徇名』，是也。」故據《資福藏》、《磧砂藏》、《普寧藏》、《洪武南藏》、《永樂北藏》、《清藏》、金陵本改。

〔一五〕「右」，《永樂北藏》、《徑山藏》、《清藏》本作「若」，形近而誤。

〔一六〕「疾」，《資福藏》、《磧砂藏》、《普寧藏》、《洪武南藏》、《永樂南藏》、《永樂北藏》、《徑山藏》、《清藏》、金陵本無。案若無「疾」字，則此處句讀當爲「立其床後。遥見一佛」。

〔一七〕「華」下，《資福藏》、《磧砂藏》、《普寧藏》、《洪武南藏》、《永樂南藏》、《永樂北藏》、《徑山藏》、《清藏》、金陵本有「經」。

〔一八〕「忽」，《金藏》本作「然」。

附録

《釋氏六帖》卷八《高行諸尼部第十一・法勝通禪》：「不知何處人，住吴縣南寺，恭信恪勤，衆所知識。宋元嘉中，河内司馬隆爲毗陵丞，遇抄，戰亡。妻山氏，二親早没，復無兒女，身又老大，投勝，侍之如親。後百餘日，山氏遇病，已危篤。勝無蓄積，贍侍醫藥，皆資乞告，不憚寒暑，山遂得愈，衆益稱貴。後游京師，進修禪律，談通定慧，探索幽隱，訓誘眷屬，不肅而成。動不殉利，静不求名，殷勤周至，莫非濟物。年六十，病經旬日，自言不著。親屬怪問，曰：『見二比丘，偏袒右肩，手各執花，立其床後。遥見一佛，坐蓮花上，光照我身。』從此以後，夕不復眠，令人轉《法華》。至後夜，令住稱佛，容貌不改，奄忽而終。」

《净土論》卷下第六《引現得往生人相貌》之《比丘尼得往生者四人》：「《吴縣南寺尼法勝傳》云：『法勝出家，住寺之後，乃往京師，進修禪律，該通定慧，探素幽隱，訓誘眷屬，不肅而成。於禪寂中，念佛爲業。終時，蒙佛放光來照而卒。』」

《往生西方净土瑞應傳》：「尼法勝，吴縣人。進修禪寂，念佛爲業，訓誘道俗，皆勸往生。

得病自知不差，卧見一僧，報曰：『此病不差，須專念佛。』又：『見二僧偏袒，執花立在床前，光明照我身。』言訖而終。」

永安寺僧端尼傳十一

僧端，廣陵人也。門世奉佛，姊妹篤信〔一〕，誓願出家，不當聘綵〔二〕。而姿色之美，有聞鄉邑，富室湊之，母兄已許。臨迎之三日，宵遁佛寺。寺主置於別室，給其所須，并《請觀世音經》，二日能誦，雨淚稽顙，晝夜不休。過三日後，於禮拜中見佛像語云：「汝婿命盡，汝但精勤，勿懷憂念。」明日，其婿爲牛所觸亡也。因得出家，堅持禁戒，攝心空閑〔三〕，似不能言，及辯析名實〔四〕，其辭亹亹。誦《大涅槃經》，五日一遍〔五〕。元嘉十年，南游上國，住永安寺。綱紀衆務，均愛等接，大小悦服，久而彌敬。年七十餘，元嘉二十五年而卒〔六〕。弟子普敬、普要〔七〕，皆以苦行顯名，并誦《法華經》〔八〕。

校注

〔一〕「姊」，《金藏》、《磧砂藏》、《洪武南藏》、《永樂北藏》本作「姉」。

〔二〕「聘綵」，原作「娉採」。案因傳中有「富室湊之，母兄已許，臨迎之三日」語，故據《金藏》、《資福藏》、《磧砂藏》、《普寧藏》、《洪武南藏》、《永樂南藏》、《永樂北藏》、《徑山藏》、《清藏》、《頻伽藏》、金陵本改。又「聘」，《頻伽藏》本及《釋氏六帖》作「娉」。

〔三〕「心」，《資福藏》、《磧砂藏》、《普寧藏》、《洪武南藏》、《永樂南藏》、《永樂北藏》、《徑山藏》、《清藏》、金陵本作「念」。

〔四〕「辯」，《古今圖書集成》本作「辨」。「析」，原作「折」，據《金藏》、《資福藏》、《磧砂藏》、《普寧藏》、《洪武南藏》、《永樂北藏》、《清藏》、金陵本改。

〔五〕「遍」，金陵本作「徧」。

〔六〕「而」，《資福藏》、《磧砂藏》、《普寧藏》、《洪武南藏》、《永樂南藏》、《永樂北藏》、《徑山藏》、《清藏》、金陵本無。

〔七〕「普要」，《比丘尼傳》卷三《曇徹尼傳》有載。

〔八〕「華」，《金藏》本作「花」。

附 録

《釋氏六帖》卷八《高行諸尼部第十一·僧端涅槃》：「廣陵人。門世奉佛，姊妹篤信，誓願出家，不常娉綵，而姿色之美，有聞（卿色）〔鄉邑〕。富室湊之，母兄已許。臨迎三日，宵遁佛寺。寺主置於别室，給其所須，并《請觀世音經》，二日能誦，雨淚稽顙，晝夜不休。三日後，禮拜中見佛語云：『汝婿短命，汝但精勤，勿懷憂念。』明日，其婿爲牛觸亡。因得出家，堅持禁戒，攝念空閑，似不能言，及辯折名實，其辭亹亹。誦《大涅槃經》，五日一遍。元嘉十年，南游上國，住永安寺。綱紀衆務，均愛等接，大小悦服，久而彌敬。年七十餘，元嘉二十五年卒。弟子普敬、普要等，皆以苦行顯名，并誦法(衍文)《法華經》等。」

《觀音慈林集》卷中《尼僧端》：「僧端，廣陵人也。門世奉佛，姊妹篤信，誓願出家，終不聘綵。而母兄已許富室，臨迎之三晝宵，誦《觀世音經》，雨淚稽顙，晝夜不休。過三日後，於禮拜中見佛像語云：『汝婿命盡，汝但精勤，勿懷憂念。』明日，其婿爲牛所觸亡也。因得出家，堅持禁戒，誦《大涅槃經》，五日一遍。元嘉十年，南游上國，住永安寺。綱紀衆務，均愛等接，大小悦服，久而彌敬。年七十餘，元嘉二十五年卒。」

廣陵中寺光静尼傳十二

光静，本姓胡，名道婢，吴興東遷人也。幼出家[一]，隨師住廣陵中寺。静少而勵行[二]，長而習禪思[三]，不食甘肥，將受大戒，絶穀餌松。具足之後[四]，積十五年，雖心識鮮明，而體力羸憊，祈誠懺到，每輒感勞，動經晦朔。沙門釋法成謂曰[五]：「服食非佛盛事。」静聞之，還食粳糧，倍加勇猛，精學不倦[六]。從學觀行者，常百許人[七]。元嘉十八年五月患疾[八]，曰：「我厭苦此身，其來久矣。」於是牽病懺悔，不離心口，情理恬明[九]，神氣怡悦。至十九年歲旦，飲粒皆絶，屬念兜率，心心相續，如是不斷。至四月十八日夜[一〇]，殊香異相，滿虚空中，其夜命過焉[一一]。

校注

〔一〕「幼」，《古今圖書集成》本作「初」。

〔二〕「勵」，《資福藏》、《磧砂藏》、《普寧藏》、《洪武南藏》、《永樂北藏》、《清藏》、金陵本作「厲」。

〔三〕「而」，《資福藏》、《磧砂藏》、《普寧藏》、《洪武南藏》、《永樂南藏》、《永樂北藏》、《徑山藏》、《清藏》、金陵本無。

〔四〕「足」，《資福藏》、《磧砂藏》、《普寧藏》、《洪武南藏》、《永樂南藏》、《永樂北藏》、《徑山藏》、《清藏》、金陵本作「戒」。

〔五〕「釋」，《資福藏》、《磧砂藏》、《普寧藏》、《洪武南藏》、《永樂南藏》、《永樂北藏》、《徑山藏》、《清藏》、金陵本無。

「釋法成」，《高僧傳》卷一一有傳，云其「不餌五穀，唯食松脂」。

〔六〕「倦」，《金藏》本及《新集藏經音義隨函録》作「勌」。

〔七〕「從學觀行者，常百許人」，《資福藏》、《磧砂藏》、《普寧藏》、《洪武南藏》、《永樂南藏》、《永樂北藏》、《徑山藏》、《清藏》、金陵本作「從學觀者，行常百許人」。

〔八〕「患」，《資福藏》、《磧砂藏》、《普寧藏》、《洪武南藏》、《永樂南藏》、《永樂北藏》、《徑山藏》、《清藏》、金陵本作「遇」。

〔九〕「情」，《資福藏》、《磧砂藏》、《普寧藏》、《洪武南藏》、《永樂南藏》、《永樂北藏》、《徑山藏》、《清藏》、金陵本作「性」。

〔一〇〕「十」，《資福藏》、《磧砂藏》、《普寧藏》、《洪武南藏》、《永樂南藏》、《永樂北藏》、《徑山藏》、《清藏》、金陵本無。

〔一一〕「過焉」，《資福藏》、《磧砂藏》、《普寧藏》、《洪武南藏》、《永樂南藏》、《永樂北藏》、《徑山藏》、《清藏》、金陵本作「終」。

附録

《釋氏六帖》卷八《高行諸尼部第十一・光静絶食》：「姓胡，名道婢，吴興東遷人。幼出家，隨住廣陵中寺。少而勵行，長習思，不食甘肥，將受大戒，絶穀餌松。具戒之後，積十五年，雖心識鮮明，而身力羸憊，祈誠慊到。有沙門法成謂曰：『絶食非佛盛事。』聞之，還食粳糧，倍加勇猛，精學不倦。從學觀行者，常百餘人。至元嘉十八年五月，遇疾。至十九年歲旦，飲粒皆絶，屬念兜率，心心不絶。至四月八日夜，殊香異相，滿虚空中，其終焉。」

《净土論》卷下第六《引現得往生人相貌》之《比丘尼得往生者四人》：「《廣陵中寺尼光静傳》云：光静，姓胡，吴興人也。幼而出家，少有高行，恒習禪慧，不食甘肥。從學禪者，一百餘人。恒以念佛清净爲業，臨終盛得殊香異相遍滿空迎而卒。」

《兜率龜鏡集》卷中《光静尼》：「静，本姓胡，名道婢，吴興東遷人也。幼出家，隨師住廣陵中寺。静少而厲行，長習禪思，不食甘肥，將受大戒，絶穀簞松。具戒之後，積十五年，雖心識鮮明，而體力羸憊，祈誠慊到，每輒感勞，動經晦朔。沙門法成謂曰：『服食非佛盛事。』静聞之，還食粳糧，倍加勇猛，精學不倦。從學觀行者，常百許人。元嘉十八年五月遇疾，曰：『我厭苦此身，其來久矣。』於是牽病懺悔，不離心口，性理恬明，神氣怡悦。至十九年歲旦，飲粒皆絶，屬念兜率，心心相續，如是不斷。至四月八日夜，殊香異相，滿虚空中，其夜示寂。」

蜀郡善妙尼傳十三

善妙，本姓歐陽，繁縣人也。少出家，性用柔和，少瞋喜，不營好衣，不食美食。有妹，婿亡孀居，無所依託，携一稚子，寄其房内，常聞妙自慨生不值佛〔一〕，每一言此，流涕歔欷〔二〕，悲不能已。同住四五年〔三〕，未曾見其食〔四〕。妹作食熟，呼妙共食，妙云：「適於某處食竟〔五〕。」或云：「四大不好，未能食。」如此積年，妹甚恨愧〔六〕，自言：「無福婿亡，更無親屬，携兒依姊，多所穢亂，姊當見厭，故不與共食耳。」流淚而言，言已欲去。妙執其手喻之曰：「汝不解我意，我幸於外得他供養，何須自損家中食。汝但安住，我不久應遠行〔七〕，汝當守屋，慎莫餘去〔八〕。」妹聞此而止。

妙乃自績作布〔九〕，買數斛油，瓦堈盛之〔一〇〕，著庭中，語妹云：「擬作功德〔一一〕，慎勿取也。」至四月八日夜半，以布自纏而燒其身，火已親頂，命其妹令呼維那打磬：「我今捨壽，可遍告諸尼〔一二〕，速來共别。」比諸尼驚至，命猶未絶〔一三〕，語諸尼云：「各勤精進，生死可畏，當求出離，慎勿流轉。我捨此身供養已二十七反〔一四〕，止此一身，當得初果〔一五〕。」問益土人〔一六〕，或云元嘉十七年燒身〔一七〕，或云孝建時，或言大明中，故備記之〔一八〕。

校注

〔一〕「常聞妙自慨生不值佛」，《資福藏》、《磧砂藏》、《普寧藏》、《洪武南藏》、《永樂南藏》、《永樂北藏》、《徑山藏》、《清藏》、金陵本作「常聞妙法，自慨生不值佛」。

〔二〕「歔欷」，《資福藏》、《磧砂藏》、《普寧藏》、《洪武南藏》、《永樂南藏》、《永樂北藏》、《徑山藏》、《清藏》、金陵本作「欷歔」。

〔三〕「四」，原作「四年」，據《資福藏》、《磧砂藏》、《普寧藏》、《洪武南藏》、《永樂南藏》、《永樂北藏》、《徑山藏》、《清藏》、金陵本改。

〔四〕「曾」，《資福藏》、《磧砂藏》、《普寧藏》、《洪武南藏》、《永樂南藏》、《永樂北藏》、《徑山藏》、《清藏》、金陵本作「嘗」。

〔五〕「適」上，《資福藏》、《磧砂藏》、《普寧藏》、《洪武南藏》、《永樂南藏》、《永樂北藏》、《徑山藏》、《清藏》、金陵本有「我」。

〔六〕「恨愧」，《金藏》、《資福藏》、《磧砂藏》、《普寧藏》、《洪武南藏》、《永樂南藏》、《永樂北藏》、《徑山藏》、《清藏》、金陵本作「愧恨」。

〔七〕「不久應」，《資福藏》、《磧砂藏》、《普寧藏》、《洪武南藏》、《永樂南藏》、《永樂北藏》、《徑山藏》、《清藏》、金陵本作「尋」。

〔八〕「餘」，《古今圖書集成》本作「他」。

〔九〕「妙乃」，原無，據《資福藏》、《磧砂藏》、《普寧藏》、《洪武南藏》、《永樂南藏》、《永樂北藏》、《徑山藏》、《清藏》、金陵本補。

〔一〇〕「堈」，《資福藏》、《磧砂藏》、《普寧藏》、《洪武南藏》、《永樂南藏》、《永樂北藏》、《徑山藏》、《清藏》、金陵本作「瓨」，

《古今圖書集成》本作「瓶」，《新集藏經音義隨函録》作「剄」。

〔一一〕「擬」上，《資福藏》、《磧砂藏》、《普寧藏》、《洪武南藏》、《永樂南藏》、《永樂北藏》、《徑山藏》、《清藏》、金陵本有「欲」。

〔一二〕「遍」，金陵本作「徧」。

〔一三〕「猶」，原無，據《資福藏》、《磧砂藏》、《普寧藏》、《洪武南藏》、《永樂南藏》、《永樂北藏》、《徑山藏》、《清藏》、金陵本補。

〔一四〕「反」，《資福藏》、《磧砂藏》、《普寧藏》、《洪武南藏》、《永樂北藏》、《清藏》、金陵本作「返」。

〔一五〕「初果」，案《大明三藏法數》卷六：「初果，即須陀洹也。謂斷三結之惑，而得此果。超四惡趣，於人天中七返受生，方斷諸苦，入於涅槃，過八萬劫，當得無上正等菩提，是名初果回心。」

〔一六〕「問」上，《頻伽藏》本有陰文「注」字。　「益」，《永樂北藏》、《徑山藏》本作「耆」。　「土人」，原作「士人」。案「土人」者，當地人也。據《資福藏》、《磧砂藏》、《普寧藏》、《洪武南藏》、《永樂北藏》、《清藏》、金陵本改。

〔一七〕「七」，《資福藏》、《磧砂藏》、《普寧藏》、《洪武南藏》、《永樂南藏》、《永樂北藏》、《徑山藏》、《清藏》、金陵本有「八」。　「燒」，《金藏》本作「燒燒」。

〔一八〕「之」下，《磧砂藏》、《普寧藏》、《洪武南藏》、《永樂南藏》、《永樂北藏》、《徑山藏》、《清藏》、金陵本有「耳」字，《資福藏》本有「耳，故也云」。

附録

《釋氏六帖》卷八《高行諸尼部第十一》《〔善〕妙燒身》：「姓歐陽，繁縣人也。少出家，性柔和，少嗔喜，不務好衣食等。有妹孀居，無所依託，攜一稚子，寄其房内，常聞妙自慨生不值佛，流涕不已。同住四五年，未嘗見其食。妹作食熟，（吸）〔呼〕妙共食，云：『已食竟。』如此積年，妹甚慚愧，自言：『無福，夫主早亡，依姊見厭，不與共食。』言已欲去。妙執手曰：『汝不知我意，幸外受他供養，何須自損家食。汝但安心守室，我當遠行。』而止。妙自續作布，買數斛油。至四月八日，布纏身，油灌燒之。諸尼驚至，命猶未絶，語諸尼云：『各勤精進，生死可畏，當求出離。我捨此身（共）〔供〕養，已二十七返，止此一身，當得初果。』」

廣陵僧果尼傳十四

僧果，本姓趙，名法祐〔一〕，汲郡修武人也。宿殖誠信〔二〕，純篤自然。在乳哺時，不過中食，父母嘉異。及其成人，心唯專到〔三〕，緣礙參差。年二十七，方獲出家，師事廣陵慧聰尼。果戒行堅明，禪觀清白〔四〕。每至入定，輒移昏曉，綿神浄境，形若枯木。淺識之徒，或生疑反〔五〕。

元嘉六年〔六〕，有外國舶主難提〔七〕，從師子國載比丘尼來至宋都，住景福寺〔八〕。後少時，問果曰：「此國先來，已曾有外國尼未〔九〕？」答曰：「未有。」又問：「先諸尼受戒，那得二僧？」答〔一〇〕：「但從大僧受得本事者，乃是發起受戒人心〔一一〕，令生殷重，是方便耳。故如大愛道八敬得戒，五百釋女以愛道爲和上，此其高例。」果雖答，然心有疑〔一二〕，具諮三藏，三藏同其解也。又諮曰：「重受得不〔一三〕？」答曰：「戒定慧品，從微至著〔一四〕，更受益佳。」到十年〔一五〕，舶主難提復將師子國鐵薩羅等十一尼至〔一六〕。先達諸尼已通宋語，請僧伽跋摩於南林寺壇界〔一七〕，次第重受三百餘人。

十八年〔一八〕，年三十四矣，時宴坐經日，維那故觸，謂言已死，驚告寺官〔一九〕。寺官共視，見果身冷肉强〔二〇〕，唯氣息微轉〔二一〕。始欲舁徙〔二二〕，便自開眼，語笑尋常〔二三〕。於是愚者駭服〔二四〕，不知所終也〔二五〕。

校注

〔一〕「祐」，《金藏》本作「枯」。

〔二〕「殖」，《永樂北藏》、金陵本作「植」。案《正字通·木部》：「植，與『殖』通，借種植也。釋氏多用『殖』。」「誠信」，《資福藏》、《磧砂藏》、《普寧藏》、《洪武南藏》、《永樂南藏》、《永樂北藏》、《徑山藏》、《清藏》、金陵本作「信解」。

〔三〕「唯」，《資福藏》、《磧砂藏》、《普寧藏》、《洪武南藏》、《永樂南藏》、《永樂北藏》、《徑山藏》、《清藏》、金陵本作「雖」。

〔四〕「觀」，《古今圖書集成》本作「規」。

〔五〕「反」，原作「及」，據《資福藏》、《磧砂藏》、《普寧藏》、《洪武南藏》、《永樂南藏》、《永樂北藏》、《徑山藏》、《清藏》、金陵本改。

〔六〕案《高僧傳》卷三《求那跋摩傳》：「去六年，有師子國八尼至京。」

〔七〕「難」，《高僧傳》卷三《求那跋摩傳》有「竺」。

〔八〕「景」，《金藏》本作「影」。案《高僧傳》卷三《求那跋摩傳》：「時影福寺尼慧果、净音等，共請跋摩。」

〔九〕「末」，《金藏》、《普寧藏》、《徑山藏》本作「未」。

〔一〇〕「答」下，《古今圖書集成》本有「曰」。

〔一一〕「受」，《資福藏》、《磧砂藏》、《普寧藏》、《洪武南藏》、《永樂南藏》、《永樂北藏》、《徑山藏》、《清藏》、金陵本無。

〔一二〕「心」上，《資福藏》、《磧砂藏》、《普寧藏》、《洪武南藏》、《永樂南藏》、《永樂北藏》、《徑山藏》、《清藏》、金陵本作「而如」。

〔一三〕「重受得」，《資福藏》、《磧砂藏》、《普寧藏》、《洪武南藏》、《永樂南藏》、《永樂北藏》、《徑山藏》、《清藏》、金陵本作「得重受」。

〔一四〕「至」，《資福藏》、《磧砂藏》、《普寧藏》、《洪武南藏》、《永樂南藏》、《永樂北藏》、《徑山藏》、《清藏》、金陵本作「之」。

〔一五〕案《資行鈔》：「求那元嘉十年九月死。同十年，印度沙門僧伽跋摩至揚州，又有師子國尼鐵索羅等三人至京。」

〔一六〕「鐵」，《永樂北藏》、《徑山藏》本作「錢」。「薩」，《資行鈔》、《大宋僧史略》、《翻譯名義集》、《四分比丘戒本疏》、《四分律删繁補闕行事鈔》、《緇門警訓》、《南朝佛寺志》、《南朝寺考》、《至正金陵新志》、《事物紀原》、《六朝事迹編類》、《山堂肆考》、《王荆公詩注》作「索」。「鐵薩羅」，案《南朝佛寺志》卷上、《南朝寺考》：「鐵索羅寺，本晉時尼寺，在城南門外。宋元嘉十一年，有西域尼鐵索羅居此，因以其名稱寺焉。」《至正金陵新志》卷一一下《祠祀志·寺院二》：「瑞相院，亦名鐵索寺，在城南門外。」又引《乾道志》：「本晉時尼寺。宋元嘉七年，西域梵尼七人至建業。十一年，尼鐵索羅等三人又至，因號鐵索羅寺。」其鐵索羅爲人名也。然《六朝事迹編類》卷下《鐵索寺》：「後因鐵索羅國尼至，遂就此建寺，以鐵索羅爲名。」其鐵索羅爲國名，此又一説也。

〔一七〕「南林寺」，《高僧傳》卷七《釋慧觀傳》：「又有法業，本長安人，善《大小品》及《雜心》。蔬食節己，故晉陵公主爲起南林寺，後遂居焉。」《建康實録》卷三《宋太祖文皇帝》：「案《塔寺記》：置南林寺，建康城南三里，元嘉四年，司馬梁王妃捨宅爲晉陵公主造，在中興里。陳亡，廢。」《南朝佛寺志》卷上、《南朝寺考》：「南林寺在中興里，司馬梁王妃捨宅爲宋晉陵公主造也。有僧法業居之。後求那跋摩終於寺之戒壇前，仍就其處起立白塔，可見其與祇洹寺相近矣。陳亡，寺廢。」「南林寺壇界」，《道宣律師感通録》：「曾見《僧傳》南林戒壇，意便重之。」案《資行鈔》：「《抄批飾宗記》等意：『十一年春，重受南林寺前園中壇，求那所築也。』」《高僧傳》卷三、《神僧傳》卷三、《出三藏記集》卷一四、《開元釋教録》卷五、《貞元新定釋教目録》卷七《求那跋摩傳》：「即於南林戒壇前，依外國法闍毗之。」據此，南林戒壇當爲求那跋摩所設。然《關中創立戒壇圖經》之《戒壇贊述辨德第十一・開壞創築戒場之壇文》：「有晉揚輦南林戒壇，德鎧聖士厥初基搆。中原正僞蔑爾無聞，有以大界爲戒場，有以平場爲壇上。」

〔一八〕「八」，《金藏》本作「一」。

〔一九〕「寺官」，指未行剃染而於寺院服役之净人。

〔二〇〕「强」，《磧砂藏》、《永樂北藏》、《清藏》、金陵本作「彊」，《洪武南藏》本作「疆」，《古今圖書集成》本作「僵」。

〔二一〕「唯」，《古今圖書集成》本作「惟」。「轉」，諸本作「傳」。

〔二二〕「异」，《新集藏经音義隨函録》作「畢」。

〔二三〕「語」，《資福藏》、《磧砂藏》、《普寧藏》、《洪武南藏》、《永樂南藏》、《永樂北藏》、《徑山藏》、《清藏》、金陵本作「談」。

〔二四〕「愚」，《資福藏》、《磧砂藏》、《普寧藏》、《洪武南藏》、《永樂南藏》、《永樂北藏》、《徑山藏》、《清藏》、金陵本作

「遇」。「服」，《資福藏》、《磧砂藏》、《普寧藏》、《洪武南藏》、《永樂北藏》、《清藏》、金陵本作「伏」。

〔三五〕「也」，《資福藏》、《磧砂藏》、《普寧藏》、《洪武南藏》、《永樂南藏》、《永樂北藏》、《徑山藏》、《清藏》、金陵本無。

附録

《釋氏六帖》卷八《高行諸尼部第十一·僧果入定》：「僧果，姓趙，修武人。宿殖信解，純篤自然。在乳哺時，不過中食，父母嘉異。及其成人，心雖專到，緣碍參差。年二十七，方獲出家，師廣陵尼慧聰。果戒行堅明，禪觀清白。每至入定，輒移昏曉，綿神净境，形若枯木。淺識之徒，或生疑反。元嘉六年，外國舶主難提，從師子國載比丘尼來至宋都，住景福寺。問果曰：『此國曾有外國尼否？』曰：『未。』『尼受戒如何？』答：『從大僧受得本事，生殷重心，是便，如大愛道。』果雖聞此答，心亦有疑。到十年，鐵薩羅等十一尼至，請僧〔伽〕跋摩於南林寺壇，三百餘人受戒。果曾入定，人爲之亡，忽自開目，談笑尋常，遇者駭伏，後不知所終。」

山陽東鄉竹林寺静稱尼傳十五

静稱，本姓劉，名勝，譙郡人也〔一〕。戒業精苦，誦經四十五萬言〔二〕。寺傍山林，無諸囂雜，游心禪默，永絶塵勞。曾有人失牛，推尋不已，夜至山中〔三〕，望寺林火光熾盛〔四〕，及至都無。常有一虎，隨稱去來，稱若坐禪，蹲踞左右〔五〕。寺内諸尼，若犯罪失，不時懺悔〔六〕，虎即大怒，悔罪便悦〔七〕。

稱後暫出山，道遇一北地女人，造次問訪〔八〕，欣然若舊。女姓仇〔九〕，名文姜，本博平人也。性好佛法，聞南國富道〔一〇〕，關開託避〔一一〕，得至此土，因遂出家。既同苦節，二人不資糧米〔一二〕，餌麻朮而已。聲達虜都，虜謂聖人，遠遣迎接。二人不樂邊境，故穢聲迹，危行言遜。虜主爲設餚饌〔一三〕，皆悉進噉，因此輕之，不復拘留，稱與文姜復還本寺。

稱年九十三，無疾而卒也〔一四〕。

校注

〔一〕「郡」下，《資福藏》、《磧砂藏》、《普寧藏》、《洪武南藏》、《永樂南藏》、《永樂北藏》、《徑山藏》、《清藏》、金陵本有「梁」。

〔二〕「四」，《釋氏六帖》作「三」。

〔三〕「至」，《古今圖書集成》本作「坐」。

〔四〕「望」下，《資福藏》、《磧砂藏》、《普寧藏》、《洪武南藏》、《永樂南藏》、《永樂北藏》、《徑山藏》、《清藏》、金陵本有「見」。

〔五〕「踞」，《金藏》本作「據」。

〔六〕「時」，《古今圖書集成》本作「自」。　「悔」下，《資福藏》、《磧砂藏》、《普寧藏》、《洪武南藏》、《永樂南藏》、《永樂北藏》、《徑山藏》、《清藏》、金陵本有「者」。

〔七〕「悔罪便悦」，《資福藏》、《磧砂藏》、《普寧藏》、《洪武南藏》、《永樂南藏》、《永樂北藏》、《徑山藏》、《清藏》、金陵本作「懺悔若竟，虎乃怡悦」。

〔八〕「訪」，《永樂南藏》、《永樂北藏》、《徑山藏》、《清藏》、金陵本作「訊」。

〔九〕「仇」，《金藏》本作「仇」，《資福藏》、《磧砂藏》、《普寧藏》、《洪武南藏》、《永樂南藏》、《永樂北藏》、《徑山藏》、《清藏》、金陵本作「裘」。

〔一〇〕「富道」，《金藏》、《資福藏》、《磧砂藏》、《普寧藏》、《永樂北藏》本作「道富」，《古今圖書集成》本作「重道」。

〔一一〕「關」，《資福藏》、《磧砂藏》、《普寧藏》、《洪武南藏》、《永樂南藏》、《永樂北藏》、《徑山藏》、《清藏》、金陵本無。

〔一二〕「人」下，《資福藏》、《磧砂藏》、《普寧藏》、《洪武南藏》、《永樂南藏》、《永樂北藏》、《徑山藏》、《清藏》、金陵本有「并」。　「糧米」，《資福藏》、《磧砂藏》、《普寧藏》、《洪武南藏》、《永樂北藏》、《徑山藏》、《清藏》、金陵本作「五穀」，《一切經音義》、《新集藏經音義隨函録》作「鮭米」。

〔一三〕「饌」，《資福藏》、《磧砂藏》、《普寧藏》、《洪武南藏》、《永樂南藏》、《永樂北藏》、《徑山藏》、《清藏》、金陵本及《新集藏經音義隨函録》作「饍」。

〔一四〕「也」，《資福藏》、《磧砂藏》、《普寧藏》、《洪武南藏》、《永樂南藏》、《永樂北藏》、《徑山藏》、《清藏》、金陵本作「矣」。

附録

《釋氏六帖》卷八《高行諸尼部第十一·静稱伏虎》：「劉氏，譙郡梁人。戒業精苦，誦經三十五萬言。住山陽東鄉竹林寺，附近無諸囂雜，游心禪默，永絶塵勞。曾有人失牛，推尋不已，夜至山中，望見寺林火光熾盛，及至都無。常有一虎，隨稱來去，稱坐禪，蹲踞左右。寺内諸尼，犯罪失懺悔者，虎即大怒，悔乃怡然。稱後暫出，道逢女人，欣然若舊。姓裘，名文姜，博平人。性好佛法，遂求出家。既同苦節，二人并不資五穀，餌麻朮而已。聲聞邊虜，虜曾來請命。稱九十三，無疾而終。」

《法苑珠林》卷一五《敬佛篇第六・彌陀部第四・感應緣》之《宋比丘尼慧木》：「唯静稱尼聞其道德，稱往爲狎，方便請問，乃爲具説。木後與同等共禮無量壽佛，因伏地不起，咸謂得眠，蹴而問之，木竟不答。静稱復獨苦求問，木云：『當伏地之時，夢往安養國見佛，爲説《小品》，已得四卷。因被蹴即覺，甚追恨之。』」（出《冥祥記》）

吴太玄臺寺法相尼傳十六

法相，本姓侯，燉煌人也〔一〕。履操清貞，才識英拔。篤志好學，不以屢空廢業；清安貧窶〔二〕，不以榮達移心。出適傅氏，家道多故。苻堅敗績〔三〕，眷屬散亡。出家持戒，信解彌深。常割衣食好者施慧宿尼〔四〕。寺僧諫曰〔五〕：「慧宿質野〔六〕，言不出口。佛法經律，曾未厝心〔七〕。欲學禪定，又無師範。專頑拙訥，是下愚人耳。何不種以上田〔八〕，而修此下福？」答曰：「田之勝負〔九〕，唯聖乃知〔一〇〕。我既凡人，寧立取捨？遇有如施，何關作意耶？」

慧宿後建禪齋七日〔一一〕，至第三日夜〔一二〕，與衆共坐。衆起不起，衆共觀之，堅如木石，牽持不動，或謂已死〔一三〕。後三日起〔一四〕，起後如常，衆方異之，始悟法相深相領照矣。其如此類，前後非一。

相年逮桑榆〔一五〕，操行彌篤，年九十餘，元嘉末卒也。

校注

〔一〕「也」，《資福藏》、《磧砂藏》、《普寧藏》、《洪武南藏》、《永樂南藏》、《永樂北藏》、《徑山藏》、《清藏》、金陵本無。

〔二〕「清」，《磧砂藏》、《普寧藏》、《洪武南藏》、《永樂南藏》、《永樂北藏》、《徑山藏》、《清藏》、金陵本作「情」。

〔三〕「苻堅」，原作「符堅」，據《頻伽藏》、金陵本改。案《晉書》卷一一三有《苻堅載記》。

〔四〕「施」字下，《資福藏》、《磧砂藏》、《普寧藏》、《洪武南藏》、《永樂南藏》、《永樂北藏》、《徑山藏》、《清藏》、金陵本有「人」字。「慧宿」，《資福藏》、《磧砂藏》、《普寧藏》、《洪武南藏》、《永樂南藏》、《永樂北藏》、《徑山藏》、《清藏》、金陵本作「惠宿」。下同。又「慧宿尼」，《古今圖書集成》本作「人」。

〔五〕「寺」，《古今圖書集成》本作「有」。

〔六〕「質」，《資福藏》、《磧砂藏》、《普寧藏》、《洪武南藏》、《永樂南藏》、《永樂北藏》、《徑山藏》、《清藏》、金陵本作「資」。又「慧宿質」，《古今圖書集成》本作「法相資」。

〔七〕「厝」,《磧砂藏》、《洪武南藏》、《永樂北藏》、《清藏》、金陵本作「措」。案《説文通訓定聲·豫部》:「厝,叚借爲『措』。」

〔八〕「不種以」,《資福藏》、《磧砂藏》、《普寧藏》、《洪武南藏》、《永樂南藏》、《永樂北藏》、《徑山藏》、《清藏》、金陵本作「以不種」。

〔九〕「田」,《永樂北藏》、《徑山藏》、《清藏》、金陵本作「由」。

〔一〇〕「唯」,《古今圖書集成》本作「惟」。

〔一一〕「慧宿」,《古今圖書集成》本作「法相」。

〔一二〕「日」,原無。從文義,據《資福藏》、《磧砂藏》、《普寧藏》、《洪武南藏》、《永樂南藏》、《永樂北藏》、《徑山藏》、《清藏》、金陵本補。

〔一三〕「或」,《資福藏》、《磧砂藏》、《普寧藏》、《洪武南藏》、《永樂南藏》、《永樂北藏》、《徑山藏》、《清藏》、金陵本作「咸」。

〔一四〕「三」,《釋氏六帖》作「二」。

〔一五〕「逮」,《資福藏》、《磧砂藏》、《普寧藏》、《洪武南藏》、《永樂南藏》、《永樂北藏》、《徑山藏》、《清藏》、金陵本作「達」,《釋氏六帖》作「過」。

附録

《釋氏六帖》卷八《高行諸尼部第十一·法相禪定》:「住吴太玄臺寺,姓侯,燉煌人。履操清貞，才識英拔。篤志好學，不以屢空廢業。出適傅氏，家道多故。苻堅敗，眷屬散亡。後出家持戒，信解彌深。常割衣食好者施人。有慧宿尼，建禪齋七日，至第三夜，衆共坐皆起，不動。衆共觀之，堅如鐵石，牽持不動，皆爲已死。後二日起，便復常，衆方異之，相深領照。其如此類，前後非一。相年過桑榆，操行彌篤，九十餘，元嘉末卒。」

東青園寺業首尼傳十七〔一〕

業首，本姓張，彭城人也。風儀峻整〔二〕，戒行清白〔三〕，深解大乘，善搆妙理〔四〕，彌好禪誦，造次無怠。宋高祖武皇帝雅相敬異〔五〕，文帝少時從受三歸〔六〕。住永安寺，供施相續。元嘉二年〔七〕，王景深母范氏〔八〕，以王坦之故祠堂地施首〔九〕，起立寺舍，名曰青園〔一〇〕。齋肅徒衆〔一一〕，甚有風規。潘貴妃嘆曰〔一二〕：「首尼弘振佛法〔一三〕，甚可敬重。」以元嘉十五年，爲首更廣寺西，創立佛殿，復拓寺北，造立僧房，賑給所須。寺業興立〔一四〕，衆二百人〔一五〕，法事不絶。春秋稍高，仰者彌盛。累以耆艾自陳，衆咸不許。年九十，大明六年而卒〔一六〕。

時又有净哀、寶英、法林，并以立身清潔〔一七〕，有聲京縣。哀久習禪誦〔一八〕，任事清允，泰始五年卒。英建塔五層，閱理有勤，蔬食精進，泰始六年卒。林博覽經律，老而不懈，元徽元年卒。又有弟子曇寅〔一九〕，兼通禪律，簡絶榮華，不闕朝市〔二〇〕，元徽六年卒。〔二一〕

校注

〔一〕「東青園寺」，當對傳中「更廣寺西」而言。

〔二〕「儀」，《資福藏》、《磧砂藏》、《普寧藏》、《洪武南藏》、《永樂南藏》、《永樂北藏》、《徑山藏》、《清藏》、金陵本作「觀」。

〔三〕「白」，《金藏》本作「曰」，形誤。

〔四〕「搆」，《磧砂藏》、《洪武南藏》、《永樂北藏》、《清藏》、金陵本作「構」。

〔五〕「宋高祖武皇帝」，即劉裕，《宋書》卷一、《南史》卷一有紀。

〔六〕「文帝」，即劉義隆，《宋書》卷五、《南史》卷二有紀。

〔七〕「二」，《資福藏》、《磧砂藏》、《普寧藏》、《洪武南藏》、《永樂南藏》、《永樂北藏》、《徑山藏》、《清藏》、金陵本作「三」。

〔八〕「深」，《南朝佛寺志》、《南朝寺考》作「琛」。「王景深」，《宋書》卷八五《王景文傳》：「高祖第五女新安公主先適太原王景深。」

〔九〕「王坦之」，《晉書》卷七五、《佛法金湯編》卷二有傳。

〔一〇〕「青園」，《建康實録》卷一二《宋太祖文皇帝》：「置青園寺，東北去縣二里。案《塔寺記》：『駙馬王景琛爲母范氏，宋元嘉二年，以王坦之祠堂地與比邱尼業首爲精舍。十五年，潘淑儀施西營地以足之，起殿。又有七佛殿二間，泥塑精絶，後代希有及者。』」《南朝佛寺志》卷上、《南朝寺考》：「青園尼寺在覆舟山下。宋元嘉二年，駙馬王景琛爲母范氏，以王坦之祠堂地與尼業首爲精舍。十五年，潘淑儀施西營地以足之，内有七佛殿二間，泥塑精絶。後廢帝昱嘗乘露車以至此寺焉。又有比邱尼净秀，宋都亭侯梁粲之女也，亦落髮於寺中云。」

〔一一〕「齋」，《資福藏》、《磧砂藏》、《普寧藏》、《洪武南藏》、《永樂北藏》、《清藏》、金陵本作「齊」。

〔一二〕「潘貴妃」，《南朝佛寺志》、《南朝寺考》作「潘淑儀」。案《宋書》無「潘貴妃」，恐爲「潘淑妃」之誤。潘淑妃，《南史》卷一一有傳。

〔一三〕「振」，《資福藏》、《磧砂藏》、《普寧藏》、《洪武南藏》本作「震」。

〔一四〕「立」，《資福藏》、《磧砂藏》、《普寧藏》、《洪武南藏》、《永樂南藏》、《永樂北藏》、《徑山藏》、《清藏》、金陵本作「顯」。

〔一五〕「衆」，《頻伽藏》本作「無」。

〔一六〕「而」，《資福藏》、《磧砂藏》、《普寧藏》、《洪武南藏》、《永樂南藏》、《永樂北藏》、《徑山藏》、《清藏》、金陵本無。

〔一七〕「立身清潔」，《資福藏》、《磧砂藏》、《普寧藏》、《洪武南藏》、《永樂南藏》、《永樂北藏》、《徑山藏》、《清藏》、金陵本作「治身清約」。

〔一八〕「習」，原無，據《資福藏》、《磧砂藏》、《普寧藏》、《洪武南藏》、《永樂南藏》、《永樂北藏》、《徑山藏》、《清藏》、金陵本補。

〔一九〕「寅」，《資福藏》、《磧砂藏》、《普寧藏》、《永樂北藏》、《清藏》、金陵本作「夤」。

〔二〇〕「闚」，原作「⿵門視」。案《說文通訓定聲·解部》：「闚，《吴仲山廟碑》：『未嘗闚城。』字誤从『視』。」《一切經音義》：「不闚，犬規反，《集訓》云：『門中竊見也。』」據《資福藏》、《磧砂藏》、《普寧藏》、《洪武南藏》、《永樂北藏》、《清藏》、金陵本改。

〔二一〕案《宋書》卷九《後廢帝本紀》：「（元徽）五年七月戊子夜，帝殞於仁壽殿，時年十五。」故知「元徽」無「六年」，恐其中記述有誤。

附録

《釋氏六帖》卷八《高行諸尼部第十一·業首清白》：「住青園寺，姓張，彭城人。風觀峻整，戒行清白，解大乘義，善講妙理，彌好禪誦，造次無怠。宋高祖武皇帝雅相異敬，文帝少時從受三歸。元嘉三年，王景深母范氏以王坦之故祠堂地，首起寺名曰青園。齊肅徒衆，甚有風規。潘貴妃嘆曰：『首尼弘振佛法，甚可敬重。』以元嘉十五年，寺西立佛殿，寺北立僧房，賑給所須。二百人衆，法事不絶。春秋稍高，仰者彌盛。累以耆艾自陳，衆咸不許。年九十，大明六年卒。時又有浄哀、寶英、法林，并以治身清約，有聲京縣。哀久習禪誦，任事清白，泰始五年卒。英建塔五層。林博覽經律，老而不懈，元徽元年卒。又（布）〔有〕弟子曇寅，兼通禪律，簡絶榮華，不闚朝市，元徽六年卒。」

景福寺法辯尼傳十八〔一〕

法辯，丹陽人也。少出家，爲景福寺慧果尼弟子〔二〕。忠謹清慎，雅有素檢〔三〕，弊衣蔬飯，不食薰辛〔四〕，高簡之譽，早盛京邑。楊州刺史瑯琊王彧〔五〕，甚相敬禮。後從道林寺外國沙門畺良耶舍諮稟禪觀〔六〕，如法修行。通極精解，每預衆席，恒如睡寐。嘗在齋堂，衆散不起〔七〕，維那驚觸，如木石焉，馳以相告，皆來就視。須臾出定，言語尋常，衆咸欽服〔八〕，倍加崇重。大明七年而卒，年六十餘。

先是一日〔九〕，上定林寺超辯法師夢一宫城〔一〇〕，莊嚴顯麗，服玩光赫〔一一〕，非世所有，男女裝飾〔一二〕，充滿其中。唯不見有主〔一三〕，即問其故。答曰〔一四〕：「景福法辯〔一五〕，當來生此〔一六〕，明日應到。」辯至其日〔一七〕，唯覺肉戰，即遣告衆，大小皆集，自云：「有異人來我左右，乍顯乍晦，如影如雲。」言訖坐絶。

其後復有道照、僧辯〔一八〕，亦以精進知名。道照，本姓楊〔一九〕，北地徐人也。飯蔬誦經，爲臨賀王之所供養〔二〇〕。

校注

〔一〕「景」，《資福藏》本作「影」。「法辯尼」，《資福藏》、《磧砂藏》、《普寧藏》、《洪武南藏》、《永樂南藏》、《永樂北藏》、《徑山藏》、《清藏》、金陵本作「尼法辯」。

〔二〕「慧」，《資福藏》、《磧砂藏》、《普寧藏》、《洪武南藏》、《永樂北藏》、《清藏》、金陵本作「惠」。「尼」，原無，據《資福藏》、《磧砂藏》、《普寧藏》、《洪武南藏》、《永樂南藏》、《永樂北藏》、《徑山藏》、《清藏》、金陵本補。

〔三〕「檢」，《資福藏》、《磧砂藏》、《普寧藏》、《洪武南藏》、《永樂北藏》、《徑山藏》、《清藏》、金陵本作「儉」。

〔四〕「弊衣蔬飯，不食薰辛」，《資福藏》、《磧砂藏》、《普寧藏》、《洪武南藏》、《永樂南藏》、《永樂北藏》、《徑山藏》、《清藏》、金陵本作「弊衣蔬食，不甘五辛」。又「弊」，《古今圖書集成》本作「敝」。

〔五〕「楊」，《金藏》本作「揚」，《普寧藏》本作「想」，《磧砂藏》、《洪武南藏》、《永樂南藏》、《永樂北藏》、《徑山藏》、《清藏》、金陵本作「相」。　「彧」，原作「郁」，《金藏》本無。案《宋書》卷八五《王景文傳》：「王景文，琅邪臨沂人也。名與明帝諱同。（中略）尋遷丹陽尹，僕射如故。（中略）頃之，徵爲尚書左僕射，領吏部，揚州刺史，加太子詹事，常侍如故。」卷八《明帝本紀》：「（泰始六年六月）癸卯，以鎮南將軍、江州刺史王景文爲尚書左僕射、揚州刺史。」又《南史》卷二三《王彧傳》：「王彧字景文，（中略）明帝即位，加領左衛將軍，尋加丹陽尹。」又《宋書》卷七九、《南史》卷一四《桂陽王休範傳》：「太宗（明帝）常指左右人謂王景文曰：『休範人才不及此，以我弟故，生便富貴。釋氏願生王家，良有以也。』」故據《新集藏經音義隨函録》改。

〔六〕「道林寺」，《南朝佛寺志》卷上、《南朝寺考》：「道林寺在鍾阜之陽，亦號蔣山寺。宋元嘉初，有西域僧畺良耶舍來建業，築精舍以栖禪，即是寺也。至梁，釋寶誌崇其義法，師事沙門僧儉，而道林之名遂以大顯焉。」又引《讀史方輿紀要》引《金陵記》：「蔣山寺，舊在山南，本名道林寺。」　「畺良耶舍」，《高僧傳》卷三有傳。

〔七〕「嘗在齋堂，衆散不起」，《資福藏》、《磧砂藏》、《普寧藏》、《洪武南藏》、《永樂南藏》、《永樂北藏》、《徑山藏》、《清藏》、金陵本作「嘗在堂，齋散不起」。

〔八〕「欽」，《資福藏》、《磧砂藏》、《普寧藏》、《洪武南藏》、《永樂南藏》、《永樂北藏》、《徑山藏》、《清藏》、金陵本作「歎」。

〔九〕「一日」，原作「二日」。案傳中云「明日應到」。據《資福藏》、《磧砂藏》、《普寧藏》、《洪武南藏》、《永樂南藏》、《永樂北藏》、《徑山藏》、《清藏》、金陵本改。

〔一〇〕「辯」，原無，據諸本補。　「上定林寺」，《建康實録》卷一二《宋太祖文皇帝》：「置上定林寺，西南去縣十八里。案《寺記》：元嘉十六年，禪師竺法秀所造，在下定林寺之後。法秀初止祇洹寺，移居於此也。」《南朝佛寺志》卷上、《南朝寺考》：「上定林寺，宋元嘉十二年，高僧曇摩蜜多所移建也。在下寺西山上。或曰：元嘉十六年竺法秀所造，殆共爲修飾與。蜜多旋卒於此寺。後有僧祐凡獲信施，悉以營繕。傅弘并建經輪藏，而寺乃大盛。（中略）寺有佛牙，乃元徽中法獻自于闐國賫來，密自禮事。越十五載，始爲人知。獻卒之後，爲豪家所劫。（中略）逮宋乾道中，僧善鑑因寺久廢，請其額移建於方山，實非鍾山之定林云。」「超辯法師」，《高僧傳》卷一二有傳。

〔一一〕「玩」，《金藏》本作「翫」。

〔一二〕「裝」，《永樂北藏》作「莊」。

〔一三〕「唯」，《古今圖書集成》本作「惟」。下同。

〔一四〕「曰」，《資福藏》、《磧砂藏》、《普寧藏》、《洪武南藏》、《永樂南藏》、《永樂北藏》、《徑山藏》、《清藏》、金陵本無。

〔一五〕「景」，《金藏》本作「影」。　「福」下，《資福藏》、《磧砂藏》、《普寧藏》、《洪武南藏》、《永樂南藏》、《永樂北藏》、《徑山藏》、《清藏》、金陵本有「寺尼」。

〔一六〕「生」，《古今圖書集成》本作「主」。

〔一七〕「辯」，《古今圖書集成》本作「辨」。　「至」，原無。從文義，據《資福藏》、《磧砂藏》、《普寧藏》、《洪武南藏》、《永樂南藏》、《永樂北藏》、《徑山藏》、《清藏》、金陵本補。

〔一八〕「僧辯」，《古今圖書集成》本無。

〔一九〕「楊」，《釋氏六帖》作「陽」。

〔二〇〕「臨賀王」，即劉子産，《宋書》卷七二有傳。

附　録

《釋氏六帖》卷八《高行諸尼部第十一·法辯忠謹》：「住景福寺，丹陽人。少出家，爲慧果弟子。忠謹清慎，雅有素檢，弊衣蔬食，不甘五辛，高簡之譽，早盛京（色）〔邑〕。揚州牧瑯琊王（郁）〔彧〕，甚相敬禮。後從道林寺外國沙門畺良耶舍諮禀禪觀，如法修行。每預衆席，恒如睡寐。曾齋散不起，觸如木石，皆來就視。須臾出定，言語尋常，崇重衆仰。大明七年，六十餘卒。先定林寺超辯法師夢一（官）〔宫〕，莊嚴服玩，非世所有，男女裝飾，充滿其中。唯不見主，稱：『待法辯尼，明日當來。』辯於其日自覺肉戰，告衆：『有異人來我左右。』言訖坐絶。後有道照、僧辯，精進知名。姓陽，北徐人。飯蔬誦經，道照之行也。」

江陵三層寺道綜尼傳十九

道綜，未詳何許人也〔一〕，住江陵三層寺〔二〕。少不以出衆居心，長不以同物爲污〔三〕。賢愚之際〔四〕，從道而已〔五〕，迹雖混成〔六〕，所度潛廣。以宋大明七年三月十五日夜〔七〕，自練油火〔八〕，關額既然〔九〕，耳目就毁，誦詠不輟。道俗咨嗟，魔正同駭，率土聞風，皆發菩提心。

宋徵士劉虯〔一〇〕，雅相宗敬，爲製偈贊云〔一一〕。

校注

〔一〕「也」，《資福藏》、《磧砂藏》、《普寧藏》、《洪武南藏》、《永樂南藏》、《永樂北藏》、《徑山藏》、《清藏》、金陵本無。

〔二〕「三層寺」，《比丘尼傳》卷三《慧緒尼傳》：「十八出家，住荆州三層寺。」《全唐詩》卷五七三賈島《送劉知新往襄陽》：「此別誠堪恨，荆襄是舊游。眼光懸欲落，心緒亂難收。花木三層寺，煙波五相樓。因君兩地去，長使夢悠悠。」

〔三〕「污」，《金藏》本作「汙」。

〔四〕「賢」上，《資福藏》、《磧砂藏》、《普寧藏》、《永樂南藏》、《永樂北藏》、《徑山藏》、《清藏》本有「汎」，《洪武南藏》本作「沉」，金陵本作「汎」。

〔五〕「道」，原作「通」，據《資福藏》、《磧砂藏》、《普寧藏》、《洪武南藏》、《永樂南藏》、《永樂北藏》、《徑山藏》、《清藏》、金陵本改。

〔六〕「迹」，《新集藏經音義隨函録》作「躁」。

〔七〕「月」，原誤作「日」，據《金藏》、《資福藏》、《磧砂藏》、《普寧藏》、《洪武南藏》、《永樂南藏》、《永樂北藏》、《徑山藏》、《清藏》、金陵本改。

〔八〕「練」，《釋氏六帖》作「煉」。

〔九〕「然」，《磧砂藏》、《洪武南藏》本作「燃」。

〔一〇〕「虯」，《南齊書》卷五四《劉虯傳》作「虬」。案《南史》卷五〇《劉虯傳》：「虯精信釋氏，衣粗衣，禮佛長齋，注《法華經》，自講佛義。」《藝文類聚》卷三七《人部二十一・隱逸下》：「梁裴子野《劉虯碑》曰：（中略）其所修孔氏之學，則儒者師之；所明釋氏之教，則浄行傳之。」

〔二〕「雅相宗敬，爲製偈贊云」，《資福藏》、《磧砂藏》、《普寧藏》、《洪武南藏》、《永樂南藏》、《永樂北藏》、《徑山藏》、《清藏》、金陵本作「雅相宗重，敬爲製偈讚云」。

附録

《釋氏六帖》卷八《高行諸尼部第十一・道綜焚身》：「未詳何人，住江陵三層寺。少不預出家衆内，心自有異；長不以同物爲忤，從道而已。宋大明七年三月十五日夜，煉油火，開顙既然，耳目就毁，誦詠不輟。道俗咨嗟，率土聞者，發菩提心。宋徵士劉虬，雅相宗敬，爲製偈讚云。」

竹園寺慧濬尼傳二十

慧濬，本姓陳，山陰人也。幼而穎悟〔一〕，精進邁群。旦輒燒香運想，禮敬移時；中則菜蔬一飯，鮮肥不食。雖在居家，有如出俗。父母不能割其志，及年十八，許之從道。内外墳典，經眼必誦；深禪祕觀〔二〕，無不必入〔三〕。静而無競，和而有節，朋游舊狎，未嘗戲言。宋太宰江夏王義恭〔四〕，雅相推敬，常給衣藥，四時無爽。不蓄私財〔五〕，悉營寺舍，竹園成立〔六〕，濬之功也。禪味之樂，老而不衰。年七十三，宋大明八年而卒〔七〕，葬于鍾山〔八〕。

同寺有化尼〔九〕，聰頴卓秀，多誦經律，蔬食苦節，與濬齊名。

校注

〔一〕「頴」，《資福藏》、《磧砂藏》、《普寧藏》、《洪武南藏》、《永樂南藏》、《永樂北藏》本作「領」。

〔二〕「祕」，《金藏》、《磧砂藏》、《洪武南藏》本作「秘」。

〔三〕「必入」，《古今圖書集成》本作「洞徹」。

〔四〕「太」，原無，案《宋書》卷六一《劉義恭傳》：「太宰江夏王義恭。」據《資福藏》、《磧砂藏》、《普寧藏》、《洪武南藏》、《永樂南藏》、《永樂北藏》、《徑山藏》、《清藏》、金陵本補。

〔五〕「蓄」，《古今圖書集成》本作「畜」。

〔六〕「竹園」，《南朝佛寺志》卷上、《南朝寺考》：「竹園寺在蔣陵里檀橋。宋元嘉十一年臨川公主所造，蓋尼寺也。」《建康實録》卷一二《宋太祖文皇帝》：「置竹園寺，西北去縣一里，在今建康東尉蔣陵里檀橋。案《寺記》，宋元嘉十一年，宋臨川公主造。」

〔七〕「而」，《資福藏》、《磧砂藏》、《普寧藏》、《洪武南藏》、《永樂南藏》、《永樂北藏》、《徑山藏》、《清藏》、金陵本無。

〔八〕「鍾」，底本及諸本均作「傳」。案「竹園寺」建於「鍾山」南麓之「蔣陵里」，又《比丘尼傳》中記有多人死後「葬于鍾山」，故「傳」當爲「鍾」之形誤，據改之。

〔九〕「化」上，《資福藏》、《磧砂藏》、《普寧藏》、《洪武南藏》、《永樂南藏》、《永樂北藏》、《徑山藏》、《清藏》、金陵本有「僧」。

附録

《釋氏六帖》卷八《高行諸尼部第十一·慧濬聰敏》：「本姓陳，山陰人也。幼而領悟，精進邁群。禮敬燒香，菜蔬一飯，鮮肥不食。雖在居家，心已出俗。十八入道，内外墳典，經眼必誦，深禪祕觀，無不必入。静而無競，和而有節，朋游舊押，未嘗間言。宋太宰江夏王義恭，雅相推敬，常給衣藥，四時無爽。不蓄私財，悉營寺舍，竹園成立，濬之功也。禪味之樂，老而不衰。身七十三，宋大明八年卒。同寺有尼僧化，聰穎卓秀，多誦經律，蔬食苦節，與濬齊名。」

《高僧傳》卷二《曇無讖傳》：「後竹園寺慧濬尼，復請出《禪經》，安陽既通習積久，臨筆無滯，旬有七日，出爲五卷。」

《出三藏記集》卷九《禪要祕密治病經記第十五》：「沮渠親面禀受，憶誦無滯。以宋孝建二年九月八日，於竹園精舍書出此經，至其月二十五日訖。尼慧濬爲檀越。」又卷一四《沮渠安陽侯傳第九》：「至孝建二年，竹園寺比丘尼慧濬聞其諷誦《禪經》，請令傳寫。」

普賢寺寶賢尼傳二十一

寶賢，本姓陳，陳郡人也。十六丁母憂，三年不食穀，以葛芋自資，不衣繒纊〔一〕，不坐床席。十九出家，住建安寺，操行精修，博通禪律。宋文皇帝深加禮遇，供以衣食。及孝武雅相敬待〔二〕，月給錢一萬。明帝即位〔三〕，賞接彌崇。以泰始元年敕爲普賢寺主〔四〕，二年又敕爲都邑僧正〔五〕。甚有威風，明斷如神，善論物理，屈枉必釋〔六〕，秉性剛直，無所傾撓。

初晋升平中〔七〕，净撿尼是比丘尼之始也〔八〕，初受具戒〔九〕，指從大僧。景福寺慧果、净音等〔一〇〕，以諮求那跋摩。求那跋摩云：「國土無二衆，但從大僧受得具戒。」慧果等後遇外國鐵薩羅尼等至，以元嘉十一年，從僧伽跋摩於南林寺壇重受具戒，非謂先受不得〔一一〕，謂是增長戒善耳。後諸好異者，盛相傳習，典制稍虧。元徽二年〔一二〕，法穎律師於晋興寺開《十誦律》題〔一三〕，其日有十餘尼，因下講欲重受戒。賢乃遣僧局〔一四〕，齎命到講座，鳴木宣令諸尼，不得輒復重受戒。若年歲審未滿者〔一五〕，其師先應集衆懺悔竟，然後到僧局，僧局許可，請人監檢〔一六〕，方得受耳。若有違拒，即加擯斥。因兹已後，矯競暫息。在任清簡〔一七〕，才兼事義，安衆惠下〔一八〕，蕭然寡欲〔一九〕。世益高之，年七十七，昇明元年卒也〔二〇〕。

校注

〔一〕「繒纊」，《資福藏》、《磧砂藏》、《普寧藏》、《洪武南藏》、《永樂南藏》、《永樂北藏》、《徑山藏》、《清藏》、金陵本作「纊繒」。

〔二〕「雅」，《金藏》本作「稚」，形誤。　「孝武」，即劉駿，《宋書》卷六有紀。

〔三〕「明帝」，即劉彧，《宋書》卷八有紀。

〔四〕「普賢寺」，《弘贊法華傳》卷一《圖像第一·宋路昭太后造普賢像》：「宋崇憲路昭太后，（中略）以大明四年，乃命白馬寺比丘曇標造普賢菩薩像一軀，（中略）到大明八年，又造普賢寺，壯麗之奇，將美莊嚴。」《出三藏記集》卷一二《法苑雜緣原始集目録序第七·雜圖像集下卷》有《宋路昭太后造普賢菩薩記》。案《宋書》卷四一《文帝路淑媛傳》、《高僧傳》卷七《釋道温傳》、《法苑珠林》卷一七《敬法篇第七·普賢驗》之《宋路昭太后》（出《冥祥記》），均載造普賢像，但不記造寺之事。

〔五〕「二年」，《佛祖統紀》作「十二年」。

〔六〕「屈」，《資福藏》、《磧砂藏》、《普寧藏》、《洪武南藏》、《永樂南藏》、《永樂北藏》、《徑山藏》、《清藏》、金陵本作「群」。　「枉」，原作「抂」，《徑山藏》本作「柱」，均形近而誤。據《洪武南藏》、《永樂北藏》、金陵本改。

〔七〕「升平」，原作「興平」。　案晉無此年號，且《比丘尼傳》卷一《净撿尼傳》載净撿尼卒於升平末。　故「興平」應爲「升平」之誤，據改之。

〔八〕「净撿」，原作「净檢」，爲前後統一，據《金藏》本改。

〔九〕「戒」，《資福藏》、《磧砂藏》、《普寧藏》、《洪武南藏》、《永樂南藏》、《永樂北藏》、《徑山藏》、《清藏》、金陵本作「足」。

〔一〇〕「景」，原作「影」，據《資福藏》、《磧砂藏》、《普寧藏》、《洪武南藏》、《永樂南藏》、《永樂北藏》、《徑山藏》、《清藏》、金陵本改。「慧果」，原作「惠果」，據《比丘尼傳》卷二《慧果尼傳》改。下同。

〔一一〕「先」，《磧砂藏》、《普寧藏》、《洪武南藏》本作「光」，形近而誤。

〔一二〕「元徽」，《資福藏》、《磧砂藏》、《普寧藏》、《洪武南藏》、《永樂南藏》、《永樂北藏》、《徑山藏》、《清藏》、金陵本作「永徽」。案南朝宋無「永徽」年號。

〔一三〕「顈」，《金藏》本作「頴」。《磧砂藏》、《洪武南藏》、《頻伽藏》、金陵本作「穎」。「法顈律師」，《高僧傳》卷一一有傳。「題」，原作「顈」，《金藏》本作「頴」，《頻伽藏》本作「穎」。從文義，據《資福藏》、《磧砂藏》、《普寧藏》、《洪武南藏》、《永樂南藏》、《永樂北藏》、《徑山藏》、《清藏》、金陵本改。

〔一四〕「遺」，《資福藏》、《磧砂藏》、《普寧藏》、《洪武南藏》、《永樂南藏》、《永樂北藏》、《徑山藏》、《清藏》、金陵本作「建」。「僧局」，《高僧傳》卷八《釋道盛傳》：「迺建義符僧局，責僧屬籍，欲沙簡僧尼，由盛綱領有功，事得寧寢。」《續高僧傳》卷五《釋僧旻傳》：「永元元年，敕僧局請三十僧入華林園夏講，僧正擬旻爲法主。」《大宋僧史略》卷中《僧籍弛張》：「夫得果之人，且無限劑；出家之士，豈有司存？既來文物之朝，須設糾繩之任。其有見優閑而競入，懼徭役以奔來。輒爾冒名，實非高士。僧之内律，豈能御其風牛佚馬邪？故設僧局以綰之，立名籍以紀之。」

〔一五〕「年」，《資福藏》、《磧砂藏》、《普寧藏》、《洪武南藏》、《永樂南藏》、《永樂北藏》、《徑山藏》、《清藏》、金陵本無。

〔一六〕「監」，《資福藏》、《磧砂藏》、《普寧藏》、《洪武南藏》、《永樂北藏》、《清藏》、金陵本作「鑒」。「檢」，《金藏》、《永樂北藏》、《清藏》、金陵本作「撿」。

〔一七〕「任」，《資福藏》、《磧砂藏》、《普寧藏》、《洪武南藏》本作「住」。

〔一八〕「惠」，《金藏》本作「慧」。

〔一九〕「蕭」，《金藏》本作「簫」，《資福藏》、《磧砂藏》、《普寧藏》、《洪武南藏》、《永樂南藏》、《永樂北藏》、《徑山藏》、《清藏》、金陵本作「肅」。

〔二〇〕「也」，《資福藏》、《磧砂藏》、《普寧藏》、《洪武南藏》、《永樂南藏》、《永樂北藏》、《徑山藏》、《清藏》、金陵本無。

附録

《釋氏六帖》卷八《高行諸尼部第十一·寶賢僧正》：「姓陳。十六丁母憂，三年不穀，以葛芋自資，不依纊繒，不坐床席。十九出家，住建安寺，操行精修，博通禪律。宋文皇帝四事供養。及孝武雅相敬待，月給錢一萬。明帝即位，賞接彌崇。泰始元年勑爲普賢寺主，二年又勑爲都邑僧正。甚有威風，明斷如神，善論物理，秉性剛直，無所傾撓。初晋（興）〔升〕平中，净檢尼首也，只從僧得戒，二衆未全，爲如愛道。元嘉十一年，鐵薩羅等重受，意爲增長善法，諸人皆欲。元徽二年，法穎律師晋興寺講《十誦》，賢乃建僧局，不得輒重受戒。若年未滿，集衆懺悔，僧局許可，鑑檢方得。若有違拒，即加擯斥，因兹方息。在住清簡，才兼事義，安慧下肅，蓋世高之。年七十七，昇明元年卒。」

《大宋僧史略》卷中《立僧正》：「又以尼寶賢爲僧正，文帝、孝武皆崇重之。」又《立尼正附》：「北朝立制多是附僧，南土新規別行尼正。宋（太）〔泰〕始二年，敕尼寶賢爲尼僧正。」

《尼附》：「宋寶賢爲京邑尼僧正，文帝四事供養，孝武月給錢一萬。尼正之俸，寶賢始也。」《佛祖統紀》卷三六《法運通塞志》：「（宋文帝元嘉）十二年，（中略）敕尼寶賢爲京邑尼僧正。」卷五一《歷代會要志》之《僧職師號》：「宋文帝敕尼寶賢爲京邑尼僧正。」

普賢寺法浄尼傳二十二

法浄〔一〕，江北人也。年二十值亂，隨父避地秣陵〔二〕，門修釋教。浄少出家，住永福寺〔三〕。戒行清潔，明於事理，沈思精研〔四〕，深究義奥，與寶賢尼名輩略齊。宋明皇帝異之，泰始元年敕住普賢寺，宮内接遇，禮兼師友。二年，敕爲京邑都維那〔五〕，在事公正，確然殊絶〔六〕，隨方引汲，歸德如流〔七〕。荆楚諸尼及通家婦女，莫不遠修書覲〔八〕，求結知識。其陶治德風〔九〕，皆類此也〔一〇〕。諮其戒範者七百人。年六十五，元徽元年卒也〔一一〕。

校注

〔一〕「法浄」，《比丘尼傳》卷三《曇簡尼傳》：「曇簡，本姓張，清河人也。爲法浄尼弟子。」

〔二〕「秣陵」，《金藏》、《永樂南藏》、《清藏》本及《新集藏經音義隨函録》作「袜陵」。

〔三〕「永福寺」，案明萬曆《紹興府志》卷九《古迹志》：「諸暨梁武帝讀書堂，在永福寺，有硯水井。案武帝，蘭陵人，而生於秣陵，其讀書於暨，尚未及考云。」卷二一《祠祀志》：「永福寺，在光山中。初名應國禪院，唐會昌間廢，晉天福七年重建。内有梁武帝讀書臺、硯水井。」

〔四〕「沈」，《資福藏》、《磧砂藏》、《普寧藏》、《洪武南藏》、《永樂南藏》、《永樂北藏》、《徑山藏》、《清藏》、金陵本作「學」。

〔五〕案《大宋僧史略》卷中《立尼正附》：「宋(太)〔泰〕始二年，敕尼寶賢爲尼僧正，又以法浄爲京邑尼都維那。」

〔六〕「確」，《金藏》本及《釋氏六帖》作「礭」。

〔七〕「歸德」，《資福藏》、《磧砂藏》、《普寧藏》、《洪武南藏》、《永樂南藏》、《永樂北藏》、《徑山藏》、《清藏》、金陵本作「德化」。

〔八〕「䞋」，《金藏》、《磧砂藏》、《洪武南藏》、《永樂北藏》、《清藏》、金陵本作「嚫」，《頻伽藏》本作「瞼」。

〔九〕「治」，《資福藏》、《磧砂藏》、《洪武南藏》、《永樂南藏》、《清藏》、金陵本作「治」。

〔一〇〕「類此」，《資福藏》、《磧砂藏》、《普寧藏》、《洪武南藏》、《永樂南藏》、《永樂北藏》、《徑山藏》、《清藏》本作「此類」。

〔一一〕「元徽」，《資福藏》、《磧砂藏》、《普寧藏》、《洪武南藏》、《永樂南藏》、《永樂北藏》、《徑山藏》、《清藏》、金陵本作「永徽」。「也」，《資福藏》、《磧砂藏》、《普寧藏》、《永樂北藏》、《清藏》、金陵本無。

附録

《釋氏六帖》卷八《高行諸尼部第十一·法浄綱維》：「江北人。年二十值亂，隨父避地秣陵，門修釋教。浄少出家，住永福寺。戒行清潔，明於事理，學思精研，深究義奥，與寶賢尼名輩略齊。宋明皇帝異之，勑住宮内普賢寺，禮兼師友。二年，勑爲京(色)〔邑〕都維那，在事公正，礭然殊絶，隨方引汲，德化如流。稟戒者七百人。六十五，元徽年奄化也。」

蜀郡永康寺慧耀尼傳二十三〔一〕

慧耀，本姓周，西平人也。少出家〔二〕，常誓燒身，供養三寶。泰始末，言於刺史劉亮〔三〕，亮初許之。有趙處思妾王氏甓塔〔四〕，耀請塔上燒身〔五〕，王氏許諾。正月十五日夜，將諸弟子，齎持油布，往至塔所，裝束未訖〔六〕，劉亮遣信語諸尼云〔七〕：「若耀尼果燒身者〔八〕，永康一寺并與重罪。」耀不得已，於此便停。王氏大瞋云：「尼要名利，詐現奇特，密貨內人，作如此事。不爾，夜半城內那知？」耀曰：「新婦勿横生煩惱，捨身關我，傍人豈知！」於是還寺，斷穀，服香油。至昇明元年，於寺燒身，火來至面，誦經不輟，語諸尼云：「收我遺骨，正得二升〔九〕。」及至火滅，果如其言。

未燒之前一月日許，有胡僧〔一〇〕，年可二十，形容端正，竟胛生毛〔一一〕，長六七寸〔一二〕，極細軟。人問之，譯語答云：「從來不覆，是故生毛耳。」謂耀曰：「我住波羅奈國，至來數日，聞姊欲捨身，故送銀罂相與。」耀即頂受，未及委悉，忽忽辭去。遣人追留，出門便失。以此罂盛其舍利，不滿二合云〔一三〕。

校注

〔一〕「慧耀」，《資福藏》、《磧砂藏》、《普寧藏》、《洪武南藏》、《永樂北藏》、《清藏》、金陵本作「惠曜」。下同。《頻伽藏》本及《釋氏六帖》作「慧曜」。

〔二〕「少」，《金藏》本作「心」，形誤。

〔三〕「劉亮」，《宋書》卷四五、《南史》卷一七有傳。

〔四〕「趙處思」，《金藏》本作「趙虜思」，《資福藏》、《磧砂藏》、《普寧藏》、《洪武南藏》、《永樂南藏》、《永樂北藏》、《徑山藏》、《清藏》、金陵本作「趙虔恩」。

〔五〕「耀」，《資福藏》、《磧砂藏》、《普寧藏》、《洪武南藏》、《永樂北藏》、《清藏》、金陵本作「曜」。下同。

〔六〕「束」，《新集藏經音義隨函録》作「捒」。

〔七〕「遺」，《金藏》本作「遺」。

〔八〕「尼」，《資福藏》、《磧砂藏》、《普寧藏》、《洪武南藏》、《永樂南藏》、《永樂北藏》、《徑山藏》、《清藏》、金陵本無。

〔九〕「正」，《永樂南藏》、《永樂北藏》、《徑山藏》、《清藏》、金陵本作「止」。

〔一〇〕「胡」，《釋氏六帖》作「梵」。

〔一一〕「竟胛生毛」，《資福藏》、《磧砂藏》、《普寧藏》、《洪武南藏》、《永樂南藏》、《永樂北藏》、《徑山藏》、《清藏》、金陵本作「髀生黑毛」，《頻伽藏》本作「竟胛髀生毛」，《釋氏六帖》作「肩生黑毛」。

〔一二〕「寸」，《資福藏》、《磧砂藏》、《普寧藏》、《洪武南藏》、《永樂南藏》、《永樂北藏》、《徑山藏》、《清藏》、金陵本作「尺」。

〔一三〕「云」，《資福藏》、《磧砂藏》、《普寧藏》、《洪武南藏》、《永樂南藏》、《永樂北藏》、《徑山藏》、《清藏》、金陵本作「云云」。

附録

《釋氏六帖》卷八《高行諸尼部第十一·慧曜感瓶》：「姓周，西平人。少出家，常誓燒身。火至面，誦經不輟，語諸尼：『收我遺骨，止得二升。』及至火滅，果如其言。未燒前一月，有梵僧，年可二十，形容端正，肩生黑毛，長六七寸，極細。問所以，云：『不曾覆。』謂曜曰：『我住波羅奈國，來數日，聞姊欲捨身，故送銀瓶來。』曜即頂受，未及委悉，忽忽辭去。遣人追留，出門便失。以此瓶盛舍利，不滿二合云云。」

比丘尼傳卷第三

齊

東官曾成法緣尼傳一〔一〕

法緣〔二〕，本姓俞〔三〕，東官曾成人也。宋元嘉九年〔四〕，年十歲，妹法綵年九歲〔五〕，未識經法，忽以其年二月八日俱失所在，經三日而歸，説至浄土天宫見佛，佛爲〔六〕開化。至九月十五日又去，一旬乃還，便能作外國書語及誦經〔七〕，見西域人言謔，善相了解。十年正月十五日又復失去，田中作人見其隨風飄颺上天。父母憂之〔八〕，祀神求福〔九〕。既而經月乃返，返已出家，披著法服，持髮而歸。自説見佛及比丘尼，語云：「汝前世因緣，應爲我弟子〔一〇〕。」舉手摩頭，髮自墮落〔一一〕，爲立法名，大名法緣〔一二〕，小曰法綵〔一三〕，臨遣還曰：「可作精舍，當與汝經法也〔一四〕。」緣等還家〔一五〕，即毁神座，繕立精廬〔一六〕，晝夜講誦。夕中每有五色光明，流泛峰嶺〔一七〕，有若燈燭。自此以後〔一八〕，容止華雅，音制詮正，上京諷誦，不能過也。刺史韋朗、孔默并屈供養〔一九〕，聞其談説，甚敬異焉，因是土人皆事正法〔三〇〕。年五十六，建元中卒也〔三一〕。

校注

〔一〕「東官」，《資福藏》、《磧砂藏》、《普寧藏》、《洪武南藏》、《永樂南藏》、《永樂北藏》、《徑山藏》、《清藏》、金陵本作「東莞」。下同。

〔二〕「緣」下，《資福藏》、《磧砂藏》、《普寧藏》、《洪武南藏》、《永樂南藏》、《永樂北藏》、《徑山藏》、《清藏》、金陵本有「者」。

〔三〕「一」，原作「第一」，案爲前後統一，故删「第」字。

〔三〕「侖」，《資福藏》、《磧砂藏》、《普寧藏》、《洪武南藏》、《永樂南藏》、《永樂北藏》、《徑山藏》、《清藏》、金陵本作「俞」。

〔四〕「九」，《法苑珠林》卷二二、《集神州三寶感通録》卷下作「元」。

〔五〕「妹」上，《資福藏》、《磧砂藏》、《普寧藏》、《洪武南藏》、《永樂南藏》、《永樂北藏》、《徑山藏》、《清藏》、金陵本有「法緣」。

〔六〕案本傳從始至此處，《金藏》本殘缺。

〔七〕「便能」，《資福藏》、《磧砂藏》、《普寧藏》、《洪武南藏》、《永樂南藏》、《永樂北藏》、《徑山藏》、《清藏》、金陵本作「能便」。又「作」，《金藏》本無。「誦」，《資福藏》、《磧砂藏》、《普寧藏》、《洪武南藏》、《永樂南藏》、《永樂北藏》、《徑山藏》、《清藏》、金陵本作「講」。

〔八〕「之」，《資福藏》、《磧砂藏》、《普寧藏》、《洪武南藏》、《永樂南藏》、《永樂北藏》、《徑山藏》、《清藏》、金陵本作「懼」。

〔九〕「祀」，《頻伽藏》本誤作「記」。

〔一〇〕「應」下,《永樂北藏》、《徑山藏》、《清藏》、金陵本有「而」。

〔一一〕「落」,《永樂北藏》、《徑山藏》、《清藏》、金陵本無。

〔一二〕「名」,《資福藏》、《磧砂藏》、《普寧藏》、《洪武南藏》、《永樂南藏》、《永樂北藏》、《徑山藏》、《清藏》、金陵本作「曰」。

〔一三〕「曰」,《資福藏》、《磧砂藏》、《普寧藏》、《洪武南藏》、《永樂南藏》、《永樂北藏》、《徑山藏》、《清藏》、金陵本作「名」。　案《佩文韻府》卷四〇之一:「《法苑珠林》:　宋俞氏二女,姊年十歲,妹年九歲,并失所在,經月乃返。剃頭爲尼,自説見佛及比丘尼,曰:『汝夙世因緣,應爲我弟子。』舉手摩頭,髮因墮落,與其法名,大曰法緣,小曰法綵。」

〔一四〕「法」,《資福藏》、《磧砂藏》、《普寧藏》、《洪武南藏》、《永樂南藏》、《永樂北藏》、《徑山藏》、《清藏》、金陵本無。

〔一五〕「緣」上,《資福藏》、《磧砂藏》、《普寧藏》、《洪武南藏》、《永樂南藏》、《永樂北藏》、《徑山藏》、《清藏》、金陵本有「法」。

〔一六〕「廬」,《資福藏》、《磧砂藏》、《普寧藏》、《洪武南藏》、《永樂南藏》、《永樂北藏》、《徑山藏》、《清藏》、金陵本作「舍」。

〔一七〕「泛」,《磧砂藏》、《洪武南藏》、《永樂北藏》、《清藏》本作「汎」。

〔一八〕「以」,《資福藏》、《磧砂藏》、《普寧藏》、《洪武南藏》、《永樂北藏》、《清藏》、金陵本作「已」。

〔一九〕「并」上,《資福藏》、《磧砂藏》、《普寧藏》、《洪武南藏》、《永樂南藏》、《永樂北藏》、《徑山藏》、《清藏》、金陵本有「兼」。　「韋朗」,案《宋書》卷五《文帝紀》:「(元嘉八年)二月乙卯,以平北司馬韋朗爲青州刺史。(中略)(十年)六月乙亥,以前青州刺史韋朗爲廣州刺史。」　「孔默」,即孔默之,《宋書》卷六九、《南史》卷七五、《全宋文》卷四三有傳。　案《宋書》卷五《文帝紀》:「(元嘉六年)七月己酉,以尚書左丞孔默之爲廣州刺史。」

〔二〇〕「土」,《資福藏》、《磧砂藏》、《普寧藏》、《洪武南藏》、《永樂南藏》、《永樂北藏》、《徑山藏》、《清藏》、金陵本作「士」,《釋氏六帖》作「是」。

〔三〕「也」，《資福藏》、《磧砂藏》、《普寧藏》、《洪武南藏》、《永樂南藏》、《永樂北藏》、《徑山藏》、《清藏》、金陵本無。案傳中記述推算，法緣「元嘉九年（公元四三二年），年十歲」，享年五十六歲，故其應卒於公元四七八年，又如何能「建元（公元四七九至四八二年）中卒」呢？恐其中記述有誤。

附録

《釋氏六帖》卷八《高行諸尼部第十一・法緣昇天》：「姓俞，東莞人。宋元嘉九年，才十歲，未識經法，忽其二月八日失之，三日而至，稱到净土，見佛開化。至九月十五日又去，一旬乃還，便作西國人語，見西域僧，善相了解。十年，於正月十五日又去，田中人見隨風上天。父母憂懼，經月乃還，已著法衣，自説見佛及尼，云：『汝前世是我弟子。』舉手摩頂，頭髮自落，爲立法名，曰法緣。還家立寺，晝夜講説，夕中每有五色光明，流泛峰頂，有若燈燭。自此以後，容止華雅，音制詮正，上京風調不能過。刺史韋朗并屈供養，聞其談説，甚敬異焉，因是人皆信法。年五十六，建元中卒。」

《法苑珠林》卷五《六道篇第四・諸天部》之《感應緣》之《宋俞氏有二女》：「宋俞氏二女，東官曾城人也。是時祖姊妹。元嘉九年，姊年十歲，妹年九歲，里越愚蒙，未知經法。忽以二月八日并失所在，三日而歸，粗説見佛。九月十五日又失，一旬還，作外國語，誦經及梵書，見西域沙門便相開解。明年正月十五日忽復失去，田間作人云：『見其從風徑飄上天。』父母號懼，祀神求福。既而經月乃反，剃頭爲尼，被服法衣，持髮而歸。自説見佛及比丘尼，曰：『汝宿世因緣，應爲我弟子。』舉手摩頭，髮因墮落。與其法名，大曰法緣，小曰法綵。臨遣還曰：『可作精舍，當與汝經法也。』女既歸家，即毀除鬼座，繕立精廬，夜齋誦。夕中每有五色光明，流泛峰嶺，若燈燭。二女自此後，容止華雅，音制詮正，上京風調，不能過也。刺史韋朗就里并迎供養，聞其談説，甚敬異焉。於是溪里，皆知奉法。」（出《冥祥記》）

《法苑珠林》卷二二《入道篇第十三·感應緣》之《宋東（宫）〔官〕僉二女》：「宋元嘉元年，東（宫）〔官〕僉二女，姊十歲，妹九歲，里越愚蒙，未知經法。忽其年二月八日并失所在，三日而歸，粗説見佛。至九月十五日又失，一旬還，作外國語，誦經梵書，見西域僧便相開解。明年正月十五日又失，在田作人見從風上天。父母哀哭，求〔禱〕神鬼。經月乃返，剃頭爲尼，被服法衣，持髮而歸，自説見佛及比丘尼，曰：『汝宿緣爲我弟子。』手摩頭，髮便落。與其法名，大曰法緣，小曰法綵。遣還曰：『可作精舍，當與經法。』既達家，即除鬼坐，立精舍，旦夕禮誦。每現五色光，流汎峰嶺。自此容止音調，詮正有法，上京風規，不能過也。刺史韋朗、孔默等，皆迎敬異云。」（出《冥祥記》）

《集神州三寶感通録》卷下《僉兩尼》：「宋元嘉元年，東官僉二女，姊十歲，妹九歲，里越愚蒙，未知經法。忽其年二月八日并失所在，三月而歸，粗説見佛。至九月十五日又失，一旬還，作外國語，誦經梵書，見西域僧便相問解。明年正月十五日又失，田作人見從風上天。父母哀哭，求〔禱〕神鬼。經月乃返，剃頭爲尼，被服法衣，持髮而歸，自説見佛及比丘尼，曰：『汝宿緣爲我弟子。』手摩其頭，頭髮便落。與其法名，大曰法緣，小曰法綵。遣還曰：『可作精舍，當興經法。』既達家，即除鬼座，立精舍，旦夕禮誦。每五色光，流汎峰嶺。自此容止音調詮正有法，上京風規，不能過也。刺史韋朗、孔默，皆迎敬異云云。」

南永安寺曇徹尼傳二〔一〕

曇徹尼，未詳何許人也。少爲普要尼弟子〔二〕，隨要住南永安寺。要道潔學優，有聞當世。徹秉操無矯，習業不休，佛法奥義，必欲總〔三〕采。未及成戒，已究經論〔四〕；具足已後，遍習毗尼〔五〕。才堪機務，尤能講説，剖毫析滯，探賾幽隱，諸尼大小皆請北面，隨方應會，負帙成群〔六〕。五侯七貴婦女以下〔七〕，莫不修敬。年六十三，齊永明二年卒矣〔八〕。

校　注

〔一〕「二」，《金藏》本無。

〔二〕「少」,《金藏》本無。「普要」,《比丘尼傳》卷二《僧端尼傳》有記。
〔三〕「總」,《金藏》、《磧砂藏》、《洪武南藏》本作「揔」。
〔四〕「已」,《資福藏》、《磧砂藏》、《普寧藏》、《洪武南藏》、《永樂南藏》、《永樂北藏》、《徑山藏》、《清藏》、金陵本作「博」。
〔五〕「遍」,金陵本作「徧」。
〔六〕「帙」,《磧砂藏》、《洪武南藏》、《永樂北藏》、《清藏》、《頻伽藏》、金陵本及《新集藏經音義隨函録》作「袠」,《釋氏六帖》作「囊」。
〔七〕「以」,《資福藏》、《磧砂藏》、《普寧藏》、《洪武南藏》、《永樂北藏》、《清藏》、金陵本作「已」。
〔八〕「矣」,《資福藏》、《磧砂藏》、《普寧藏》、《洪武南藏》、《永樂南藏》、《永樂北藏》、《徑山藏》、《清藏》、金陵本無。

附録

《釋氏六帖》卷八《高行諸尼部第十一・曇徹秉操》:「未詳何人。少爲普要尼弟子,隨要住南永安寺。要道潔學優,有聞當世。徹秉操無矯,習業不休,佛法奥義,必欲總采,析滯探賾幽隱,諸尼大小皆請北面,隨方應會,負囊成群。五侯七貴婦女以下,莫不修敬。年六十三卒,齊永明二年。」

崇聖寺僧敬尼傳三

僧敬,本姓李,會稽人也。寓居秣陵。僧敬在孕,家人設會,請瓦官寺僧超〔一〕、西寺曇芝尼,使二人指腹，呼胎中兒爲弟子，母代兒喚二人爲師，約不問男女，必令出家。將産之日，母夢神人語之曰：「可建八關。」即命經始〔二〕，僧像未集，敬便生焉。聞空中語曰：「可與建安寺白尼作弟子〔三〕。」母即從之。及年五六歲，聞人經唄，輒能誦憶。讀經數百卷，妙解日深。菜蔬刻己，清風漸著。

逮元嘉中，魯郡孔默出鎮廣州〔四〕，携與同行。遇見外國鐵薩羅尼等來向宋都，并風節峻異〔五〕，更從受戒〔六〕，深悟無常，乃欲乘船泛海〔七〕，尋求聖迹。道俗禁閉，留滯嶺南三十餘載。風流所漸，獷俗移心，捨園宅施之者十有三家，共爲立寺於潮亭〔八〕，名曰衆造。

宋明帝聞之，遠遣徵迎，番禺道俗〔九〕，大相悲戀。還都，敕住崇聖寺〔一〇〕，道俗向慕〔一一〕，服其進止。丹陽樂遵爲敬捨宅立寺，後遷居之。齊文惠帝、竟陵文宣王并欽風德〔一二〕，𥃩施無闕〔一三〕。

年八十四，永明四年二月三日卒，葬于鍾山之陽。弟子造碑，中書侍郎吴興沈約製其文焉〔一四〕。

校　注

〔一〕「僧超」，《魏書》卷一一四《釋老志》：「又有沙門道進、僧超、法存等，并有名於時，演唱諸異。」

〔二〕「始」，《資福藏》、《磧砂藏》、《普寧藏》、《洪武南藏》、《永樂南藏》、《永樂北藏》、《徑山藏》、《清藏》、金陵本作「營」。

〔三〕「尼」下，《資福藏》、《磧砂藏》、《普寧藏》、《洪武南藏》、《永樂南藏》、《永樂北藏》、《徑山藏》、《清藏》、金陵本有「爲」。「白尼」，《續高僧傳》卷一四《釋慧頵傳》：「東晉之日，吴有白尼，至誠感神，無遠弗届。天竺石像，雙濟滄波，照燭神光，融曜滬瀆。白尼迎接，因止通玄，自晋距陳，多顯靈瑞。」

〔四〕案《宋書》卷五《文帝紀》：「（元嘉六年）七月己酉，以尚書左丞孔默之爲廣州刺史。」

〔五〕「峧」，《磧砂藏》、《洪武南藏》、《永樂北藏》、《清藏》、金陵本作「峻」。

〔六〕案《資行鈔》：「記：德鎧即十年九月死。《會正記》云：『求那其年九月二十八日，奄然已終。故不制前約。』俄者，《莊子疏》云：『非賒遠也。』至（元嘉）十一年，商主難提從彼國再請三尼，仍請衆鎧爲羯磨師。於前壇上，爲尼惠果等三百二十五人從重受。至元嘉十九年，衆鎧隨舶還國。鐵索羅等五人，終在此方，餘亦返西。《抄批》云：『求那於九年卒於祇桓寺也。今不同也。』抄：於壇上爲尼重受。至十一年春，於南林寺前三藏本道場處，與諸尼受戒。最初爲影福寺尼惠果、净音、普要、智景等二十三人受戒，次爲小建安寺尼孔明及僧敬、法茂、法盛姊妹等受。」

〔七〕「船」，《金藏》本作「舩」，《資福藏》、《磧砂藏》、《普寧藏》、《洪武南藏》、《永樂南藏》、《永樂北藏》、《徑山藏》、《清藏》、金陵本作「舶」。

〔八〕「潮亭」，《續高僧傳》卷一、《開元釋教録》卷七、《貞元新定釋教目録》卷一〇《拘那羅陀傳》：「明日於潮亭，焚身起塔。」

〔九〕「禺」，《金藏》本作「遇」。

〔一〇〕「崇聖寺」，《南史》卷一五《劉穆之傳》：「又坐與亡弟母楊别居，死不殯葬。崇聖寺尼慧首剃頭爲尼，以五百錢買棺，以泥組轝送葬，爲有司奏，事寢不出。」《南朝佛寺志》卷下、《南朝寺考》：「崇聖，尼寺也，未詳所在，齊有慧首尼居之。」

〔一二〕「向慕」，原無。從文義，據《資福藏》、《磧砂藏》、《普寧藏》、《洪武南藏》、《永樂南藏》、《永樂北藏》、《徑山藏》、《清藏》、金陵本補。

〔一三〕「齊文惠帝」，即蕭長懋，《南齊書》卷二一、《南史》卷四四有傳。「竟陵文宣王」，即蕭子良，《南齊書》卷四〇、《南史》卷四四有傳。

〔一三〕「嚫」，《資福藏》、《磧砂藏》、《普寧藏》、《洪武南藏》、《永樂北藏》、《清藏》、金陵本作「嚫」。「閡」，《金藏》本作「閡」，《資福藏》、《磧砂藏》、《普寧藏》、《洪武南藏》、《永樂南藏》、《永樂北藏》、《徑山藏》、《清藏》、金陵本作「礙」。

〔一四〕「焉」，《金藏》本無。「沈約」，《宋書》卷一〇〇、《梁書》卷一三、《南史》卷五七有傳。

附録

《釋氏六帖》卷八《高行諸尼部第十一·僧敬感靈》：「姓李，會稽人，寓居秣陵。敬在母腹，家屬設會，請（宫）〔官〕寺僧超、西寺曇芝尼，使二人指胎中子爲弟子，母代兒呼師。將産，母夢神人語之：『可建八關。』即令經營，僧像未竟，敬便生下。聞空中語曰：『可與建安寺白尼爲弟子。』母即從之。年五六歲，聞人經唄，輒能誦憶。讀經數百卷，妙解日深。孔默鎮廣州，請行供養。遇鐵薩羅，受戒，欲泛海西域求法。道俗留戀，住嶺南三十餘年。風流所漸，獷俗移心，捨園宅十有三家，共爲立寺。宋明帝聞之，遠遣迎請，番禺道俗，大相悲戀。勑住崇聖寺，道俗敬慕。丹陽樂遵捨宅立寺，齊文（慧）〔惠〕、竟陵文宣王并欽風德，嚫施無礙。八十四卒，永明四年二月三日，葬于鍾山之陽。弟子造碑，中書侍郎吴興沈約製其文。」《藝文類聚》卷七六《内典上・寺碑》、《漢魏六朝百三家集》卷八七《碑》、《釋文紀》卷二五、《古今圖書集成》卷二〇六《尼部藝文》：「梁沈約《比丘尼僧敬法師碑》曰：『立言道往，標情妙覺。置想依空，練心成學。緼日悠長，疏年緬邈。風遷電改，斯理莫違。神有殊適，形無異歸。臨泉結慟，有愴徂暉。松飈轉蓋，山雨披衣。載刊貞軌，永播餘徽。』」

鹽官齊明寺僧猛尼傳四

僧猛，本姓岑，南陽人也。遷居鹽官縣，至猛，五世矣〔一〕。曾祖率〔二〕，晋正員郎、餘杭令〔三〕，世事黄老，加信敬邪神。猛幼而慨然有拔俗之志〔四〕。年十二，父亡，號哭吐血，絶而復蘇〔五〕。三年告終，示不滅性，辭母出家。行己清潔，奉師恭肅，蔬糲之食〔六〕，止存支命。行道禮懺，未嘗疲怠，説悔先罪，精懇流淚，能行人所不能行。益州刺史吴郡張岱聞風貴敬〔七〕，請爲門師。

宋元徽元年〔八〕，净度尼入吴〔九〕，携出京城，仍住建福寺。歷觀衆經，以日係夜，隨逐講説，心無厭勌〔一〇〕。多聞强記，經耳必憶，由是經律皆悉研明。澄情宴坐〔一一〕，泊然不測〔一二〕。

齊建元四年，母病，乃捨東宅爲寺〔一三〕，名曰齊明〔一四〕。締構殿宇〔一五〕，列植竹樹，内外清靖〔一六〕，狀若仙居。飢者撤饍以施之，寒者解衣而與之。嘗有獵者近於寺南，飛禽走獸競來投猛，而鷹犬馳逐相去咫尺。猛以身手遮遏，雖體被啄囓，而投者獲免。同止數十人，三十餘載未嘗見其愠怒之色。年七十二，永明七年卒。

時又有僧瑗尼〔七〕，猛之從弟女也，亦以孝聞，業行高邈，慧悟凝深也。

校注

〔一〕「至」上，《金藏》本有「主」。

〔二〕「卒」，《釋氏六帖》作「樂」。

〔三〕「杭」，原作「抗」，據《磧砂藏》、《普寧藏》、《洪武南藏》、《永樂北藏》、《清藏》、《頻伽藏》、金陵本改。

〔四〕「慨」，《磧砂藏》、《洪武南藏》本卷三末音釋作「既」。

〔五〕「絶」，《資福藏》、《磧砂藏》、《普寧藏》、《洪武南藏》、《永樂南藏》、《永樂北藏》、《徑山藏》、《清藏》、金陵本作「死」。

〔六〕「蔬」，《磧砂藏》、《普寧藏》、《洪武南藏》、《永樂北藏》、《徑山藏》、《清藏》本作「疏」。案《集韻·魚韻》：「蔬，郭璞説：『通作疏。』」「糲」，《新集藏經音義隨函録》作「糠」。

〔七〕「史」，《資福藏》本作「使」，《永樂北藏》、《清藏》本作「州」。「張岱」，《宋書》卷五三、南齊書卷三二、《南史》卷三一有傳。案《宋書》卷九《後廢帝紀》：「（泰豫元年）五月丁巳，以吴興太守張岱爲益州刺史。」

〔八〕「元」，《資福藏》、《磧砂藏》、《普寧藏》、《洪武南藏》、《永樂南藏》、《永樂北藏》、《徑山藏》、《清藏》、金陵本作「永」。

〔九〕「度」，《資福藏》、《磧砂藏》、《普寧藏》、《洪武南藏》、《永樂南藏》、《永樂北藏》、《徑山藏》、《清藏》、金陵本作「虔」。

〔一〇〕「勑」，《磧砂藏》、《洪武南藏》、《永樂北藏》、《清藏》、金陵本作「倦」。

〔一一〕「情」，《古今圖書集成》本作「清」。

〔一二〕「泊」，《磧砂藏》、《普寧藏》、《洪武南藏》、《永樂南藏》、《永樂北藏》、《徑山藏》、《清藏》、金陵本及《新集藏經音義隨函録》作「怕」。案《説文·心部》：「怕，無爲也。」《説文解字注》：「怕，『憺怕』俗用『澹泊』爲之。」「測」，《資福藏》、《磧砂藏》、《普寧藏》、《洪武南藏》、《永樂南藏》、《永樂北藏》、《徑山藏》、《清藏》、金陵本作「側」。

〔一三〕「乃捨東」，《磧砂藏》、《普寧藏》、《洪武南藏》、《永樂南藏》、《永樂北藏》、《徑山藏》、《清藏》、金陵本作「返東捨」。

〔一四〕「齊明」，《咸淳臨安志》卷八五《寺觀十一·寺院》：「南禪福嚴尼院，在縣東南。建元四年，尼僧猛捨宅爲寺，舊名齊明。乾祐中，改爲護國報恩禪院。大中祥符元年，改今額。」

〔一五〕「搆」，《磧砂藏》、《洪武南藏》本卷三末音釋及《一切經音義》作「構」。

〔一六〕「靖」，《古今圖書集成》本作「静」。

〔一七〕「瑗」，《釋氏六帖》作「瓊」。

附録

《釋氏六帖》卷八《高行諸尼部第十一·僧猛孝潔》：「姓岑，南陽人。遷居鹽官縣，至猛五世。曾祖樂，晋正員郎、餘杭令，世事黄老，信敬邪神。猛而慨然，有拔俗之志。年十二，父亡，號哭吐血，死而復蘇。三年告終，示不滅性，辭母出家。行已清潔，奉師恭肅，蔬糲之食，止存支命。行道禮懺，未曾疲怠，説悔先罪，精懇流淚，能行人所不能行。益牧吴郡張岱，聞風貴請爲門師。宋元徽元年，净度尼携出京城，住建福寺。歷觀衆經，以口係夜，多聞强記，經耳必憶，由是經律皆悉研明。澄情宴坐，泊然不測。齊建元四年，母病，反東捨宅爲寺，名曰齊明。締構殿宇，植竹列樹，内外清净，狀若仙居。飢者散衣食等。嘗有獵者近寺，飛禽走獸競來投猛，鷹犬馳逐，以身遮遏，雖體被啄囓，而投者獲免。同止十人，三十餘年不見愠怒。年七十二，齊永明七年卒。又有僧瓊，猛之弟女，以孝行有聞，道業高邈，慧悟凝深。」

《蜀中廣記》卷七五《神仙記》：「東晋僧猛以孤節卓行冠比邱尼。」

華嚴寺妙智尼傳五[一]

妙智，本姓曹，河内人也。禀性柔明[二]，陶心大化，執持禁範，如護明珠。心勤忍辱，與物無忤，雖有毁惱，必以和顔。下帷窮年[三]，終日無悶，精達法相，物共宗之。

禪堂初建，齊武皇帝勅請妙智講《勝鬘》、《净名》[四]，開題及講，帝數親臨，詔問無方。智連環剖析[五]，初無遺滯。帝屢稱善，四衆雅服[六]。齊竟陵文宣王疆界鍾山，集葬名德。年六十四，建武二年卒，葬于定林寺南。齊侍中瑯琊王倫妻江氏[七]，爲著《石讚文序》，立于墓左耳。

校注

〔一〕「華嚴寺」，《南朝佛寺志》卷下、《南朝寺考》：「華嚴寺，亦未詳其所在。梁時有長爪禪師爲謝貞説法焉。」《金陵梵刹志》卷三二：「華嚴寺，在負郭小安德門外南城地，北去聚寶門五里所，距能仁寺三里。寺係古迹，久廢。」

〔二〕「禀」，金陵本作「秉」。

〔三〕「帷」，《金藏》本作「唯」。

〔四〕「妙」，《資福藏》、《磧砂藏》、《普寧藏》、《洪武南藏》、《永樂南藏》、《永樂北藏》、《徑山藏》、《清藏》、金陵本無。

「齊武皇帝」，即蕭賾，《南齊書》卷三、《南史》卷一一六有紀。

〔五〕「析」，《金藏》本作「拆」。

〔六〕「雅」，《古今圖書集成》本作「推」。

〔七〕「王倫」，即王倫之，《南齊書》卷三二《王延之傳》：「王延之，字希季，琅邪臨沂人也。（中略）子倫之，（中略）建武中，至侍中，領前軍將軍，都官尚書，領游擊將軍，卒。」其妻江氏正史無載。案《太平御覽》卷九七〇《果部七·石榴》有王倫妻羊氏《安石榴賦》，《全晉文》卷一四四亦引之。不論是江氏，還是羊氏，王倫妻善於著文是可以得到印證的。

附録

《釋氏六帖》卷八《高行諸尼部第十一·妙智柔明》：「姓曹，河内人。禀性柔明，陶心大化，執持禁範，如護明珠。心勤忍辱，與物無忤，雖有毁惱，終日無悶，精達法相，物共宗之。禪雲初建，齊武皇帝勑請妙智講《勝鬘》、《浄名》，開題及講，帝數親臨，詔問無方，智連環剖折析，初無遺滯，帝屢稱善，四衆雅服。齊竟陵文宣王，敬集名德。六十四卒，建武二年葬於定林寺南。齊侍中瑯琊王倫妻江氏，爲著《石讚文序》，立于墓左。」

建福寺智勝尼傳六

智勝〔一〕，本姓徐〔二〕，長安人也，寓居會稽，于其三世。六歲而隨王母出都〔三〕，游瓦官寺，見招提整峻，寶飾嚴華，潸然泣涕〔四〕，仍祈剪落〔五〕。王母問之，具述此意，謂其幼稚，而未許之也〔六〕。

宋季多難，四民失業，時事紛紜，奄冉積載〔七〕。年將二十，方得出家，住建福寺。獨行無倫，絶塵難範〔八〕，聽受《大涅槃經》〔九〕，一聞能持。後研律藏，功不再受，總持之譽〔一〇〕，僉然改目〔一一〕。自製數十卷義疏，辭約而旨遠，義隱而理妙。逢涅不緇〔一二〕，遇磨不磷。

大明中，有一男子詭期抱梁，欲規不遜。勝剋意淵深〔一三〕，雅操壁立〔一四〕，正色告衆，衆録付官。守戒清浄，如護明珠。時莊嚴寺曇斌法師弟子僧宗、玄趣〔一五〕，共直佛殿〔一六〕，慢藏致盜〔一七〕，乃失菩薩瓔珞及七寶澡罐〔一八〕。斌衣鉢之外，室如懸磬〔一九〕，無以爲備，憂慨輟講，閉房三日。勝宣告四部，旬月備辦〔二〇〕，德感化行皆類此也。齊文惠帝聞風，雅相接召，每延入宮講説衆經。司徒竟陵文宣王，倍崇敬焉〔二二〕。勝志貞南金，心皎北雪〔二三〕，裁箴尼衆〔二三〕，實允物望，令旨仍使爲寺主，闔衆愛敬〔二四〕，如奉嚴尊。

從定林寺僧遠法師受菩薩戒〔二五〕，座側常置香鑪，勝乃捻香，遠止之曰：「不取火已信宿矣。」所置之香，遂氛氳流煙〔二六〕，咸嘆其肅恭，表應若斯也。永明中，作聖僧齋，攝心祈想，忽聞空中彈指，合掌側聽。

勝居寺三十年〔二七〕，未嘗赴齋會，游踐貴賤〔二八〕。勝每重閑静處〔二九〕，係念思惟，故流芳不遠。文惠帝特加供俸，日月充盈，締搆房宇〔三〇〕，闔寺崇華〔三一〕。滕捨衣鉢，爲宋、齊七帝造攝山寺石像〔三二〕。

永明十年寢疾，忽見金車玉宇，悉來迎接。到四月五日，告諸弟子曰：「吾今逝矣。」弟子皆泣，乃披衣出胸，胸有草書「佛」字〔三三〕，字體鮮白，色相明潤。八日正中而卒也〔三四〕，年六十六，葬于鍾山。文帝給其湯藥，凶事所須，并宜官備也。

校注

〔一〕「勝」下，《資福藏》、《磧砂藏》、《普寧藏》、《洪武南藏》、《永樂南藏》、《永樂北藏》、《徑山藏》、《清藏》、金陵本有「者」。

〔二〕「徐」下，《資福藏》、《磧砂藏》、《普寧藏》、《洪武南藏》、《永樂南藏》、《永樂北藏》、《徑山藏》、《清藏》、金陵本有「氏」。

〔三〕「王母」，《釋氏六帖》作「母」。下同。

〔四〕「然」，《資福藏》、《磧砂藏》、《普寧藏》、《洪武南藏》、《永樂南藏》、《永樂北藏》、《徑山藏》、《清藏》、金陵本作「焉」。

〔五〕「剪」，金陵本作「翦」。

〔六〕「也」，《資福藏》、《磧砂藏》、《普寧藏》、《洪武南藏》、《永樂南藏》、《永樂北藏》、《徑山藏》、《清藏》、金陵本無。

〔七〕「冉」，《金藏》本作「荏」。

〔八〕「範」，《古今圖書集成》本作「犯」。

〔九〕「大」下，《資福藏》、《磧砂藏》、《普寧藏》、《洪武南藏》、《永樂南藏》、《永樂北藏》、《徑山藏》、《清藏》、金陵本有「般」。

〔一〇〕「總」，《金藏》、《磧砂藏》、《洪武南藏》本作「揔」。

〔一一〕「目」，《資福藏》、《磧砂藏》、《普寧藏》、《洪武南藏》、《永樂南藏》、《永樂北藏》、《徑山藏》、《清藏》、金陵本作「約」。

〔一二〕「緇」，原作「淄」。案《論語·陽貨》：「子曰：『然，有是言也。不曰堅乎，磨而不磷；不曰白乎，涅而不緇。』」據《資福藏》、《磧砂藏》、《普寧藏》、《洪武南藏》、《永樂南藏》、《永樂北藏》、《徑山藏》、《清藏》、金陵本改。

〔一三〕「剋」，《資福藏》、《磧砂藏》、《普寧藏》、《洪武南藏》、《永樂北藏》、《清藏》、金陵本作「刻」。「淵」，《金藏》本作「渕」。

〔一四〕「雅」，《資福藏》、《磧砂藏》、《普寧藏》、《洪武南藏》、《永樂南藏》、《永樂北藏》、《徑山藏》、《清藏》、金陵本作「持」。

〔一五〕「莊嚴寺」，即大莊嚴寺，詳見《比丘尼傳》卷一《浄檢尼傳》校注〔一〕。「曇斌」，《高僧傳》卷七、《名僧傳抄》有傳。「僧宗」，《高僧傳》卷八有傳，云：「晚又受道於斌、濟二法師。」「玄趣」，《高僧傳》卷八《釋道慧傳》：「時莊嚴寺復有玄趣、僧達，并以學解見稱。趣博通衆經，并精内外，而尤善席上，風軌可欣。」

〔一六〕「直」，《金藏》本作「立」。

〔一七〕案《高僧傳》卷八《釋僧宗傳》：「妙辯不窮，應變無盡，而任性放蕩，亟越儀法。得意便行，不以爲礙，守檢專節者，咸有是非之論。」

〔一八〕「罐」，《金藏》本作「灌」，《資福藏》本作「躍」，《新集藏經音義隨函録》作「盥」。

〔一九〕「磬」，《資福藏》、《磧砂藏》、《普寧藏》、《洪武南藏》、《永樂北藏》本作「罄」。

〔二〇〕「月」，《資福藏》、《磧砂藏》、《普寧藏》、《洪武南藏》、《永樂南藏》、《永樂北藏》、《徑山藏》、《清藏》、金陵本作「日」。

〔二一〕「崇」，《資福藏》、《磧砂藏》、《普寧藏》、《洪武南藏》、《永樂南藏》、《永樂北藏》、《徑山藏》、《清藏》、金陵本作「宗」。

〔二二〕「北」，原作「比」。從文義，據《資福藏》、《磧砂藏》、《普寧藏》、《洪武南藏》、《永樂南藏》、《永樂北藏》、《徑山藏》、《清藏》、金陵本改。

〔二三〕「裁箴」，《資福藏》、《磧砂藏》、《普寧藏》、《洪武南藏》、《永樂南藏》、《永樂北藏》、《徑山藏》、《清藏》、金陵本作「纔成」。

〔二四〕「闔衆」，《資福藏》、《磧砂藏》、《普寧藏》、《洪武南藏》、《永樂南藏》、《永樂北藏》、《徑山藏》、《清藏》、金陵本作「衆所」。

〔二五〕「定林寺僧遠法師」，《高僧傳》卷八有《齊上定林寺釋僧遠傳》。

〔二六〕「氛氲」，《金藏》本作「氤氲」，《資福藏》、《磧砂藏》、《普寧藏》、《洪武南藏》、《永樂南藏》、《永樂北藏》、《徑山藏》、《清藏》、金陵本作「氤靄」，《古今圖書集成》本作「氛靄」，《一切經音義》作「氲靄」。

〔二七〕「三」，《資福藏》、《磧砂藏》、《普寧藏》、《洪武南藏》、《永樂南藏》、《永樂北藏》、《徑山藏》、《清藏》、金陵本作「四」。

〔二八〕「賤」，底本無，據諸本補。

〔二九〕「勝」，諸本無。「每重」，《資福藏》、《磧砂藏》、《普寧藏》、《洪武南藏》、《永樂南藏》、《永樂北藏》、《徑山藏》、《清藏》、金陵本作「清」。

〔三〇〕「搆」，《磧砂藏》、《洪武南藏》、《永樂北藏》本作「構」。

〔三一〕「闔寺」，《資福藏》本作「闔寺衆」，《磧砂藏》、《普寧藏》、《洪武南藏》、《永樂南藏》、《永樂北藏》、《徑山藏》、《清藏》、金陵本作「寺衆」。

〔三二〕「攝山寺」，《續高僧傳》卷二六《釋明璨傳》：「仁壽初歲，召送舍利于蔣州之栖霞寺，今之攝山寺也。」案《南朝佛寺志》卷下、《南朝寺考》：「栖霞寺，在江乘之攝山。（中略）僧紹之子臨沂令仲璋，於西峰石壁與度鐫造無量壽佛并二菩薩，皆高三丈餘。而齊文惠太子、豫章文獻王、竟陵文宣王等，雕琢營飾，遂成億萬化身，是爲千佛巖。」又引江總《栖霞寺碑》云：「僧紹之子仲璋爲臨沂令，於西峰石壁與度禪師鐫造無量壽佛坐身三丈二尺五寸，通座四丈，并二菩薩侍，高三丈三寸。大同六年，龕頂放光。齊文惠太子、豫章文獻王、竟陵文宣王、始安王遥光，及宋江夏王、霍姬、齊田奂等，琢造石像。梁臨川靖惠王，復加營飾。」《居士傳》卷一〇《明休烈傳》：「明休烈，名僧紹。（中略）永明七年，捨宅爲栖霞寺，夢巖間有佛放光，志欲創造，未果而卒。次子仲璋，遂與法度造無量壽佛像三丈一尺餘，并建觀音、勢至像，以終父志。」《佛法金湯編》卷三《明僧紹傳》：「永明七年，遂捨宅建寺。又夢巖有如來光彩，有懷創像，俄而物故。僧紹第二子仲璋爲臨沂令，遂與度師鐫造無量壽佛像三丈一尺五寸并二菩薩。(《栖霞寺記》)」《高僧傳》卷一一《釋僧祐傳》:「故光宅、攝山大像,剡縣石佛等,并請祐經始,准畫儀則。」《出三藏記集》卷一二《法苑雜緣原始集目録序第七·雜圖像集下卷》有《太衛臨川王成就攝山龕大石像記》。造像之事,可詳見《金石萃編》卷五九《攝山栖霞寺明徵君之碑》。又《高僧傳》卷八《釋法度傳》「攝山」作「嶏山」。

〔三〕「書」,《永樂北藏》、《徑山藏》、《清藏》、金陵本作「善」,《釋氏六帖》作「萬」。

〔四〕「也」,《資福藏》、《磧砂藏》、《普寧藏》、《洪武南藏》、《永樂南藏》、《永樂北藏》、《徑山藏》、《清藏》、金陵本無。

附録

《釋氏六帖》卷八《高行諸尼部第十一·智勝經疏》:「姓徐,長安人,寓居會稽三世。六歲而隨母游瓦官寺,見佛像嚴華,潛然泣涕。母怪問,具述欲出家,幼而未許。至年二十,方得出家,住建福寺。獨行無倫,絶塵難範,聽受《大涅槃經》,一聞能悟。後研律藏,功不再受,製義疏十卷,辭約旨遠。逢涅不緇,遇磨不磷。大明中,有一男子夜潛相嬈,勝刻意淵深,持操壁立,正色告衆,收録付官。守戒清净,如護明珠。齊文見重,請入宫講經,司徒竟陵文宣宗敬。勝志貞南金,心皎比雪。請爲寺主,衆所愛敬。從定林寺僧遠法師受菩薩戒,爐火不添而然。齋聖僧,聞空中彈指。四十年不曾赴齋,重關静處,文(慧)〔惠〕帝特供養。勝爲宋、齊七帝,捨衣鉢造攝山寺石像。永明十年卧疾,忽見金車玉宇悉來迎接。四月五日,告諸弟子:『吾今逝矣。』

弟子皆泣，乃披衣出胸，胸有萬『佛』字，字體鮮明，色相㶁潤。至八日正中而卒，年六十，葬于鍾山。文帝給其湯藥，凶事所須，皆令勑辦。」

禪基寺僧蓋尼傳七

僧蓋，本姓田，趙國均仁人也〔一〕。父宏〔二〕，梁天水太守。蓋幼出家，爲僧志尼弟子，住彭城華林寺〔三〕。忘利養，惔毀譽〔四〕。元徽元年〔五〕，索虜侵州，與同學法進南游京室，住妙相尼寺。博聽經律，深究旨歸，專修禪定，惟日不足〔六〕。寒暑不變衣裳，四時無新飲食〔七〕，但資一菜中飯而已〔八〕。受業於隱、審二禪師〔九〕，禪師皆嘆其易悟。齊永明中，移止禪基寺，欲廣弘觀道。道俗諮訪，更成紛動，乃別立禪房於寺之左，宴默其中，出則善誘，諄諄不勌〔一〇〕。齊竟陵文宣王蕭子良，四時資給。雖已耆艾〔一一〕，而志向不衰〔一二〕，終日清虛，通夜不寐。年六十四，永明十一年卒也〔一三〕。

時寺又有法延者〔一四〕，本姓許，高陽人也，精進有行業〔一五〕，亦以禪定顯聞也〔一六〕。

校注

〔一〕「也」，《資福藏》、《磧砂藏》、《普寧藏》、《洪武南藏》、《永樂南藏》、《永樂北藏》、《徑山藏》、《清藏》、金陵本無。

〔二〕「宏」，《資福藏》、《磧砂藏》、《普寧藏》、《洪武南藏》、《永樂南藏》、《永樂北藏》、《徑山藏》、《清藏》、金陵本作「完」。

〔三〕「華林寺」，《高僧傳》卷一〇《釋保誌傳》：「後法雲於華林寺講《法華》。」

〔四〕「惔」，金陵本及《釋氏六帖》作「淡」。

〔五〕「元」，底本及諸本均作「永」。案劉宋無「永徽」年號，恐爲「元徽」之誤，據改。

〔六〕「不」，《資福藏》、《磧砂藏》、《普寧藏》、《洪武南藏》、《永樂北藏》、《清藏》、金陵本作「弗」。

〔七〕「無」，《資福藏》、《磧砂藏》、《普寧藏》、《洪武南藏》、《永樂南藏》、《永樂北藏》、《徑山藏》、《清藏》、金陵本作「恒」。「飲」，《資福藏》、《磧砂藏》、《普寧藏》、《洪武南藏》、《永樂南藏》、《永樂北藏》、《徑山藏》、《清藏》、金陵本作「日」。

〔八〕「飯」，《資福藏》、《磧砂藏》、《普寧藏》、《洪武南藏》、《永樂南藏》、《永樂北藏》、《徑山藏》、《清藏》、金陵本作「飲」。

〔九〕「隱」，即僧隱，《高僧傳》卷一一有傳。「審」，即僧審，《高僧傳》卷一一有傳。

〔一〇〕「諄諄」，《金藏》、《資福藏》、《磧砂藏》、《普寧藏》、《洪武南藏》、《永樂南藏》、《永樂北藏》、《徑山藏》、《清藏》、金陵本作「詢詢」，《古今圖書集成》本作「循循」。「勌」，《磧砂藏》、《洪武南藏》、《永樂北藏》、《清藏》、金陵本作「倦」，「釋氏六帖」作「惓」。

〔一一〕「已」，《資福藏》、《磧砂藏》、《普寧藏》、《洪武南藏》、《永樂北藏》、《清藏》、金陵本作「以」。

〔一二〕「向」，《資福藏》、《磧砂藏》、《普寧藏》、《洪武南藏》、《永樂南藏》、《永樂北藏》、《徑山藏》、《清藏》、金陵本作「尚」。

〔一三〕「也」，《資福藏》、《磧砂藏》、《普寧藏》、《洪武南藏》、《永樂南藏》、《永樂北藏》、《徑山藏》、《清藏》、金陵本無。

〔一四〕「延」下，《資福藏》、《磧砂藏》、《普寧藏》、《洪武南藏》、《永樂南藏》、《永樂北藏》、《徑山藏》、《清藏》、金陵本有「尼」。

〔一五〕「進」，《資福藏》、《磧砂藏》、《普寧藏》、《洪武南藏》、《永樂南藏》、《永樂北藏》、《徑山藏》、《清藏》、金陵本作「勤」。

〔一六〕「聞也」，《資福藏》、《磧砂藏》、《普寧藏》、《洪武南藏》、《永樂南藏》、《永樂北藏》、《徑山藏》、《清藏》、金陵本作「名」。

附　録

《釋氏六帖》卷八《高行諸尼部第十一·僧蓋習禪》：「姓田，趙國人。父完，梁天水太守。蓋幼出家，爲僧志尼弟子，住彭城華林寺。忘利養，淡毀譽。游京室，住妙相寺。博聽經律，深究旨歸，專修禪定，惟日不足。寒暑不變衣，菜食資一齋。受禪業於隱、審二師，皆嘆其易悟。別立禪房宴默，出則善誘不倦。齊竟陵文宣王蕭子良，四時資給。雖已耆艾，而志尚不衰，終日清虚，達夜不寐。年六十四，永明十一年卒。又有法延尼，姓許，高陽人，亦以禪定顯名。」

東青園寺法全尼傳八〔一〕

法全，本姓戴，丹陽人也。端莊好静，雅勤定慧〔二〕。初隨宗、瑗〔三〕，博綜衆經；後師審、隱，遍游禪觀〔四〕。晝則披文遠思〔五〕，夕則歷觀妙境。大乘奥典，皆能宣講〔六〕；三昧祕門〔七〕，并爲師匠。食但蔬菜，衣止蔽形。訓誘未聞，獎成後學。聽者修行，功益甚衆。寺既廣大，閲理爲難，泰始三年〔八〕，衆議欲分爲二寺。時寶嬰尼求於東面起立禪房，更搆靈塔〔九〕，於是始分爲東青園寺。昇明二年，嬰卒。衆既新分，人望未緝〔一〇〕，乃以全爲寺主。於是大小愛悦，情無纖介〔一一〕。年八十三，隆昌元年卒。

時寺復有净練、僧律、慧形〔一二〕，并以學顯名也〔一三〕。

校注

〔一〕「東青園寺」，原作「青園東寺」。案傳中作「東青園寺」，故據《資福藏》、《磧砂藏》、《普寧藏》、《洪武南藏》、《永樂南藏》、《永樂北藏》、《徑山藏》、《清藏》、金陵本改。　「全」，《釋氏六帖》作「令」。

〔二〕「慧」，《資福藏》本作「惠」。

〔三〕「宗」，即僧宗，《高僧傳》卷八有傳。　「瑗」，即法瑗，《高僧傳》卷八有傳。

〔四〕「遍」，金陵本作「偏」。

〔五〕「晝」，《磧砂藏》本作「書」，形誤。

〔六〕「講」，《資福藏》、《磧砂藏》、《普寧藏》、《洪武南藏》、《永樂南藏》、《永樂北藏》、《徑山藏》、《清藏》、金陵本作「説」。

〔七〕「祕」，《金藏》、《磧砂藏》、《洪武南藏》本作「秘」。

〔八〕「泰」，《古今圖書集成》本作「太」。

〔九〕「搆」，《磧砂藏》、《洪武南藏》、《永樂北藏》、《清藏》、金陵本作「構」。

〔一〇〕「緝」，《古今圖書集成》本作「輯」。

〔一一〕「介」，《資福藏》、《磧砂藏》、《普寧藏》、《洪武南藏》、《永樂南藏》、《永樂北藏》、《徑山藏》、《清藏》、金陵本作「分」，又《磧砂藏》、《洪武南藏》本卷三末音釋作「芥」。

〔一二〕「慧」，《資福藏》、《磧砂藏》、《普寧藏》、《洪武南藏》、《永樂北藏》、《清藏》、金陵本作「惠」。

〔一三〕「名」，《金藏》本無。

附録

《釋氏六帖》卷八《高行諸尼部第十一・法(令)〔全〕寺主》：「姓戴，丹陽人。力好静處，雅勤定慧。初隨宗、瑗，博綜衆經；後師審、隱，遍游禪觀。晝則披文遠思，夕則歷觀妙境。大乘奥典，皆能宣説；三昧祕門，并爲師匠。泰始三年，立東青園寺。昇明二年，立寺主，大小受悦。年八十三，隆昌元年卒。又有净練、僧律、慧形，并以學顯名。」

普賢寺净暉尼傳九〔一〕

净暉，本姓楊〔二〕，建康人也。志道専誠，樂法翹懇。具戒之初，從濟、瑗稟學〔三〕，精思研求，究大乘之奥。十臘之後〔四〕，便爲宗匠，齊文惠帝、竟陵文宣王莫不服膺。永明八年，竟陵王請於第講《維摩經》。後爲寺主二十餘年，長幼崇奉〔五〕，如事父母，從爲弟子者四百餘人。年七十二，永明十年卒也〔六〕。

時寺又有僧要〔七〕、光净〔八〕，并學行有聞也。

校注

〔一〕「暉」，《資福藏》、《磧砂藏》、《普寧藏》、《洪武南藏》、《永樂南藏》、《永樂北藏》、《徑山藏》、《清藏》、金陵本作「曜」。下同。

〔二〕「楊」，《金藏》本作「揚」。

〔三〕「濟」，即曇濟，《名僧傳抄》有傳。案《高僧傳》卷七《釋曇斌傳》：「時莊嚴寺復有曇濟、曇宗，并以學業才力見重一時。濟述《七宗論》，宗著《經目》及《數林》。」

〔四〕「臘」，《磧砂藏》、《洪武南藏》本卷三末音釋作「臈」。

〔五〕「奉」，《資福藏》、《磧砂藏》、《普寧藏》、《洪武南藏》、《永樂南藏》、《永樂北藏》、《徑山藏》、《清藏》、金陵本作「敬」。

〔六〕「也」，《資福藏》、《磧砂藏》、《普寧藏》、《洪武南藏》、《永樂南藏》、《永樂北藏》、《徑山藏》、《清藏》、金陵本無。

〔七〕「寺」，《金藏》本無。「又」，《資福藏》、《磧砂藏》、《普寧藏》、《洪武南藏》、《永樂南藏》、《永樂北藏》、《徑山藏》、《清藏》、金陵本作「復」。「僧要」，《資行鈔》：「《抄批》云：『景福寺尼惠果、净音、僧要、智景等二十三人受。』」《戒律傳來記》卷上：「齊末梁初，鍾山定林寺僧佑律師記云：『最初爲影福寺慧果、净音、僧要、智景等二十三人受戒。』」

〔八〕「光」，《釋氏六帖》作「先」。

附録

《釋氏六帖》卷八《高行諸尼部第十一・净（曜）〔暉〕宗匠》：「姓楊，建康人。志道專誠，樂法翹邈。具戒之初，從濟、瑗禀學，精思研究大乘。十臘之後，便爲宗匠。齊文惠帝、〔竟〕陵王，莫不服膺。永明八年，竟陵王請於第講《維摩經》。後爲寺主二十餘年，長幼崇敬，如事父母，弟子四百餘人。年七十二卒，齊永明十年。亦有僧要、（先）〔光〕净，并學行有聞。」

法音寺曇簡尼傳十

曇簡〔一〕，本姓張，清河人也。爲法净尼弟子〔二〕，住寺〔三〕，游學淮海，弘宣正法，先人後己，志在廣濟〔四〕。以齊建元四年，立法音精舍，禪思静默，通達三昧，德聲遐布，功化自遠〔五〕。道俗敬仰，盛修供施。

時有慧明法師〔六〕，深愛寂静，本住道林寺，永明時〔七〕，爲文惠帝、竟陵文宣王之所修飾。僧多義學，累講經論，去來諠動〔八〕，明欲去之。簡以寺爲施〔九〕，因移白山〔一〇〕，更立草菴〔一一〕，以蔽風雨，應時行乞，取給所資，常聚樵木〔一二〕，云營功德〔一三〕。以建武元年二月十八日夜〔一四〕，登此積薪〔一五〕，引火自焚，捨生死身，供養三寶。近村見火，競來赴救。及至，簡已遷滅。道俗哀慟，聲振山谷〔一六〕，即聚所餘，爲立墳剎也〔一七〕。

校注

〔一〕「簡」下，《資福藏》、《磧砂藏》、《普寧藏》、《洪武南藏》、《永樂南藏》、《永樂北藏》、《徑山藏》、《清藏》、金陵本有「尼」。

〔二〕「法浄尼」，《比丘尼傳》卷二有傳。

〔三〕「住寺」，《資福藏》、《磧砂藏》、《普寧藏》、《洪武南藏》、《永樂南藏》、《永樂北藏》、《徑山藏》、《清藏》、金陵本無。

〔四〕「廣」，《金藏》、《資福藏》、《磧砂藏》、《普寧藏》、《洪武南藏》、《永樂南藏》、《永樂北藏》、《徑山藏》、《清藏》、金陵本作「曠」。

〔五〕「自」，《資福藏》、《磧砂藏》、《普寧藏》、《洪武南藏》、《永樂南藏》、《永樂北藏》、《徑山藏》、《清藏》、金陵本作「日」。

〔六〕「慧明法師」，《高僧傳》卷一一有傳。

〔七〕「時」，《資福藏》、《磧砂藏》、《普寧藏》、《洪武南藏》、《永樂南藏》、《永樂北藏》、《徑山藏》、《清藏》、金陵本無。又「永明時」，《古今圖書集成》本作「寺」。

〔八〕「諠」，《磧砂藏》、《洪武南藏》、《永樂北藏》、《清藏》、《頻伽藏》、金陵本作「喧」。

〔九〕「寺」，《古今圖書集成》本作「精舍」。

〔一〇〕「因」，《古今圖書集成》本作「自」。「白山」，《晋書》卷一九《禮志》、《宋書》卷一六《禮志》：「地郊則（中略）白山。」《南史》卷五八《韋載傳》：「載有田十餘頃，在江乘縣之白山。」《高僧傳》卷四《晋剡白山于法開傳》：「後移白山靈鷲寺。」《出三藏記集》卷一二《法苑雜緣原始集目録序第七·雜圖像集下卷第九》：「《齊文皇帝造白山丈八石像并禪崗像記》第一。」

〔一一〕「菴」，《古今圖書集成》本及《釋氏六帖》作「庵」。

〔一二〕「樵」，《新集藏經音義隨函録》作「藥」。

〔一三〕「營」上，《資福藏》、《磧砂藏》、《普寧藏》、《洪武南藏》、《永樂南藏》、《永樂北藏》、《徑山藏》、《清藏》、金陵本有「經」。

〔一四〕「元」，《釋氏六帖》作「二」。

〔一五〕「積」，《資福藏》、《磧砂藏》、《普寧藏》、《洪武南藏》、《永樂南藏》、《永樂北藏》、《徑山藏》、《清藏》、金陵本作「蘔」。

〔一六〕「振」，《資福藏》、《磧砂藏》、《普寧藏》、《洪武南藏》、《永樂北藏》、《清藏》、金陵本作「震」。

〔一七〕「也」，《資福藏》、《磧砂藏》、《普寧藏》、《洪武南藏》、《永樂南藏》、《永樂北藏》、《徑山藏》、《清藏》、金陵本無。

附録

《釋氏六帖》卷八《高行諸尼部第十一·曇簡弘宣》：「姓張，清河人，住法音寺，法净尼弟子。游學淮海，弘宣正法，先人後己，志存廣濟。建元四年，立法音精舍，禪思静默，通達三昧，德聲遐布，功化自達。道俗敬仰，盛修供施。時有慧明法師，深愛寂静，本住道林寺，文惠帝、竟陵文宣王之所修飾。僧多義學，去來喧動，明欲去之。簡以寺爲施，自移白山，更立草庵，以蔽風雨。建武二年二月十八日夜，積薪自焚，供養三寶。道俗哀慟，聲振山谷，即聚所餘，爲立墳刹也。」

法音寺净珪尼傳十一

净珪，本姓周，晋陵人也。寓居建康縣三世矣。珪幼而聰頴〔一〕，一聞多悟，性不狎俗，早願出家。父母憐之，不違其志，爲法净尼弟子，住法音寺。德行純邃〔二〕，經律博通，三業禪祕〔三〕，無不善達。神量淵遠，物莫能窺，遺身忘味，常自枯槁。其精進總持〔四〕，爲世法則，傳授訓誘，多能導利，當世歸心。

與曇簡尼同憩法音寺，後移白山，栖託樹下，功化轉弘。以建武元年二月十八日〔五〕，與曇簡同夜燒身。道俗哀赴，莫不哽咽〔六〕，收其舍利，樹封墳刹焉〔七〕。

校注

〔一〕「頴」，《頻伽藏》本作「潁」，形誤。

〔二〕「邃」，《資福藏》、《磧砂藏》、《普寧藏》、《洪武南藏》、《永樂南藏》、《永樂北藏》、《徑山藏》、《清藏》、金陵本作「粹」。

〔三〕「業」，《資福藏》、《磧砂藏》、《普寧藏》、《洪武南藏》、《永樂南藏》、《永樂北藏》、《徑山藏》、《清藏》、金陵本作「乘」。　「祕」，《金藏》、《磧砂藏》、《洪武南藏》本作「秘」。

〔四〕「總」，《金藏》、《磧砂藏》、《洪武南藏》本作「揔」。

〔五〕「十」，底本及《資福藏》、《磧砂藏》、《普寧藏》、《洪武南藏》、《永樂南藏》、《永樂北藏》、《徑山藏》、《清藏》、《頻伽藏》、金陵本無。案傳中作「與曇簡同夜燒身」，又同卷《曇簡尼傳》：「以建武元年二月十八日夜，（中略）引火自焚。」據《金藏》本補。

〔六〕「哽」，《資福藏》、《磧砂藏》、《普寧藏》、《洪武南藏》、《永樂南藏》、《永樂北藏》、《徑山藏》、《清藏》、金陵本作「感」。

〔七〕「封墳」，《金藏》、《磧砂藏》、《洪武南藏》、《永樂北藏》、《清藏》、金陵本作「墳封」。

附　録

《釋氏六帖》卷八《高行諸尼部第十一·浄珪多悟》：「姓周，晉陵人。寓居建康三世。珪幼而聰穎，一聞多悟，性不狎俗，早願出家。父母憐之，不違其願，爲法浄尼弟子。德行純邃，經律博通，三乘禪祕，無不善達。神量淵遠，物莫能窺，遺身忘味，常自枯槁。其精進總持，爲世法則。與曇簡同住法音，後移白山。建武元年二月十八日，同夜與簡焚身。道俗感咽，收舍利建塔焉。」

集善寺慧緒尼傳十二

慧緒〔一〕，本姓閭丘〔二〕，高平人也。爲人高率疏遠，見之如丈夫，不似婦人。發言吐論〔三〕，甚自方直〔四〕，略無所迴避〔五〕。七歲便蔬食持齋，志節勇猛。十八出家，住荆州三層寺，戒業具足，道俗所美〔六〕。時江陵有隱尼〔七〕，西土德望，見緒而異之，遂忘年契意〔八〕，相携行道。嘗同居一夏，共習般舟〔九〕，心形勤苦，晝夜不息。

沈攸之爲刺史〔一〇〕，普沙簡僧尼，緒乃避難下都。及沈破敗〔一一〕，後復還西。齊太尉大司馬豫章王蕭嶷〔一二〕，以宋昇明末出鎮荆陜〔一三〕，知其有道行，迎請入内，備盡四事。時有玄暢禪師〔一四〕，從蜀下荆，緒就受禪法，究極精妙，暢每稱其宿習不淺。緒既善解禪行，兼菜蔬勵節〔一五〕。豫章王妃及内眷屬〔一六〕，敬信甚深，從受禪法。每有嚫施〔一七〕，受已隨散，不嘗儲畜〔一八〕，意志高遠，都不以生業關懷。蕭王要共還都，爲起精舍〔一九〕，在第東田之東，名曰福田寺，常入第行道。

永明九年，自稱忽忽苦病，亦無正惡，唯不復肯食〔二〇〕，顔貌憔顇〔二一〕，苦求還寺，還寺即平愈。旬日中，輒復請入，入轉如前〔二二〕，咸不知所以〔二三〕。俄而王薨〔二四〕，禍故相續。武皇帝以東田郊迥〔二五〕，更起集善寺〔二六〕，悉移諸尼還集善〔二七〕，而以福田寺別安外國道人阿梨〔二八〕，第中還復供養，善讀誦呪〔二九〕。緒自移集善寺以後〔三〇〕，足不復入第者數年。時内外既敬重此尼，每勸其暫至後第內〔三一〕。

竺夫人欲建禪齋，遣信先諮請，尼云：「甚善。貧道年惡，此段實願一入第〔三二〕，與諸夫娘別。」既入齋，齋竟，自索紙筆作詩曰：「世人或不知，呼我作老周〔三三〕。忽請作七日，禪齋不得休。後復有十字道別，今忘之。〔三四〕」作詩竟，言笑接人，了不異常日高傲也。因具叙離云〔三五〕：「此段出寺，方爲永别，年老無復能入第理。」時體中甚康健，出寺月餘便云病〔三六〕，乃無有異於恒〔三七〕，少日而卒也〔三八〕。是永元元年十一月二十日卒〔三九〕，時年六十九〔四〇〕，周捨爲立序贊。

又有德盛尼〔四一〕，德合志同，爲法眷屬，行道習觀〔四二〕，親承音旨也。

校注

〔一〕「緒」下，《資福藏》、《磧砂藏》、《普寧藏》、《洪武南藏》、《永樂南藏》、《永樂北藏》、《徑山藏》、《清藏》、金陵本有「尼」。

〔二〕「姓」下，底本衍「周」字。

〔三〕「吐」，《釋氏六帖》作「壯」。

〔四〕「甚自方直」，《古今圖書集成》本作「方正直情」。

〔五〕「所」，《資福藏》、《磧砂藏》、《普寧藏》、《洪武南藏》、《永樂南藏》、《永樂北藏》、《徑山藏》、《清藏》、金陵本無。

〔六〕「美」，《資福藏》、《磧砂藏》、《普寧藏》、《洪武南藏》、《永樂南藏》、《永樂北藏》、《徑山藏》、《清藏》、金陵本作「嗟」。

〔七〕「有」上，《資福藏》、《磧砂藏》、《普寧藏》、《洪武南藏》、《永樂南藏》、《永樂北藏》、《徑山藏》、《清藏》、金陵本有「復」。

〔八〕「忘年」，《資福藏》、《磧砂藏》、《普寧藏》、《洪武南藏》、《永樂南藏》、《永樂北藏》、《徑山藏》、《清藏》、金陵本作「乃」。

〔九〕「習」，《金藏》本作「集」。　「舟」，《金藏》本作「若」。

〔一〇〕「沈攸之」，《宋書》卷七四、《南史》卷三七有傳。案《宋書》卷九《後廢帝本紀》：「（泰豫元年閏月甲辰）安西將軍、郢州刺史沈攸之爲鎮西將軍、荆州刺史。」

〔一一〕案《全宋文》卷四一《沈攸之》：「昇明二年，人討蕭道成，衆潰，爲封人所斬。」《宋書》、《南史》亦記之。

〔一二〕「豫」，《頻伽藏》本作「像」，形誤。　「蕭嶷」，《南齊書》卷二二、《南史》卷四二有傳。案《南齊書》卷二《高帝本紀》：「（建元元年夏六月甲申）立皇子嶷爲豫章王。」卷三《武帝本紀》：「（建元四年三月）庚午，以司空豫章王嶷爲太尉。（中略）（永明）五年春正月戊子，以太尉豫章王嶷爲大司馬。」

〔一三〕「末」，《金藏》本作「未」，形誤。　「陜」，《新集藏經音義隨函録》作「浹」。案《新集藏經音義隨函録》：「荆浹，下夾反，州名也，正作『峽』也。」《高僧傳》卷八《釋玄暢傳》：「齊驃騎豫章王嶷作鎮荆峽。」又《宋書》卷一〇《順帝本紀》：「（昇明）三年春正月甲辰，以江州刺史蕭嶷爲鎮西將軍、荆州刺史。」

〔一四〕「玄暢禪師」，《高僧傳》卷八有傳。

〔一五〕「勵」，《磧砂藏》、《洪武南藏》、《永樂北藏》、《清藏》、金陵本作「厲」。

〔一六〕「豫章王妃」，即蕭嶷妻庾氏，《南齊書》、《南史》有記。

〔一七〕「䞋」,《資福藏》、《磧砂藏》、《普寧藏》、《洪武南藏》、《永樂南藏》、《永樂北藏》、《徑山藏》、《清藏》、金陵本作「嚫」。

〔一八〕「畜」,《資福藏》、《磧砂藏》、《普寧藏》、《洪武南藏》、《永樂南藏》、《徑山藏》、《清藏》、金陵本及《新集藏經音義隨函録》作「蓄」。案《説文・田部》:「畜,田畜也。」《説文解字注》:「畜,與『蓄』義略同。」《説文通訓定聲・孚部》:「蓄,叚借爲『畜』。」

〔一九〕「精」,《資福藏》、《磧砂藏》、《普寧藏》、《洪武南藏》、《永樂南藏》、《永樂北藏》、《徑山藏》、《清藏》、金陵本作「寺」。

〔二〇〕「唯」,《古今圖書集成》本作「惟」。　「復」,《金藏》本作「伏」。

〔二一〕「顇」,《金藏》本作「偬」,《磧砂藏》、《洪武南藏》、《永樂北藏》、《清藏》、金陵本作「悴」。案《説文・頁部》:「顇,顦顇也。」《説文解字注》:「今人多用『憔悴』字。」《説文通訓定聲・履部》:「悴,與『顇』略同。」

〔二二〕「轉」,《資福藏》、《磧砂藏》、《普寧藏》、《洪武南藏》、《永樂南藏》、《永樂北藏》、《徑山藏》、《清藏》、金陵本作「輒」。

〔二三〕「以」下,《資福藏》、《磧砂藏》、《普寧藏》、《洪武南藏》、《永樂南藏》、《永樂北藏》、《徑山藏》、《清藏》、金陵本有「爾」。

〔二四〕案《南齊書》卷三《武帝本紀》:「(永明十年)夏四月辛丑,大司馬豫章王嶷薨。」

〔二五〕「迴」,《資福藏》、《磧砂藏》、《普寧藏》、《洪武南藏》、《永樂南藏》、《永樂北藏》、《徑山藏》、《清藏》、金陵本作「迫」。　「武皇帝」,即蕭賾,《南齊書》卷三、《南史》卷四有紀。

〔二六〕「集善寺」,《南朝佛寺志》卷下、《南朝寺考》:「集善寺在鍾山之西。齊豫章王薨,世祖敕貨雜物服飾爲造此寺。唐初毁。後復置爲義章院,改法雲寺(非六朝之法雲也)。宋建炎中廢。」《南齊書》卷二二、《南史》卷四二《豫章文獻王傳》:「(嶷)薨後,第庫無見錢,世祖(武帝)敕貨雜物服飾得數百萬,起集善寺,月給第見錢百萬,至上崩乃省。」《至正金陵新志》卷一一下《祠祀志二・寺院》：「法雲寺，舊在城外東北十里。《圖經》云：『本齊集善寺，齊世祖時爲豫章文獻王造。』」

〔二七〕「善」，《金藏》本無。

〔二八〕「梨」，《磧砂藏》、《洪武南藏》、《永樂北藏》、《清藏》、《頻伽藏》、金陵本作「棃」。

〔二九〕「誦」，《金藏》本無。

〔三〇〕「以」，《資福藏》、《磧砂藏》、《普寧藏》、《洪武南藏》、《永樂北藏》、《清藏》、金陵本作「已」。

〔三一〕「暫」，《永樂北藏》、《清藏》、《頻伽藏》、金陵本作「蹔」。案《集韻・闞韻》：「暫，同作『蹔』。」《廣韻・闞韻》：「暫，『蹔』上同。」《列子・楊朱篇》：「其法可蹔行於一國。」《注》：「蹔，同暫。」「第」，《洪武南藏》本作「弟」。

〔三二〕「叚」，金陵本作「段」。下同。案《正字通・殳部》：「段，《正譌》：『俗用叚。』」《康熙字典・殳部》：「段，與『叚』別。（中略）俗通用非是。」

〔三三〕「老」，《金藏》本作「蕭」。

〔三四〕「後復有十字道別，今忘之」，《資福藏》、《磧砂藏》、《普寧藏》、《洪武南藏》、《永樂南藏》、《永樂北藏》、《徑山藏》、《清藏》、金陵本無。

〔三五〕「因」，《資福藏》、《磧砂藏》、《普寧藏》、《洪武南藏》、《永樂南藏》、《永樂北藏》、《徑山藏》、《清藏》、金陵本作「固」。

〔三六〕「餘」下，諸本有「日」。

〔三七〕「乃無」，《資福藏》、《磧砂藏》、《普寧藏》、《洪武南藏》、《永樂南藏》、《永樂北藏》、《徑山藏》、《清藏》、金陵本作「無乃」。

〔三八〕「少」，《資福藏》、《磧砂藏》、《普寧藏》、《洪武南藏》、《永樂南藏》、《永樂北藏》、《徑山藏》、《清藏》、金陵本作

「夕」。「也」，《資福藏》、《磧砂藏》、《普寧藏》、《洪武南藏》、《永樂南藏》、《永樂北藏》、《徑山藏》、《清藏》、金陵本無。又「便云病，乃無有異於恒，少日而卒也」，《古今圖書集成》本作「一夕奄然卒」。

〔三九〕「是」，《古今圖書集成》本作「時」。「卒」，《古今圖書集成》本作「也」。

〔四〇〕「時」，《資福藏》、《磧砂藏》、《普寧藏》、《洪武南藏》、《永樂南藏》、《永樂北藏》、《徑山藏》、《清藏》、金陵本無。

〔四一〕「德盛」，《資福藏》、《磧砂藏》、《普寧藏》、《洪武南藏》、《永樂南藏》、《永樂北藏》、《徑山藏》、《清藏》、金陵本作「僧威」。

〔四二〕「觀」，《資福藏》、《磧砂藏》、《普寧藏》、《洪武南藏》、《永樂南藏》、《永樂北藏》、《徑山藏》、《清藏》本作「覲」。

附　録

《釋氏六帖》卷八《高行諸尼部第十一・慧緒丈夫》：「姓閭丘，高平人。爲人高率疏遠，見之如丈夫，不似婦人。乃發言壯論，甚自方略，元無迴避。七歲便蔬食持齋，志節勇猛。十八出家，住荆州三層寺，戒業具足，道俗所嗟。江陵有隱尼，西土德望，見緒異之，同居一夏，共習般舟，心形勤苦，晝夜不息。沈攸之爲刺史，普揀僧尼，緒避難下都。豫章王蕭嶷，宋昇明出鎮荆、陝，知其道行，迎請入内，備盡四事。後忽索紙筆作詩云：『世人或不知，呼我作老周。忽請作七日，禪齋不得休。』作詩竟，言笑尋常，别告言切。永（明）〔元〕元年十一月二十日卒，年六十九，周捨爲立序贊。又有僧威尼，德合志周，爲法眷屬，行道習近，親承音旨。」

《名僧傳抄》：「惠通，不知所從來，多見在尋陽，當自稱鄭散騎。江陵人邊僧歸商行至壽陽，將還江陵，通欲寄物於其擔上。僧歸不肯受，通强之。僧歸爲受，亦不覺重，行數里别去，爲僧歸曰：『我有妹在荆州三層寺作尼，名惠緒。汝至彼可爲相聞，道我尋往也。』言畢忽然不見。僧歸至荆州，具爲惠緒言之。緒尼禪行道德人也，既無此兄，不解所以。後至壽陽尋之，不知處。通後來荆州，到惠緒房，緒已死矣。訊問委悉，寺中知必通也，由留荆州。」

《高僧傳》卷一〇、《神僧傳》卷四《釋慧通傳》：「江陵邊有僧歸者，游賈壽春。將應反鄉，路值慧通，稱欲寄物。僧歸時自負重擔，固以致辭，遂强置擔上，而了不覺重。行數里，便别去，謂僧歸曰：『我有姊，在江陵作尼，名慧緒，住三層寺，君可爲我相聞，道尋欲往。』言訖忽然不見，顧視擔上所寄物亦失。僧歸既至，尋得慧緒，具説其意。緒既無此弟，亦不知何以而然。乃自往來壽春尋之，竟不相見。通後自往江陵，而慧緒已死。入其房中，訊問委悉，因留江陵少時。」

錢塘齊明寺超明尼傳十三〔一〕

超明，本姓范，錢塘人〔二〕。父先〔三〕，少爲國子生，世奉大法。明幼聰頴，雅有志尚，讀《五經》，善文義，方正有禮，内外敬之。年二十一，夫亡寡居〔四〕，鄉鄰求娉〔五〕，誓而弗許〔六〕，因遂出家，住崇隱寺。神理明徹〔七〕，道識清悟，聞吴縣北張寺有曇整法師，道行精苦，從受具足。後往塗山，聽慧基法師講説衆經〔八〕，便究義旨，一經於耳，退無不記。三吴士庶〔九〕，内外崇敬。尋還錢塘，移憩齊明寺〔一〇〕。年六十餘，建武五年而卒也〔一一〕。

時又有法藏尼〔一二〕，亦以學行馳名也〔一三〕。

校注

〔一〕「塘」，《金藏》、《資福藏》、《磧砂藏》、《普寧藏》、《洪武南藏》、《永樂南藏》、《永樂北藏》、《徑山藏》、《清藏》、金陵本作「唐」。

〔二〕「錢塘」，《金藏》本作「壙」，《資福藏》、《磧砂藏》、《普寧藏》、《洪武南藏》、《永樂南藏》、《永樂北藏》、《徑山藏》、《清藏》、金陵本作「唐」。下同。

〔三〕「先」，《金藏》本作「光」，《資福藏》、《磧砂藏》、《普寧藏》、《洪武南藏》、《永樂南藏》、《永樂北藏》、《徑山藏》、《清藏》、金陵本作「考」，《釋氏六帖》作「老」。

〔四〕「亡」，《資福藏》、《磧砂藏》、《普寧藏》、《洪武南藏》、《永樂南藏》、《永樂北藏》、《徑山藏》、《清藏》、金陵本作「死」。

〔五〕「娉」，底本及《頻伽藏》本作「嫂」，形誤。據《金藏》、《資福藏》、《磧砂藏》、《普寧藏》、《洪武南藏》、《永樂南藏》、《永樂北藏》、《徑山藏》、《清藏》、金陵本改。又《釋氏六帖》作「聘」。

〔六〕「弗」，《資福藏》、《磧砂藏》、《普寧藏》、《洪武南藏》、《永樂北藏》、《清藏》、金陵本作「不」。

〔七〕「徹」，《資福藏》、《磧砂藏》、《普寧藏》、《洪武南藏》、《永樂北藏》、《清藏》、金陵本作「澈」。

〔八〕「慧基法師」，《高僧傳》卷八《釋慧基傳》：「釋慧基，姓偶，吴國錢塘人。（中略）於是遍歷三吴，講宣經教，學徒至者千有餘人。」

〔九〕「士」，《釋氏六帖》作「仕」。

〔一〇〕「齊明寺」，《比丘尼傳》卷三《僧猛尼傳》：「齊建元四年，母病，乃捨東宅爲寺，名曰齊明。」

〔一一〕「而」，《古今圖書集成》本無。「也」，《資福藏》、《磧砂藏》、《普寧藏》、《洪武南藏》、《永樂南藏》、《永樂北藏》、《徑山藏》、《清藏》、金陵本無。

〔一二〕「法藏尼」，《西舫彙征》卷上《高尼净因》：「法藏居金陵，勤志念佛，夜間見佛、菩薩來慰問，光明照寺，奄然遷化。」《往生集》卷中《尼僧往生類》之《尼法藏》：「宋尼法藏，居金陵。勤志念佛，夜見佛菩薩來，光明照寺，奄然而化。」

〔一三〕「也」，《資福藏》、《磧砂藏》、《普寧藏》、《洪武南藏》、《永樂南藏》、《永樂北藏》、《徑山藏》、《清藏》、金陵本作「矣」，《古今圖書集成》本作「焉」。

附録

《釋氏六帖》卷八《高行諸尼部第十一·超明清悟》：「姓范，錢唐人。父老，少爲國子生，世奉大法。明幼聰穎，雅有志尚，讀《五經》，善文義，方正有禮，内外敬之。年二十一，夫死寡居，鄉鄰求聘，誓而不許，因遂出家，住崇隱寺。神理明徹，道識清悟，聞吴縣北張寺有曇整法師，道行精苦，從受具足。後住塗山，聽慧基法師講説衆經，便究義旨，一經於耳，退無不記。三吴仕庶，内外崇敬。尋還錢唐，移憩齊明寺，年六十餘，建武五年卒。時又有法藏尼，亦以學行馳名。」

法音寺曇勇尼傳十四〔一〕

曇勇者〔二〕，曇簡尼之姊也。爲性剛直，不隨物以傾動〔三〕，常以禪律爲務，不以衣食經懷。憩法音精舍，深悟無常，高崇我樂。以建武元年，隨簡同移白山〔四〕。永元三年二月十五日夜，積薪自燒，以身供養。當時聞見，咸發道心，共聚遺燼，以立墳刹云〔五〕。

校注

〔一〕「寺」，《資福藏》、《磧砂藏》、《普寧藏》、《洪武南藏》、《永樂南藏》、《永樂北藏》、《徑山藏》、《清藏》、金陵本作「精舍」。「四」上，原有「第」，案爲前後統一，故删。

〔二〕「曇勇」下，《資福藏》、《磧砂藏》、《普寧藏》、《洪武南藏》、《永樂南藏》、《永樂北藏》、《徑山藏》、《清藏》、金陵本有「尼」字。

〔三〕「以」，《金藏》、《資福藏》、《磧砂藏》、《普寧藏》、《洪武南藏》、《永樂南藏》、《永樂北藏》、《徑山藏》、《清藏》、金陵本無。

〔四〕「同」，《資福藏》、《磧砂藏》、《普寧藏》、《洪武南藏》、《永樂南藏》、《永樂北藏》、《徑山藏》、《清藏》、金陵本作「因」。

〔五〕「云」，《古今圖書集成》本作「焉」。

附録

《釋氏六帖》卷八《高行諸尼部第十一・曇勇剛直》：「曇簡尼之姊。爲性剛直，不隨物傾動，常以禪律爲務，不以衣食經懷。憩法音寺，深悟無常，高崇我樂。建武元年，隨簡居白山。永元三年二月十五日夜，自焚身。衆共六塔，人發道心，聞見同敬。」

剡齊興寺德樂尼傳十五

德樂，本姓孫，毗陵人也。高祖毓〔一〕，晋豫州刺史。樂生，而口有二牙。及長，常於闇室，不假燈燭，了了能見。願樂離俗〔二〕，父母愛惜，而不敢遮〔三〕。至年八歲，許其姊妹同時入道，爲晋陵光尼弟子。具足以後〔四〕，并游學京師，住南永安寺。篤志精勤，以晝繼夜，窮研經律，言談典雅。宋文帝善之。

元嘉七年，外國沙門求那跋摩。宋大將軍立王國寺〔五〕，在枳園寺路北也〔六〕。請移住焉。到十一年，有師子國比丘尼十餘人至，重從僧伽跋摩受具足戒〔七〕。至二十一年，同寺尼法静、曇覽染孔熙先謀〔八〕，人身窮法，毁壞寺舍。諸尼離散，德樂移憩東青園寺〔九〕。樂諮請深禪〔一〇〕，窮究妙境。及文帝崩，東游會稽，止于剡之白山照明精舍，學衆雲集，從容教授，道盛東南矣。齊永明五年，陳留阮儉，篤信士也，捨所居宅，立齊興精舍〔一一〕。樂綱紀，大小悦服〔一二〕，遠近欽風，皆願依止，徒衆二百餘人。不聚嚫施〔一三〕，歲建大講〔一四〕，僧尼不限，平等資供。年八十一，永元三年卒〔一五〕。

剡又有僧茂尼〔一六〕，本姓王，彭城人也。節食單蔬〔一七〕，勤苦爲業，用其嚫遺起竹園精舍焉〔一八〕。

校注

〔一〕「毓」，即孫毓，《全晋文》卷六七：「毓字仲，泰山人。魏時嗣父觀爵吕都亭侯，仕至青州刺史。一云字休明，北海平昌人。入晋爲太常博士，歷長沙汝南太守。」《三國志》卷一八《臧霸傳》：「孫觀，（中略）子毓嗣，亦至青州刺史。」案不見記載爲豫州刺史。又《隋書》卷三二《經籍志》：「《毛詩異同評》十卷，晋長沙太守孫毓撰。」卷三四《經籍志》：「《孫氏成敗志》三卷，孫毓撰。」卷三五《經籍志》：「晋汝南太守《孫毓集》六卷。」

〔二〕「願樂」，《古今圖書集成》本作「志願」。

〔三〕「遮」，《金藏》本作「違」。

〔四〕「足」，《資福藏》、《磧砂藏》、《普寧藏》、《洪武南藏》、《永樂南藏》、《永樂北藏》、《徑山藏》、《清藏》、金陵本作

「戒」。 「以」，《資福藏》、《磧砂藏》、《普寧藏》、《洪武南藏》、《永樂北藏》、《清藏》、金陵本作「已」。

〔五〕「王國寺」，原作「王園寺」。案《宋書》卷六九、《南史》卷三三《孔熙先傳》：「又有王國寺法静尼。」《南朝佛寺志》卷上、《南朝寺考》：「王國寺，蓋比邱尼所居也。」據《資福藏》、《磧砂藏》、《普寧藏》、《洪武南藏》、《永樂南藏》、《永樂北藏》、《徑山藏》、《清藏》、金陵本改。

〔六〕「在枳園寺路北也」，《資福藏》、《普寧藏》、《永樂南藏》、《永樂北藏》、《徑山藏》、《清藏》、金陵本作「在枳國寺北路」，《磧砂藏》、《洪武南藏》本作「在枳國寺比路」。又此雙行夾注，《金藏》本作單行正文。 「枳園寺」，案《高僧傳》卷三《釋智嚴傳》：「恢懷道素篤，禮事甚殷，還都，即住始興寺。嚴性愛虚靖，志避諠塵，恢乃爲於東郊之際更起精舍，即枳園寺也。」又《南朝佛寺志》卷上、《南朝寺考》：「枳園寺，晋車騎將軍琅邪王邵所造，在其祖文獻公導廟之北，都城之東郊也（當今明故宫之東南）。房殿既集，樹枳爲籬，故曰枳園。隆安中，始興公王恢從劉裕西伐長安，遇釋智嚴，啓請還都，初住始興寺（案《高僧傳》所謂『住始興寺』，蓋即文獻公廟也。文獻爲始興公，謂廟爲寺，六朝往往有之）。後以嚴厭喧囂，乃更居是寺。」二書所記建寺者不同。然據《廣弘明集》卷一六《佛德篇第三》梁沈約《南齊僕射王奂枳園寺刹下石記》：「晋故車騎將軍琅耶王劭，玄悟獨曉，信解淵微。於承祖文獻公清廟之北，造枳園精舍。其始則芳枳樹籬，故名因事立。」應從後説。

〔七〕「重」上，《古今圖書集成》本有「樂」。

〔八〕「静」，底本及諸本均作「净」。案《宋書》卷六九、卷七一、《南史》卷三三、《資治通鑑》卷一二四《宋紀》六、《通鑑紀事本末》卷一九皆作「法静」，且記其謀逆之事，因據改。 「孔熙先」，《宋書》卷六九、《南史》卷三三有傳。案《南朝佛寺志》卷上、《南朝寺考》「王國寺」條：「宋元嘉二十二年，孔熙先等謀逆，有王國寺尼法静，出入彭城王義康家，則交結豪貴而不守戒律云。」

〔九〕「樂」下，《資福藏》、《磧砂藏》、《普寧藏》、《洪武南藏》、《永樂北藏》、《徑山藏》、《清藏》、金陵本有「智」。　「寺」，原無。從文意，據《資福藏》、《磧砂藏》、《普寧藏》、《洪武南藏》、《永樂南藏》、《永樂北藏》、《徑山藏》、《清藏》、金陵本補。

〔一〇〕「樂」，《永樂北藏》本及《古今圖書集成》本無。又「樂」上，《資福藏》、《磧砂藏》、《普寧藏》、《永樂南藏》、《永樂北藏》本有「及文帝崩至」。案後文有「及文帝崩」句，此當爲衍文。

〔一一〕「齊」，《金藏》本作「齋」，形誤。　「興」，《資福藏》、《磧砂藏》、《普寧藏》、《洪武南藏》、《永樂南藏》、《永樂北藏》、《徑山藏》、《清藏》、金陵本作「明」。

〔一二〕「悦」，《金藏》本作「脱」。

〔一三〕「贜」，《資福藏》、《磧砂藏》、《普寧藏》、《洪武南藏》、《永樂南藏》、《永樂北藏》、《徑山藏》、《清藏》、金陵本作「嚫」。

〔一四〕「大」，《資福藏》、《磧砂藏》、《普寧藏》、《洪武南藏》、《永樂南藏》、《永樂北藏》、《徑山藏》、《清藏》、金陵本作「一」。

〔一五〕「元」，《資福藏》、《磧砂藏》、《普寧藏》、《洪武南藏》、《永樂南藏》、《永樂北藏》、《徑山藏》、《清藏》、金陵本作「明」。　案傳中記述推算，德樂尼應出生於公元四二〇年，八歲入道應爲公元四二八年，元嘉十一年（公元四三四年）其重受具足戒，年齡也纔只有十四歲。如此小的年齡，如何能够兩次受具足戒？恐其中記述有誤。

〔一六〕「又」，原無。從文意，據《資福藏》、《磧砂藏》、《普寧藏》、《洪武南藏》、《永樂南藏》、《永樂北藏》、《徑山藏》、《清藏》、金陵本補。

〔一七〕「蔬」，《古今圖書集成》本作「疏」。

〔一八〕「贜」，《資福藏》、《普寧藏》、《永樂南藏》、《永樂北藏》、《徑山藏》、《清藏》、金陵本作「親」，《磧砂藏》、《洪武南藏》

本作「嚫」。 「起」，底本及《頻伽藏》本作「紀」，形誤。據《金藏》、《資福藏》、《磧砂藏》、《普寧藏》、《洪武南藏》、《永樂南藏》、《永樂北藏》、《徑山藏》、《清藏》、金陵本改。

附録

《釋氏六帖》卷八《高行諸尼部第十一・德樂闍視》：「姓孫，毗陵人。高祖毓，晉豫州刺史。樂生，口有二牙，於闇室能視，常願出家。八歲與妹同時入道，爲晉陵光尼弟子。具戒已後，并游學京師，住南安寺。篤志精勤，以晝繼夜，窮研經論，言談典雅。文帝善之。元嘉七年，求那跋摩來，宋將軍爲枳園北立王園寺。至十一年，師子國十人尼來重受戒等。二十一年，同寺尼法淨值毁寺，諸尼離散，樂移青園寺。又文帝崩，東游會稽，止于剡白山照明寺，學衆雲奔，從容教授，道盛東南矣。齊永明五年，陳留阮儉捨宅爲寺，名齊明。樂綱紀，遠近欽風，皆願依止，徒衆二百。歲建一講，僧尼不限，平等資供。年八十一，永明元年卒。又有僧茂尼，姓王，彭城人。節食草蔬，勤苦爲業，用其嚫遺起竹園寺也。」

比丘尼傳卷第四

梁

禪林寺净秀尼傳一〔一〕

净秀，本姓梁，安定烏氏人也。祖疇，征虜司馬。父粲之〔二〕，龍川縣都鄉侯。净秀幼而聰叡〔三〕，好行慈仁。七歲自然持齋，家中請僧轉《涅槃經》，聞斷魚肉，即便蔬食，不敢令二親知。若得鮭鱔〔四〕，密自棄之〔五〕。從外國沙門普練諮受五戒，精勤奉持，不曾違犯，禮拜讀誦，晝夜不休。年十二，便求出家，父母禁之。及手能書，常自寫經；所有資財〔六〕，唯充功德。不營俗好，不衣錦繡，不著粉黛。如此推遷，至十九〔七〕，方得聽許，爲青園寺首尼弟子〔八〕。事師竭誠，猶懼弗及；三業勤修，夙夜匪懈；僧使衆役，每居其首；跋涉勤劬，觸事關涉；善神敬護，常在左右。時有馬先生，世呼神人也，見秀，記言：「此尼當生兜率。」

嘗三人同於佛殿内坐，忽聞空中聲，狀如牛吼。二人驚怖，唯秀淡然〔九〕。還房取燭，始登階[一〇]，復聞空中語曰：「諸尼避路，秀禪師歸。」他日，又與數人於禪房中坐，一尼鼾眠[一一]，睡中見有一人頭柱殿[一二]，語曰[一三]：「勿驚秀尼[一四]。」後時與諸尼同坐，一尼暫起，還[一五]，見一人抵掌止之曰：「莫撓秀尼[一六]。」

秀尼進止俯仰，必遵律範。欲請曜法師講《十誦律》[一七]，但有錢一千，憂事不辦。夜夢見鵄鵲鸜鴿子[一八]，各乘軒車，大小稱形，同聲唱言：「我當助秀尼講。」及至經營，有七十檀越争設妙供。後又請法頴律師重講《十誦》，開題之日，澡罐中水自然香馥[一九]。其日就坐[二〇]，更無餘伴。起懼犯獨，以諮律師，律師答言[二一]：「不犯。」秀觀諸尼未盡如法，乃嘆曰：「洪徽未遠，靈緒稍隤[二二]，自非正己，焉能導物。」即行摩那埵[二三]，以自悔首[二四]。合衆見之，悉共相率，退思補過，慚愧懺謝。

宋元嘉七年，外國沙門求那跋摩至都[二五]，律範清高，秀更從受戒。而青園徒衆，悟解不同，思立别住，外嚴法禁，内安禪默，庶徽稱己心。宋南昌公主及黄修儀，以大明七年八月共施宜知地以立精舍。秀麻衣藿食，躬執泥瓦，夙夜盡勤，製龕造像，無所不備。同住十餘人，皆以禪定爲業。泰始三年，明帝敕以寺從其所集[二六]，宜名禪林[二七]。秀手寫衆經，别立經臺，置在于堂内[二八]。

娑伽羅龍王二兄弟現迹彌日[二九]，示其擁護，知識往來，無不見者。每奉請聖僧[三〇]，果食之上，必有異迹。又嘗七日供養、禮懺訖〔三一〕，攝心澍想〔三二〕，即見二胡僧舉手共語〔三三〕，一稱彌呿羅〔三四〕，一稱毗佉羅〔三五〕。所著袈裟，色如熟桑椹〔三六〕。秀即以泥染衣色，令如所見。他日，又請阿耨達池五百羅漢，復請罽賓國五百羅漢，又請京邑大德，二旬大會〔三七〕。第二日又見一胡僧，合衆疑之，因即借問，云：「從罽賓來，至已一年。」使守門者密加覘視〔三八〕，多人共見從宋林門出，始行十餘步，奄忽不見。又曾浴聖僧，内外寂静，唯有桸杓之聲〔三九〕。其諸瑞異，皆類此也。

齊文惠帝、竟陵文宣王厚相禮待，供施無廢。年耆力弱，不復能行〔四〇〕。梁天監三年，敕見聽乘輿至内殿〔四一〕。五年六月十七日，苦心悶〔四二〕，不復飲食。彭城寺慧令法師〔四三〕，六月十九日夢見一柱殿，嚴麗非常，謂是兜率天宫，見净秀在其中。令即囑之〔四四〕：「得生好處〔四五〕，勿忘將接。」秀曰：「法師兄是大丈夫〔四六〕，弘通經教，自應居勝地。」令聞秀病，往看之，述夢中事。至七月十三日小間〔四七〕，自夢見幡蓋樂器〔四八〕，在佛殿西。二十二日〔四九〕，請相識僧會别。二十七日，告諸弟子〔五〇〕：「我升兜率天〔五一〕。」言絶而卒，年八十九〔五二〕。

校注

〔一〕「净秀尼」，《資福藏》、《磧砂藏》、《普寧藏》、《洪武南藏》、《永樂北藏》、《清藏》本作「尼净秀」。

〔二〕「父」，《磧砂藏》、《普寧藏》、《永樂北藏》、《徑山藏》、《頻伽藏》本作「文」，形誤。「粲」，《金藏》本作「桼」，《資福藏》本作「餐」,《釋氏六帖》作「概」。

〔三〕「叡」,《徑山藏》、《頻伽藏》本作「俊」。

〔四〕「鱔」,《金藏》、《資福藏》、《磧砂藏》、《普寧藏》、《洪武南藏》、《永樂南藏》、《永樂北藏》、《徑山藏》、《清藏》、金陵本作「饍」。案《磧砂藏》、《洪武南藏》本卷四末音釋:「鮭饍,上户街反,魚名也; 下時扇反,食也。」

〔五〕「之」,《資福藏》、《磧砂藏》、《普寧藏》、《洪武南藏》、《永樂南藏》、《永樂北藏》、《徑山藏》、《清藏》、金陵本作「去」。

〔六〕「資財」,《資福藏》、《磧砂藏》、《普寧藏》、《洪武南藏》、《永樂南藏》、《永樂北藏》、《徑山藏》、《清藏》、金陵本作「財物」。

〔七〕「十」上,《金藏》、《資福藏》、《磧砂藏》、《普寧藏》、《洪武南藏》、《永樂南藏》、《永樂北藏》、《徑山藏》、《清藏》、金陵本有「二」。

〔八〕「首尼」,即業首尼,《比丘尼傳》卷二有傳。

〔九〕「淡」,《資福藏》、《磧砂藏》、《普寧藏》、《洪武南藏》、《永樂南藏》、《永樂北藏》、《徑山藏》、《清藏》、金陵本作「惔」。

〔一〇〕「始」上,《資福藏》、《磧砂藏》、《普寧藏》、《洪武南藏》、《永樂南藏》、《永樂北藏》、《徑山藏》、《清藏》、金陵本有「還」。

〔一一〕「鼾」,《金藏》本作「卧」。 「眠」,《切經音義》作「睡」。

〔一二〕「有」,《金藏》本無。 「柱殿」,《資福藏》、《磧砂藏》、《普寧藏》、《洪武南藏》、《永樂南藏》、《永樂北藏》、《徑山藏》、《清藏》、金陵本作「拄屋」,《頻伽藏》本作「拄殿」。

〔一三〕「語」下,《資福藏》、《磧砂藏》、《普寧藏》、《洪武南藏》、《永樂南藏》、《永樂北藏》、《徑山藏》、《清藏》、金陵本有

「之」。「曰」,《金藏》本無。

〔一四〕「勿」,《金藏》本作「物」,形誤。

〔一五〕「還」下,《資福藏》、《磧砂藏》、《普寧藏》、《洪武南藏》、《永樂南藏》、《永樂北藏》、《徑山藏》、《清藏》、金陵本有「房」。

〔一六〕「秀尼」,原無。案文中前有「勿驚秀尼」語,從文義,據《資福藏》、《磧砂藏》、《普寧藏》、《洪武南藏》、《永樂南藏》、《永樂北藏》、《徑山藏》、《清藏》、金陵本補。

〔一七〕「曜」,《資福藏》、《磧砂藏》、《普寧藏》、《洪武南藏》、《永樂南藏》、《永樂北藏》、《徑山藏》、《清藏》、金陵本作「暉」。「曜法師」,即慧曜,《高僧傳》卷一一《釋道儼傳》:「時栖玄寺又有釋慧曜者,亦善《十誦》。」

〔一八〕「子」上,《資福藏》、《磧砂藏》、《普寧藏》、《洪武南藏》、《永樂南藏》、《永樂北藏》、《徑山藏》、《清藏》、金陵本有「雀」。

〔一九〕「罐」,《金藏》本作「灌」,《磧砂藏》、《洪武南藏》、《永樂北藏》、《清藏》、金陵本作「鑵」。

〔二〇〕「坐」,《資福藏》、《磧砂藏》、《普寧藏》、《洪武南藏》、《永樂北藏》、《清藏》、金陵本作「座」。

〔二一〕「言」,《資福藏》、《磧砂藏》、《普寧藏》、《永樂北藏》、金陵本作「曰」。

〔二二〕「隤」,《新集藏經音義隨函録》作「潰」。

〔二三〕「埵」下,《資福藏》、《磧砂藏》、《普寧藏》、《洪武南藏》本有雙行小字夾注「多果反」。「摩那埵」,爲梵語 mānatta 之音譯,意譯爲悦衆意。指比丘犯僧殘罪時,當發露懺悔,并爲大衆勞作服務。如此自己除罪歡喜,亦令大衆悦意,故得名。

〔二四〕「首」,《資福藏》、《磧砂藏》、《普寧藏》、《洪武南藏》、《永樂南藏》、《永樂北藏》、《徑山藏》、《清藏》、金陵本作「守」。

〔二五〕案《高僧傳》卷三《求那跋摩傳》：「以元嘉八年正月達于建鄴。」《出三藏記集》卷一四《求那跋摩傳》：「以元嘉八年正月至都。」

〔二六〕「從其」，《資福藏》、《磧砂藏》、《普寧藏》、《洪武南藏》、《永樂南藏》、《永樂北藏》、《徑山藏》、《清藏》、金陵本作「基」。

〔二七〕「林」下，《資福藏》、《磧砂藏》、《普寧藏》、《洪武南藏》、《永樂南藏》、《永樂北藏》、《徑山藏》、《清藏》、金陵本有「寺」。　案《建康實録》卷一七《梁高祖武皇帝》：「此惠日寺是宋之禪林寺，王修儀爲尼净秀立精舍，新蔡公主爲佛殿。泰始三年，明帝助修，號曰禪林。齊惠文起房。」此又一説也。

〔二八〕「置在于堂」，《資福藏》、《磧砂藏》、《普寧藏》、《洪武南藏》、《永樂南藏》、《永樂北藏》、《徑山藏》、《清藏》、金陵本作「在乎寺」。

〔二九〕「二兄弟」，《資福藏》、《磧砂藏》、《普寧藏》、《洪武南藏》、《永樂南藏》、《永樂北藏》、《徑山藏》、《清藏》、金陵本作「兄弟二人」。

〔三〇〕「請」，《資福藏》、《磧砂藏》、《普寧藏》、《洪武南藏》、《永樂南藏》、《永樂北藏》、《徑山藏》、《清藏》、金陵本作「諸」。

〔三一〕「訖」，《資福藏》、《磧砂藏》、《普寧藏》、《洪武南藏》、《永樂南藏》、《永樂北藏》、《徑山藏》、《清藏》、金陵本作「胡跪」。

〔三二〕「澍」，《資福藏》、《磧砂藏》、《普寧藏》、《洪武南藏》、《永樂北藏》、《清藏》、金陵本作「注」。

〔三三〕「胡」，《資福藏》、《磧砂藏》、《普寧藏》、《洪武南藏》、《永樂北藏》、《清藏》、金陵本作「梵」。下同。

〔三四〕「呿」，《資福藏》、《磧砂藏》、《普寧藏》、《洪武南藏》、《永樂北藏》、《清藏》、金陵本及《新集藏經音義隨函録》作「佉」。

〔三五〕「佉」，《資福藏》、《磧砂藏》、《普寧藏》、《洪武南藏》、《永樂北藏》、《清藏》、金陵本作「呿」。「一稱彌呿羅，一稱毗」八字，《金藏》本作雙行小字。

〔三六〕「椹」，《資福藏》、《磧砂藏》、《普寧藏》、《洪武南藏》、《永樂北藏》、《清藏》、金陵本及《新集藏經音義隨函録》作「葚」。

〔三七〕「旬」，《資福藏》、《磧砂藏》、《普寧藏》、《洪武南藏》、《永樂南藏》、《永樂北藏》、《徑山藏》、《清藏》、金陵本作「日」。

〔三八〕「者」，《資福藏》、《磧砂藏》、《普寧藏》、《洪武南藏》、《永樂南藏》、《永樂北藏》、《徑山藏》、《清藏》、金陵本作「人」。「覞」，《新集藏經音義隨函録》作「貼」。

〔三九〕「桸」，底本及《頻伽藏》本、《新集藏經音義隨函録》作「犧」，《資福藏》、《磧砂藏》、《普寧藏》、《洪武南藏》、《永樂北藏》、《清藏》、金陵本作「檥」。案《新集藏經音義隨函録》：「犧杓，上許宜反，杓也，正作『桸』也；下市若反。」《磧砂藏》、《洪武南藏》本卷四末音釋：「檥杓，上興宜反，下市約反。南人曰『檥』，北人曰『杓』。」《永樂北藏》、《清藏》本卷四末音釋：「檥杓，『檥』許羈切，與『桸』同；『杓』市若切。檥杓，挹酌器也。」金陵本卷四末音釋：「檥杓，『檥』虚宜切，與『桸』同；『杓』市若切。檥杓，挹酌器也。」據《金藏》本改。《集韻・支韻》：「桸，勺也。」

〔四〇〕「不復」，《資福藏》、《磧砂藏》、《普寧藏》、《洪武南藏》、《永樂南藏》、《永樂北藏》、《徑山藏》、《清藏》、金陵本作「復不」。

〔四一〕「輿」，《金藏》本作「舉」。

〔四二〕「悶」下，《資福藏》、《磧砂藏》、《普寧藏》、《洪武南藏》、《永樂南藏》、《永樂北藏》、《徑山藏》、《清藏》、金陵本有「亂」。

〔四三〕「慧令」，《資福藏》、《磧砂藏》、《普寧藏》、《洪武南藏》、《永樂南藏》、《永樂北藏》、《徑山藏》、《清藏》、金陵本作「惠全」。案《昭明太子集》卷六《令旨解二諦義并問答》：「靈根寺慧令諮曰：『爲於真諦中見有，爲於俗諦中見有？』」不知爲一人否？

〔四四〕「令」，《資福藏》、《磧砂藏》、《普寧藏》、《洪武南藏》、《永樂南藏》、《永樂北藏》、《徑山藏》、《清藏》、金陵本作「全」。下同。

〔四五〕「好」，《資福藏》、《磧砂藏》、《普寧藏》、《洪武南藏》、《永樂南藏》、《永樂北藏》、《徑山藏》、《清藏》、金陵本作「妙」。

〔四六〕「兄」，《資福藏》、《磧砂藏》、《普寧藏》、《洪武南藏》、《永樂南藏》、《永樂北藏》、《徑山藏》、《清藏》、金陵本無。

〔四七〕「三」，《廣弘明集》作「二」。「小」，《資福藏》、《磧砂藏》、《普寧藏》、《洪武南藏》、《永樂南藏》、《永樂北藏》、《徑山藏》、《清藏》、金陵本作「少」。

〔四八〕「幡」，金陵本作「旛」。

〔四九〕「二十二」，《清藏》、金陵本作「二十三」。

〔五〇〕「子」下，《資福藏》、《磧砂藏》、《普寧藏》、《洪武南藏》、《永樂南藏》、《永樂北藏》、《徑山藏》、《清藏》、金陵本有「曰」。

〔五一〕「天」下，《資福藏》、《磧砂藏》、《普寧藏》、《洪武南藏》、《永樂南藏》、《永樂北藏》、《徑山藏》、《清藏》、金陵本有「宮」。

〔五二〕案《古今圖書集成》本云：「按《比丘尼傳》：净秀於天監五年七月二十七日告諸弟子曰：『我升兜率天宮。』言絶而卒，年八十九。」

附録

《釋氏六帖》卷八《高行諸尼部第十一・净秀持齋》：「姓梁，安定烏氏人也。祖疇，征虜司馬。父（概）〔粲〕之，龍川縣都鄉侯。秀幼而聰叡，七歲自然持齋。家請僧轉《涅槃經》，聞斷肉，便即蔬食，二親不知。（後）〔從〕外國普練沙門受五戒，精苦奉持，不曾違犯，禮拜讀誦，晝夜不休。年十二，便求出家，父母不許。手自能書，常自寫經；所有財物，充修功德。不衣錦繡，不加粉黛。至二十九，方得出家，爲青園寺首尼弟子。事師竭誠，猶懼弗及；神悟清拔，衆務居先；善神敬護，常在左右。有馬先生，世號神人，見秀記言：『此尼當生知足天。』或三人上殿，忽有大聲，二人驚走，秀獨淡然。衆聞空言等，請暉法師、穎律師講《十誦律》，從跋摩受戒。宋南昌公主及黄修儀，大明七年施寺立像。秀麻衣藿食，感娑伽羅龍王兄弟，現迹彌日，示其擁護，知識往來，無不見者。每供聖僧，常在左右，有其異迹。或見聖僧衣如熟椹，即自以泥染衣似之。或齋或浴，皆有聖現。齊文惠帝、竟陵文宣王厚相禮待。梁天監三年，勑聽乘輿至内殿。八十九卒，兜率相現，爲弟子曰：『我定生彼。』」

《廣弘明集》卷二三《僧行篇第五》沈約《南齊禪林寺尼净秀行狀》：「比丘尼釋净秀，本姓梁氏，安定烏氏人也。其先出自少昊，至伯益，佐禹治水，賜姓嬴氏。周孝王時，封其十六世孫非子於秦。其曾孫秦仲爲宣王侯伯。平王東遷，封秦仲少子於梁，是爲梁伯。漢景帝世，梁林爲太原太守，徙居北地烏氏，遂爲郡人焉。自時厥後，昌阜于世，名德交暉，蟬冕疊映。漢元嘉元年，梁景爲尚書令，少習《韓詩》，爲世通儒。魏時，梁爽爲司徒左長史、祕書監，博極群書，善談玄理。晋太始中，梁闡爲涼雍二州刺史，即尼之迺祖也。闡孫撝，晋范陽王虓驃騎參軍事、魚陽太守。遭永嘉蕩析，淪於僞趙，爲祕書監、征南長史。後得還晋，爲散騎侍郎。子疇，字道度，征虜司馬。子粲之，仕宋征虜府參軍事，封龍川縣都亭侯。尼即都亭侯之第四女也。

「挺慧悟於曠劫，體妙解於當年。而性調和綽，不與凡孩孺同；數齡便神情峻徹，非常童稚之伍。行仁尚道，洗志法門。至年十歲，慈念彌篤，絶粉黛之容，棄錦綺之翫，誦經行道，長齋蔬食。年十二，便求出家。家人苦相禁抑，皆莫之許。於是心祈冥感，專精一念，乃屢獲昭祥，亟降瑞相。第四叔超，獨爲先覺，開譬内外，故雅操獲遂。上天性聰叡，幼而超群，年至七歲，自然持齋。家中請僧行道，聞讀《大涅槃經》不聽食肉，於是即長蔬不噉。二親覺知，若得魚肉，輒便棄去。昔有外國普練道人，出於京師，往來梁舍，便就五戒，勤翹奉持，未嘗違犯。日夜恒以禮拜讀誦爲業，更無餘務。及手能書，常自寫經；所有財物，唯充功德之用。不營俗好，少欲入道。父母爲障，遂推流歲月。至年二十九，方獲所志，落綵青園，服膺寺主。上事師虔孝，先意承旨，盡身竭力，猶懼弗及。躬修三業，夙夜匪懈；僧使衆役，每居其首；精進劬勤，觸事關涉。

「有開井士馬先生者，於青園見上，即便記云：『此尼當生兜率天也。』又親於佛殿内坐禪，同集三人忽聞空中有聲，狀如牛吼。二尼驚怖，迷悶戰慄；上淡然自若，徐起下床，歸房執燭，檢聲所在。旋至拘欄，二尼便聞殿上有人相語云：『各自避路，某甲師還。』後又於禪房中坐，伴類數人。一尼鼾眠，此尼於睡中見有一人，頭屆于屋，語云：『勿驚某甲師也。』此尼於是不敢復坐。又以一時坐禪，同伴一尼有小緣事暫欲下床，見有一人抵掌止之曰：『莫撓某甲師。』於是閉氣徐出，嘆未曾有。如此之事，比類甚繁，既不即記，悉多漏忘，不得具載。

「性受戒律，進止俯仰必欲遵承。於是現請輝律師講，内自思惟，但有直一千，心中憂慮事不辦。夜即夢見鴉鵲鸜鴿雀子各乘車，車并安軒，車之大小還稱可鳥形，同聲唱言：『我助某甲尼講去。』既寤歡喜，知事當成。及至就講，乃得七十檀越設供，果食皆精。後又請潁律師開律，即發講日，清净罌水自然香如水園香氣，深以爲欣。既而坐禪得定，至於中夜方起，更無餘伴，便自念言：『將不犯觸？』即諮律師，律師答云：『無所犯也。』意中猶豫恐有失，且見諸寺尼僧多不如法，乃喟然嘆曰：『嗚呼！鴻徽未遠，靈緒稍隤，自非引咎責躬，豈能導物？』即自懺悔，行摩那埵。於是京師二部，莫不咨嗟云：『如斯之人，律行明白，規矩應法，尚爾思愆，何况我等動静多過，而不慚愧者哉！』遂相率普懺，無有孑遺。又於南園就潁律師受戒，即受戒日，净罌水香還復如前。青園諸尼及以餘寺，無不更受戒者。律師於是亦次第詣寺，敷弘戒品，闡揚大教，故憲軌遐流，迄届于今。潁律師又令上約語諸寺尼：『有高床俗服者，一切改易。』上奉旨制勒，無不祇承。律藏之興，自兹更始。後又就三藏法師受戒，清净水香復如前，不異青園。

「徒衆既廣，所見不同，師已遷背，更無覲侍。於是思别立住處，可得外嚴聖則，内窮宴默者。以宋大明七年八月，故黄修儀及南昌公主深崇三寶，敬仰德行，初置精舍。上麻衣弗温，藿食忘飢，躬執泥瓦，盡勤夙夜。以宋泰始三年，明帝賜號曰禪林，蓋性好閑静，冥感有徵矣。而制龕造像，無不必備。又寫集衆經，皆令具足。莊黄染成，悉自然有娑伽羅龍王兄弟二人現迹，彌日不滅，知識往來并親瞻覩。招納同住十有餘人，訓化獎率，皆令禪誦。每至奉請聖僧，果食之上必有異迹。又於一時虔請聖衆，七日供養禮懺始訖，攝心運想，即見兩外國道人，舉手共語，一云呿羅，一言毗呿羅。所著袈裟，色如桑葚之熟。因即取泥以壞衣，色如所見。於是遠近尼僧并相仿斆，改服間色。故得絶於五大之過，道俗有分者也。此後又請阿耨達池五百羅漢，日日凡聖無遮大會已近二旬，供設既豐。復更請罽賓國五百羅漢，足上爲千，及請凡僧還如前法。始過一日，見有一外國道人，衆僧悉皆不識，於是試相借問，自云：『從罽賓國來。』又問：

『來此幾時？』答云：『來始一年也。』衆僧覺異，令人守門，觀其動静。而食畢，乃於宋林門出。使人逐視，見從宋林門去，行十餘步，奄便失之。又嘗請聖僧浴，器盛香湯及以雜物，因而禮拜，内外寂默，即聞器檨杓作聲，如用水法。意謂或是有人出，便共往看，但見水杓自然摇動，故知神異。又曾夜中忽見滿屋光明，正言已曉，自起開户，見外猶闇，即便閉户，還床復寢，久久方乃明也。

「又經違和，極爲錦篤，忽自見大光明遍於世界，山河樹木浩然無礙，欣爾獨笑。傍人怪問，具陳所見，即能起行禮拜讀誦，如常無異。又於一時復違和，亦甚危困，忽舉兩手，狀如捧物，語傍人不解，問言：『爲何所捧？』答云：『見寶塔從地出，意欲接之，幡花伎樂，無非所有。』於是疾恙豁然而除，都無復患。又復違和，數日中亦殊綿惙，恒多東向視，合掌向空。於一時中急索香火，移時合掌，即自説云：『見彌勒佛，及與舍利弗、目連等諸聖人，亦自見諸弟子，數甚無量，滿虚空中。須臾見彌勒下生翅頭末城。』云：『有人持幡華伎樂及三臺來迎於此，上幡華伎樂，非世間比，半天而住。一臺已在半路，一臺未至半路，一臺未見，但聞有而已。爾時已作兩臺，爲此兆故，即更作一臺也。』又云：『有兩樹寶華在邊，人來近床，語莫壞我華。』自此之後，病即除損。前後遇疾，恒有瑞相，或得凉風，或得妙藥，或聞異香，病便即愈。疾差之爲理都以漸，豁然而去，如此甚數，不能備記。又天監三年，一夏違和，於晝日眠中見虚空藏菩薩，即自圍繞誦唄，唄聲徹外，眠覺所患即除。又白日卧，開眼見佛入房，幡蓋滿屋，語傍人令燒香，了自不見。

「上以天監五年六月十七日得病，苦心悶，不下飲。彭城寺令法師，以六月十九日夜得夢，見一處，謂是兜率天，上住止嚴麗，非世間比。言此是上住處，即見上在中。於是法師有語上：『上得生好處，當見將接。上是法師小品檀越，勿見遺棄。』上即答云：『法師丈夫，又弘通經教，自應居勝地。某甲是女人，何能益。』法師又云：『不如此也。雖爲丈夫，不能精進，持戒不及上。』時體已轉惡，與令法師素疏，不堪相見。病既稍增，飲粥日少，爲治無益，漸就綿惙。至七月十二日，爾時天雨凉，悶勢如小退，自云：『夢見迎來至佛殿西頭，人人捉幡竿猶車在地。幡之爲理，不異世間軍隊擔鼓旗幡也。』至二十日，便絶不復進飲粥。至二十二日，令請相識衆僧設會，意似分别。至二十五日，云：『見十方諸佛，遍滿空中。』至二十七日中後，泯然而卧，作兩炊久，方復動轉，自云：『上兜率天，見彌勒及諸菩薩，皆黄金色。』上手中自有一琉璃清浄罌，可高三尺許，以上彌勒，即放光明照於上身。至兜率天，亦不見飲食，自然飽滿，故不復須人間食也。但聞人間食皆臭，是以不肯食。於彼天上得波利餅，將還，意欲與令法師。有人問：『何意將餅去？』答云：『欲與令法師。』是人言：『令法師是人中果報，那得食天上食。』不聽將去。既而欲見，令法師閑居，上爲迎法師來相見，語法師：『可作好菜食，以餉山中坐禪道人。若修三業，方得生兜率天耳。』法師不坐禪，所以令作食餉山上道人者，欲使與坐禪人作因緣也。自入八月，體中亦轉惡，不復説餘事，但云：『有三十二童子，一名功德天，二名善女天，是迦毗羅所領，恒來在左右與我驅使。』或言：『得人餉飲食，令衆中行之。』復云：『空中晝夜作伎樂，鬧人耳也。』」《釋文紀》卷二五、《漢魏六朝百三家集》卷八七、《古今圖書集成》本亦引之。

《兜率龜鏡集》卷中《净秀尼》：「秀，本姓梁，安定人。祖疇，征虜司馬。父粲之，龍川縣都鄉侯。秀幼而聰叡，好行慈仁。七歲自然持齋，家中請僧轉《涅槃經》，聞斷魚肉，即便蔬食。從外國沙門普練諮受五戒，精勤奉持，禮拜讀誦，晝夜不休。年十二，便求出家，父母禁之。及手能書，常自寫經。至二十九，方得聽許，爲青園寺首尼弟子。事師竭誠，猶懼弗及；三業勤修，夙夜匪懈；僧使衆役，每居其首；跋涉勤劬，觸事關涉；進止俯仰，必遵律範；善神敬護，常在左右。時有馬先生，世呼爲神人也，見秀記言：『此尼當生兜率。』嘗三人同於佛殿内座，忽聞空中聲，狀如牛吼，二人驚怖，惟秀恢然，還房取燭，登階復聞空中語曰：『諸尼避路，秀禪師歸。』後時與諸尼同坐，一尼暫起，還房，見一人抵掌止之曰：『莫擾。』

「秀尼欲請暉法師講《十誦律》，但有錢一千，憂事不辦。夜夢見雁鵠鴿雀子各乘車，大小稱形，同聲唱言：『我當助秀尼講。』及至經營，有七十檀越争設妙供。

「宋元嘉七年，外國沙門求那跋摩至都，律範清高，秀更從受戒。麻衣藿食，同住十餘人，皆以禪定爲業。秀手寫衆經，别立經臺在於寺内。

「娑伽羅龍王兄弟二人，現迹彌日，示其擁護，知識往來，無不見者。每奉請聖僧，果食必有異迹。又嘗七日供養，禮懺胡跪，攝心注想，即見二梵僧，舉手共語，一稱彌佉，一稱毗呿羅。所著袈裟，色如熟桑葚。秀即以泥染衣色，令如所見。他日又請阿耨達池五百羅漢，復請罽賓國五百羅漢，又請京邑大德。又見一梵僧，合衆疑之，即借問，云：『從罽賓來。』始行十餘步，奄忽不見。又曾浴聖僧，内外寂静，唯有櫼杓之聲。其諸瑞異，皆類此也。

「齊文惠帝、竟陵文宣王厚相禮待，供施無廢。年耆力弱，復不能行，聽乘輿至内殿。五年六月十七日，苦心悶亂，不復飲食。彭城寺惠全法師，六月十九日夢見一柱殿，嚴麗非常，謂是兜率天宫，見净秀在其中。全即囑之：『得生玅處，勿忘將接。』秀曰：『法師是丈夫，弘通經教，自應居勝地。』全聞秀病，往看之，述夢中事。至七月十三日少間，自夢見旛蓋樂器，在佛殿西北。二十日，請相識僧會别。二十七日，告諸弟子曰：『我升兜率天宫。』言畢而寂，年八十九。」（經云：「若有比丘及一切大衆，不厭生死，樂生天者，愛敬無上菩提心者，欲爲彌勒作弟子者，當作是觀。作是觀者，應持五戒、八齋、具足戒，身心精進，不求斷結，修十善法，一一思惟兜率陀天上，上妙快樂。作是觀者，名爲正觀；若他觀者，名爲邪觀。不求斷結者，是大乘菩薩，留惑度生；　非同二乘，取證灰身斷智涅槃，自出生死者比也。」秀攝心注想，依經作觀，故聖境現也。）

《佛祖統紀》卷三六《法運通塞志》：「（泰始三年）敕尼浄秀所居爲禪林院。秀有神異，感娑伽羅龍王兄弟來護，常有三十二童子、功德天、善女天，以任驅役。所服袈裟，色如熟椹。見諸尼不如法，即行摩那埵懺悔之法。自是京師二部，莫不精持。嘗游兜率天，持天波利缾，謂其師曰：『可齋堂中坐禪沙門。』」卷五三《歷代會要志第十九·神尼異行》：「明帝，尼浄秀感龍王諸天驅使。」

《出三藏記集》卷一一、《釋文紀》卷四五《善見律毗婆沙記》：「齊永明十年，歲次實沈，三月十日，禪林比丘尼浄秀，聞僧伽跋陀羅法師於廣州共僧禕法師譯出胡本《善見毗婆沙律》一部十八卷，京師未有，渴仰欲見。僧伽跋陀羅其年五月還南，憑上寫來。以十一年，歲次大梁，四月十日得律還都，頂禮執讀，敬寫流布。仰惟世尊泥洹已來年載，至七月十五日受歲竟，於衆前謹下一點，年年如此。感慕心悲，不覺流淚。」

《出三藏記集》卷一二《法苑雜緣原始集目録序第七·雜圖像集下卷》有《禪林寺浄秀尼造織成千佛記》。

《大宋僧史略》卷上《服章法式》、《釋氏要覽》卷上《稱謂》、《王右丞集箋注》卷一七：「故

〔梁〕浄秀尼見聖衆衣色如桑熟椹，乃淺赤深黑也。」《後村先生大全集》卷九七《序》之《教海要津》：「南朝而下，士人則又以其流連光景，嘲弄風月之技，施之内典。《浄秀行狀》之類，非特迂誕，抑且以述爲覺。」

禪林寺僧念尼傳二一

僧念，本姓羊，泰山南城人也〔一〕。父彌〔二〕，州從事史〔三〕。念即招提寺曇叡法師之姑也〔四〕。珪璋早秀，才監明達〔五〕，立德幼年，十歲出家，爲法護尼弟子，從師住太后寺〔六〕。貞節苦心，禪思精密，博涉多通，文義兼美。蔬食禮懺，老而彌篤，誦《法華經》，日夜七遍。〔七〕宋文、孝武二帝，常加資給。齊永明中〔八〕，移住禪林寺，禪範大隆，諮學者衆〔九〕。司徒竟陵王，四事供養〔一〇〕。年九十，梁天監三年卒，葬秣陵縣中興里内〔一一〕。

校　注

〔一〕「也」，《資福藏》、《磧砂藏》、《普寧藏》、《洪武南藏》、《永樂南藏》、《永樂北藏》、《徑山藏》、《清藏》、金陵本無。

〔二〕「彌」，《釋氏六帖》作「珍」。

〔三〕「史」，原作「吏」。案《宋書》卷一三《曆志下》：「大明六年，南徐州從事史祖沖之上表。」卷七一《徐湛之傳》：

「時有沙門釋惠休，善屬文，辭采綺艷，湛之與之甚厚。世祖命使還俗。本姓湯，位至揚州從事史。」卷九五《索虜傳》：「徐州從事史蕭尚之守練壁。」據《資福藏》、《磧砂藏》、《普寧藏》、《洪武南藏》、《永樂南藏》、《永樂北藏》、《徑山藏》、《清藏》、金陵本改。

〔四〕「姑」下，《釋氏六帖》有「女」。「招提寺」，《肇論疏》卷上《序》：「招提寺則有大招提、小招提也。大招提是梁時造，小招提是晉時造。」《佛祖統紀》卷三六《法運通塞志》：「（宋高祖）車騎范泰於宅西建祇洹寺，謝靈運於石壁山建招提寺。」卷五三《歷代會要志第十九・建寺造塔》：「宋高祖，范泰建祇洹寺，謝靈運建招提寺。」《南朝佛寺志》卷上、《南朝寺考》：「招提寺，在石頭城北，不知建於何時。而晉、宋之交，謝康樂有《招提精舍》詩，則必造於典午末也。」

〔五〕「監」，《資福藏》、《磧砂藏》、《普寧藏》、《洪武南藏》、《永樂北藏》、《清藏》、金陵本作「鑑」。「達」，《釋氏六帖》作「遠」。

〔六〕「太后寺」，《南朝佛寺志》卷上、《南朝寺考》：「太后寺，不知其所起，疑晉褚、何二后創之。距冶城寺不遠，故桓玄廢寺爲苑，即移寺僧居於太后寺焉。」《建康實録》卷一〇、《至正金陵新志》卷一一上：「太元十五年，武帝爲江陵沙門法新於中立寺，以冶城爲名。至是桓玄盡移僧出，居太后寺，以寺爲苑。」

〔七〕「七」，《釋氏六帖》作「一」。「遍」，金陵本作「偏」。

〔八〕「中」，《資福藏》、《磧砂藏》、《普寧藏》、《洪武南藏》、《永樂南藏》、《永樂北藏》、《徑山藏》、《清藏》、金陵本作「十年中」，《釋氏六帖》作「一年」。

〔九〕「諮」，底本及《頻伽藏》本作「諸」，據《金藏》、《資福藏》、《磧砂藏》、《普寧藏》、《洪武南藏》、《永樂南藏》、《永樂北藏》、《徑山藏》、《清藏》、金陵本改。

〔一〇〕「事」，《資福藏》、《磧砂藏》、《普寧藏》、《洪武南藏》、《永樂南藏》、《永樂北藏》、《徑山藏》、《清藏》、金陵本作「時」。

〔一一〕「秣」，《金藏》本作「袜」。

附録

《釋氏六帖》卷八《高行諸尼部第十一·僧念貞節》：「姓羊，泰山南城人。父珍，爲從事。念即招提寺曇叡法師姑女。珪璋早秀，才鑑明遠，立德幼年，十歲出家，爲法護尼弟子，從師住太后寺。貞節苦心，禪思精密，博涉多通，文義兼美。蔬食禮懺，老而彌篤，誦《法華經》，日夜一遍。宋文、武二帝信敬。齊永明一年，移住禪林，業禪大隆，諮學者衆。司徒竟陵王，四時供養。年九十，梁天（鑒）〔監〕三年卒，葬（林）〔秣〕陵縣中興里。」

成都長樂寺曇暉尼傳三〔一〕

曇暉，本姓青陽，名白玉，成都人也。幼樂修道，父母不許〔二〕。元嘉九年〔三〕，有外國禪師畺良耶舍入蜀，大弘禪觀。暉年十一，啓母求請禪師，欲諮禪法〔四〕，母從之。耶舍一見，嘆此人有分，令其修習，囑法育尼使相左右〔五〕。母已許嫁於暉之姑子，出門有日，不展餘計。育尼密迎還寺，暉深立誓願：「若我道心不遂，遂致逼迫者，當以火自焚耳。」刺史甄法崇聞之〔六〕，遣使迎暉，集諸綱佐及有望之民，請諸僧尼，窮相難盡。法崇問曰：「汝審能出家不？」答曰：「微願久發，特乞救濟。」法崇曰：「善。」遣使語姑[七]，姑即奉教。從法育尼出家，年始十三矣。

從育學修觀行[八]，裁得稟受，即於座末便得入定[九]，見東方有二光明，其一如日而白，其一如月而青，即於定中立念云：「白者必是菩薩道，青者聲聞法。若審然者，當令青者銷，而白光熾。」即應此念，青光遂滅[一〇]，白光熾滿。及至起定，爲育尼説。育尼善觀道，聞而歡喜[一一]讚善。時同坐四十餘人[一二]，莫不見嘆其希有也[一三]。

後婿心疑，以爲姦詐，相率抄取，將歸其家。曇暉時年十六矣。以婢使營衛，不受侵逼。婿無如之何，復以訴州[一四]。刺史賞異[一五]，問曇良耶舍，答曰[一六]：「此人根利，慎勿違之。若婿家須相分解，費用不足者，貧道有一蒼頭[一七]，即爲隨喜。」於是解釋。後於禪中自解佛性常住大乘等義[一八]，并非師受[一九]。時諸名師極力問難，無能屈者。於是聲馳遠近，莫不歸服。

宋元嘉十九年，臨川王臨南兗[二〇]，延之至鎮，時年二十一。驃騎牧陝，復携住南楚，男女道俗北面擁篲者，千二百人。歲月稍淹[二一]，思母轉至，固請還鄉。德行既高，門徒日衆，於市橋西北自營塔廟，殿堂廂廊，倏忽而成。復營三寺，皆悉神速[二二]，莫不嘆服，稱有神力焉。年八十三，天監三年而卒[二三]。

初，張峻隨父母在益州[二四]，嘗忽然直往，不令預知。同行賓客三十許人，坐始定，便下菓糉〔二五〕，并悉時珍。刺史劉悛〔二六〕，後嘗率往〔二七〕，亦復如之。梁宣武王嘗送物〔二八〕，使暉設百人會〔二九〕。本言不出，臨中自往，及至，乃有三百僧，并王佐吏近四百人。將欲行道，遣婢來，倩人下食〔三〇〕。王即遣入〔三一〕，唯見二弟子及二婢奠食〔三二〕，都無雜手力〔三三〕，王彌復嘆之不可量也〔三四〕。或有問暉者，曰〔三五〕：「見師生徒不過中家之産，而造作云爲有若神化，何以至此耶？」答云：「貧道常自無居貯，若須費用，役五三金而已。隨復有之，不知所以而然，故談者以爲有無盡藏焉。」

時又有花光尼，本姓鮮于〔三六〕。深禪妙觀，洞其幽微，遍覽三藏〔三七〕，傍兼百氏，尤能屬文。述暉贊頌，詞旨有則，不乖風雅焉。

校注

〔一〕「暉」，《法苑珠林》作「輝」。

〔二〕「不」，《資福藏》、《磧砂藏》、《普寧藏》、《洪武南藏》、《永樂北藏》、《清藏》、金陵本作「弗」。

〔三〕「元嘉九年」，《釋氏六帖》作「元嘉元年」，《法苑珠林》作「至年十一」。案《高僧傳》卷三《畺良耶舍傳》：「元嘉十九年，西游岷蜀，處處弘道，禪學成群。」恐其中記述有誤。

〔四〕「欲」，《磧砂藏》、《普寧藏》、《洪武南藏》、《永樂南藏》、《永樂北藏》、《徑山藏》、《清藏》、金陵本無。

〔五〕「囑」，《資福藏》、《磧砂藏》、《普寧藏》、《洪武南藏》、《永樂南藏》、《永樂北藏》、《徑山藏》、《清藏》、金陵本作「屬」。

〔六〕「甄」，《資福藏》、《磧砂藏》、《普寧藏》、《洪武南藏》、《永樂南藏》、《永樂北藏》、《徑山藏》、《清藏》、金陵本作「覲」，《釋氏六帖》作「靳」，皆形誤也。「甄法崇」，《南史》卷七〇有傳。案《宋書》卷五《文帝紀》：「（元嘉）九年（中略）冬十一月壬子，以少府甄法崇爲益州刺史。」卷四五：「（元嘉十年）九月，益州刺史甄法崇至成都，誅費謙之。」

〔七〕「語」，《資福藏》、《磧砂藏》、《普寧藏》、《洪武南藏》、《永樂南藏》、《永樂北藏》、《徑山藏》、《清藏》、金陵本作「諮」。

〔八〕「育」，原作「昱」。案上文均作「法育」，據《資福藏》、《磧砂藏》、《普寧藏》、《洪武南藏》、《永樂南藏》、《永樂北藏》、《徑山藏》、《清藏》、金陵本改。下同。

〔九〕「座」，《資福藏》、《磧砂藏》、《普寧藏》、《洪武南藏》、《永樂北藏》、《清藏》、金陵本作「坐」。

〔一〇〕「遂」，《資福藏》、《磧砂藏》、《普寧藏》、《洪武南藏》、《永樂南藏》、《永樂北藏》、《徑山藏》、《清藏》、金陵本作「自」。

〔一一〕「歡喜」，《金藏》本作「懽憘」。

〔一二〕「四」，《釋氏六帖》作「三」。

〔一三〕「見」，《金藏》、《資福藏》、《磧砂藏》、《普寧藏》、《洪武南藏》、《永樂南藏》、《永樂北藏》、《徑山藏》、《清藏》、金陵本無。

〔一四〕「訴」，《資福藏》、《磧砂藏》、《普寧藏》、《洪武南藏》、《永樂南藏》、《永樂北藏》、《徑山藏》、《清藏》、金陵本作「許」。

〔一五〕「史」下，《資福藏》、《磧砂藏》、《普寧藏》、《洪武南藏》、《永樂南藏》、《永樂北藏》、《徑山藏》、《清藏》、金陵本有「以」。

〔一六〕「答」，原無，據《資福藏》、《磧砂藏》、《普寧藏》、《洪武南藏》、《永樂南藏》、《永樂北藏》、《徑山藏》、《清藏》、金陵本補。

〔一七〕「蒼頭」,《一切經音義》卷五五、卷七五:「蒼頭,《漢書》:『蒼頭,應劭曰: 秦稱民曰黔首。黔,黑也; 首,頭也。奴曰蒼頭〔者〕,非純黑,以別於(人)〔民〕也。』」

〔一八〕「住」,《古今圖書集成》本作「著」。

〔一九〕「受」,《古今圖書集成》本作「授」。

〔二〇〕「兗」,《資福藏》、《磧砂藏》、《普寧藏》、《洪武南藏》、《永樂南藏》、《永樂北藏》、《徑山藏》、《清藏》、金陵本作「充」。案《宋書》卷五《文帝本紀》:「(元嘉十七年冬十月)戊寅,衛將軍臨川王義慶以本號爲南兗州刺史。」故知「充」當爲「兗(兖)」之形誤。「劉義慶」,《宋書》卷五一、《南史》卷一三有傳,均稱其「無浮淫之過,唯晚節奉養沙門,頗致費損」。

〔二一〕「淹」,《資福藏》、《磧砂藏》、《普寧藏》、《洪武南藏》、《永樂南藏》、《永樂北藏》、《徑山藏》、《清藏》、金陵本作「流」。

〔二二〕「速」,《金藏》本作「達」。

〔二三〕「而」,《資福藏》、《磧砂藏》、《普寧藏》、《洪武南藏》、《永樂南藏》、《永樂北藏》、《徑山藏》、《清藏》、金陵本無。

〔二四〕「隨父母在」,底本及《金藏》、《頻伽藏》本無「在」,《資福藏》、《磧砂藏》、《普寧藏》、《洪武南藏》、《永樂南藏》、《永樂北藏》、《徑山藏》、《清藏》、金陵本無「母」,據諸本合而改之。

〔二五〕「菓糉」,《資福藏》、《磧砂藏》、《普寧藏》、《洪武南藏》、《永樂北藏》、《清藏》、金陵本及《新集藏經音義隨函録》作「果粽」,《一切經音義》作「菓粽」。案《一切經音義》:「菓粽,上,閻接反,菰葉也; 下,音總。蜀人作去聲,呼粽子,亦俗字也。正體從『米』從『㚇』作『糉』。即五月五日楚人所尚粽子是。」

〔二六〕「劉悛」,《南齊書》卷三七、《南史》卷三九有傳。案《法苑珠林》卷一四《齊番禺石像遇火輕舉緣》,記其送石像出都事。《高僧傳》卷一四:「彭城劉悛《益部寺記》。」

〔二七〕「嘗」，《資福藏》、《磧砂藏》、《普寧藏》、《洪武南藏》、《永樂南藏》、《永樂北藏》、《徑山藏》、《清藏》、金陵本作「當」。

〔二八〕「梁宣武王」，即蕭懿，《梁書》卷二三、《南史》卷五一有傳。

〔二九〕「暉」，《資福藏》、《磧砂藏》、《洪武南藏》本作「輝」。

〔三〇〕「倩」上，《磧砂藏》、《洪武南藏》本卷四末音釋有「杓」。

〔三一〕「王即遣入」，原作「即遣人」。從文義，據《資福藏》、《磧砂藏》、《普寧藏》、《洪武南藏》、《永樂南藏》、《永樂北藏》、《徑山藏》、《清藏》、金陵本改。

〔三二〕「唯」，《古今圖書集成》本作「惟」。

〔三三〕「手」，《新集藏經音義隨函録》無。

〔三四〕「之」，《資福藏》、《磧砂藏》、《普寧藏》、《洪武南藏》、《永樂南藏》、《永樂北藏》、《徑山藏》、《清藏》、金陵本作「其」。

〔三五〕「曰」，原無，據《資福藏》、《磧砂藏》、《普寧藏》、《洪武南藏》、《永樂南藏》、《永樂北藏》、《徑山藏》、《清藏》、金陵本補。

〔三六〕「于」，《金藏》、《資福藏》、《磧砂藏》、《普寧藏》、《洪武南藏》、《永樂南藏》、《永樂北藏》、《徑山藏》、《清藏》、金陵本無。

〔三七〕「遍」，金陵本作「徧」。

附録

《釋氏六帖》卷八《高行諸尼部第十一・曇暉剛志》：「姓青陽，名白玉，成都人也。幼樂修道，父母弗許。元嘉元年，外國禪師畺良耶舍入蜀，大弘禪觀。暉年十一，啓母欲求法於舍，母許。舍一見，嘆此人有分，令其修習。母私許嫁姑子，誓志不從。法育尼密迎於寺，言：『不從願，誓當自焚。』刺史（靳）〔甄〕法崇迎暉，問曰：『汝能出家？』曰：『乞救濟。』崇曰：『善。』語姑，許之出家，年始十三。禮法育尼修行觀行，即於坐末便得入定，見東方二光，一白一青，念：『白是菩薩，青是小乘，請滅。』如言。出定白育，聞者歡喜，三十餘人莫不讚善。後時婿爲詐，劫，將婢使營衛，剛志不從。刺史問耶舍，舍曰：『此人根利，慎勿違之。』後於禪中自解大乘佛性，并非師受。名師等極力問難，不能屈者。元嘉十九年，臨川王鎮南兗州，迎之。八十三，卒天監三年。嘗設齋會，如有神助，用盡還有。」

《法苑珠林》卷二二《入道篇第十三・感應緣》之《宋沙門尼曇輝》引《冥祥記》、《蜀中廣記》卷八一《高僧記第一・川西道》：「宋尼釋曇輝，蜀郡成都人也。本姓青陽，名白玉。年七歲，便樂坐禪，每坐輒得境界，意未自了，亦謂是夢耳。曾與姊共寢，夜中入定。姊於屏風角得之，身如木石，亦無氣息。姊大驚怪，喚告家人，互共抱扶，至曉不覺。奔問巫覡，皆言：『鬼神所憑。』至年十一，有外國禪師畺良耶舍者來入蜀，輝請諮所見耶舍，尼以輝禪既有分（其既有禪分），欲勸化令出家。時輝將嫁，已有定日。法育未展聞説其家，潛迎還寺。家既知，將逼嫁之。輝遂不肯行，深立言誓：『若我道心不果，遂被限逼者，便當投火飼虎，棄除穢形。願十方諸佛，證見至心。』刺史甄法崇信尚正法，聞輝志業，迎與相見，并召綱佐及有懷沙門互加難問，輝敷演無屈，坐者嘆之。崇乃許離夫家，聽其入道。元嘉十九年，臨川康王延致廣陵寺(至廣陵，終於所住)。」

僞高昌都郎中寺馮尼傳四

馮尼者，本姓馮，高昌人也。時人敬重，因以姓爲號。年三十出家，住高昌都郎中寺。菜蔬一食〔一〕，戒行精苦，燒六指供養，皆悉至掌。誦《大般涅槃經》〔二〕，三日一遍〔三〕。時有法惠法師〔四〕，精進邁群，爲高昌一國尼依止師。馮後忽謂法惠言：「阿闍梨未好〔五〕，馮是闍梨善知識，闍梨可往龜兹國金花寺〔六〕，帳下直月間〔七〕，當得勝法。」法惠聞而從之，往至彼寺，見直月。直月歡喜，以蒲萄酒一升與之令飲〔八〕。法惠驚愕：「我來覓勝法，翻然飲我非法之物。」不肯飲。直月推背，急令出去。法惠退思：「我既遠來，未達此意，恐不宜違。」即頓飲之，醉吐迷悶，無所復識。直月便自他行。法惠酒醒，自知犯戒，追大慚愧，自搥其身〔九〕，悔責所行，欲自害命〔一〇〕。因此思惟，得第三果。直月還，問曰：「已得耶？」答曰：「然。」因還高昌，未至二百里，初無音信，馮呼尼衆遠出迎候。先知之迹，皆類此也，高昌諸尼莫不師奉。年九十六，梁天監三年卒〔一一〕。

校注

〔一〕「菜」，《資福藏》、《磧砂藏》、《普寧藏》、《洪武南藏》、《永樂南藏》、《永樂北藏》、《徑山藏》、《清藏》、金陵本作「齋」。

〔二〕「般」，《資福藏》、《磧砂藏》、《普寧藏》、《洪武南藏》、《永樂南藏》、《永樂北藏》、《徑山藏》、《清藏》、金陵本無。

〔三〕「遍」，金陵本作「徧」。

〔四〕「法惠」，原作「法慧」。案《名僧傳抄》有《法惠傳》，且本傳下文亦作「法惠」，據《資福藏》、《磧砂藏》、《普寧藏》、《洪武南藏》、《永樂北藏》、《清藏》、金陵本改。　「法惠法師」，《名僧傳抄》：「法惠，本姓李氏，高昌人。少好射獵，酣酒弦歌。其婦美艶，一國無雙，高昌子弟爭與私通。惠他日出游，爲豪富所打，友人報語，惠自思惟：『己有大力，必當見殺。』避往龜茲，乃願出家。貧無法服，外國人死，衣以好衣，送尸陀林，辭訣而反。惠隨他葬家人去，彼剥死人衣，遇起尸鬼，起相蕞臾，更爲上下，凡經七反，惠卒獲勝，剥取衣裳，貨得三千，以爲法服。仍得出家，修學禪律，苦行絶群，蔬食善誘，心無是非。後還高昌，住仙窟寺，德索既高，尼衆依止，稟其誠訓。唯都郎中寺馮尼每謂惠曰：『阿闍梨未好，可往龜茲國金華寺帳下直月間，當得勝法。』惠信尼語，往至龜茲。到見直月，直月歡喜，呼進房内，以葡萄酒一斗五升，令其服飲。惠大驚愕，急推令去。惠即退思，遂不敢違，便頓飲盡，醉悶而卧，直月鏁房，乃更餘行。及惠酒醒，追自拔惱：『我忽犯戒。』悔過自責，槌打身體，欲自害命。於此少時，得第三果。直月還問，曰：『得。』和後還高昌，大弘經律，道俗歸敬，傾動鄉邑。齊永元年無疾坐亡，手屈四指云。」

〔五〕「梨」，《資福藏》、《磧砂藏》、《普寧藏》、《洪武南藏》、《永樂北藏》、《清藏》、金陵本作「棃」。下同。　「未」，《資福藏》、《磧砂藏》、《普寧藏》、《洪武南藏》、《永樂南藏》、《永樂北藏》、《徑山藏》、《清藏》、金陵本作「來」。

〔六〕「花」，《名僧傳抄》、《釋氏六帖》作「華」。「寺」原無，據《資福藏》、《磧砂藏》、《普寧藏》、《洪武南藏》、《永樂南藏》、

《永樂北藏》、《徑山藏》、《清藏》、金陵本補。

〔七〕「直月」，《資福藏》、《磧砂藏》、《普寧藏》、《洪武南藏》、《永樂南藏》、《永樂北藏》、《徑山藏》、《清藏》、金陵本作「直日」。下同。「閒」，底本及《資福藏》、《磧砂藏》、《普寧藏》、《洪武南藏》、《永樂南藏》、《永樂北藏》、《徑山藏》、《清藏》、金陵本作「聞」，《名僧傳抄》作「間」。案從文意，據《金藏》本改。

〔八〕「蒲萄」，《金藏》本作「蒱陶」，《磧砂藏》、《洪武南藏》本作「蒲陶」。「一升」，《資福藏》、《磧砂藏》、《普寧藏》、《洪武南藏》、《永樂南藏》、《永樂北藏》、《徑山藏》、《清藏》、金陵本作「一斗五升」，《釋氏六帖》作「十斗五升」。

〔九〕「搥」，《資福藏》、《磧砂藏》、《普寧藏》、《洪武南藏》、《永樂北藏》、《清藏》、金陵本作「椎」，《名僧傳抄》作「槌」。

〔一〇〕「害」，《資福藏》、《磧砂藏》、《普寧藏》、《洪武南藏》、《永樂南藏》、《永樂北藏》、《徑山藏》、《清藏》、金陵本作「斷」。

〔一一〕「三」，《資福藏》、《磧砂藏》、《普寧藏》、《洪武南藏》、《永樂南藏》、《永樂北藏》、《徑山藏》、《清藏》、金陵本作「二」。

附録

《釋氏六帖》卷八《高行諸尼部第十一・馮尼燒指》：「本姓馮，高昌人。彼處敬重，因以姓正號。年三十出家，住高昌郎中寺。一食精苦，燒六指供養，皆悉至掌。誦《大涅槃經》，三日一遍。時有法慧僧，精進邁群，爲高昌一國尼依止。馮後請慧言：『可往龜茲國(舍)〔金〕華寺，當得勝法。』慧聞而從之，往至彼寺見，直日歡喜，以蒲萄酒十斗五升與之令飲。法慧驚愕，曰：『我求勝法。』不肯飲，直日急出去。慧思：『遠來，恐不宜違。』即頓飲之，便吐。所復識，悔愧思惟，得三果證。直日問曰：『已得耶？』答曰：『然。』因還高昌，未至二百里，初無音信，馮呼衆遠出迎候。先知迹皆類此也，高昌諸尼莫不師奉。九十六卒，天（鑒）〔監〕三年。」

梁閑居寺慧勝尼傳五〔一〕

慧勝，本姓唐，彭城人也。父僧智〔二〕，寓居建康〔三〕。勝幼願出家，以方正自立，希於語言〔四〕，言必能行，身無輕躁，旬日不出户牖，見之者莫不敬異〔五〕。以宋元嘉二十一年出家，時年十八〔六〕，爲净秀尼弟子〔七〕，住禪林寺。具戒以後〔八〕，講《法華經》。隨集善寺緒尼學五門禪〔九〕。後從草堂寺思隱〔一〇〕、靈根寺法穎〔一一〕，備修觀行〔一二〕，奇相妙證，獨得懷抱。人見而問之，皆答云：「罪無輕重，一時發露，懺悔懇惻，以晝係夜〔一三〕。」貴賤崇敬，供施不斷。年八十一，梁天監四年卒，葬于白板山也。

校注

〔一〕「慧」，《資福藏》、《磧砂藏》、《普寧藏》、《洪武南藏》、《永樂北藏》、《清藏》、金陵本作「惠」。下同。

〔二〕「僧」，《釋氏六帖》作「曾」。

〔三〕「居」，原無，據《資福藏》、《磧砂藏》、《普寧藏》、《洪武南藏》、《永樂南藏》、《永樂北藏》、《徑山藏》、《清藏》、金陵本補。

〔四〕「希」，《古今圖書集成》本作「寡」。

〔五〕「敬異」，《釋氏六帖》作「警思」。

〔六〕案傳中所記推算，慧勝「年八十一，梁天監四年（公元五〇五年）卒」，「宋元嘉二十一年出家」時應爲二十歲，恐其中記述有誤。

〔七〕案本傳所記，慧勝於元嘉二十一年出家，應爲公元四四四年。又據《比丘尼傳》卷四《净秀尼傳》載：「（净秀）年十二，便求出家，父母禁之。（中略）至二十九，方得聽許。（中略）梁天監三年（公元五〇四年），（中略）言絶而卒，年八十九。」净秀二十九歲出家時亦爲公元四四四年，慧勝與其同年出家，又如何能爲净秀尼之弟子？恐其中記述有誤。

〔八〕「具戒以後」，《資福藏》、《磧砂藏》、《普寧藏》、《洪武南藏》、《永樂南藏》、《永樂北藏》、《徑山藏》、《清藏》、金陵本作「以具戒後」。

〔九〕「集」，《資福藏》、《磧砂藏》、《普寧藏》、《洪武南藏》、《永樂北藏》、《清藏》、金陵本作「習」。「緒尼」，即慧緒尼，《比丘尼傳》卷三有傳。「門」，原作「行」。案佛門無「五行禪」名相，所謂「五門禪」，即小乘「七方便」中所説之「五停心觀」，指不净觀、慈悲觀、因緣觀、界分別觀、數息觀。《五門禪經要用法》中以「念佛觀」取代「界分別觀」，稱爲「五門禪」。據《資福藏》、《磧砂藏》、《普寧藏》、《洪武南藏》、《永樂南藏》、《永樂北藏》、《徑山藏》、《清藏》、金陵本改。

〔一〇〕「草堂寺」，《南朝佛寺志》卷下、《南朝寺考》：「鍾山草堂，齊周彦倫栖遁處也。實宋元嘉時招隱館之舊址。時有釋慧約，深達妙理，彦倫素所欽服。因於所居之前造寺處之，名曰草堂寺。寺左爲慧約置臺講經之所。逮梁大通中，武帝以光華殿施此寺，取珠貨值百萬，起重樓七間，有無名法師與劉孝先以詩唱和焉。慧約卒於梁時，王筠撰《草堂寺智者法師碑》，即慧約墓碣也。」又引《景定建康志》：「齊周顒於鍾山西立隱舍，遇休沐則歸，仍造草堂寺，以處僧慧約。」《宋書》卷九三《雷次宗傳》：「後又徵詣京邑，爲築室於鍾山西巖下，謂之招隱館。」《北山録》卷八：「齊周顒於鍾山雷次宗舊館立草堂寺。」《續高僧傳》卷六《釋慧約傳》：「齊中書郎汝南周顒爲剡令，欽服道素，側席加禮，於鍾山雷次宗舊館造草堂寺，亦號山茨，屈知寺任。此寺結宇山椒，疏壤幽岫。雖邑居非遠，而蕭條物外。既冥賞素誠，便有終焉之託。顒嘆曰：『山茨約至，清虚滿世。』」「思隱」，《資福藏》、《磧砂藏》、《普寧藏》、《洪武南藏》、《永樂南藏》、《永樂北藏》、《徑山藏》、《清藏》、金陵本作「惠隱」，《釋氏六帖》作「慧隱」。

〔一一〕「寺法潁」，《釋氏六帖》無。「靈根寺」，《南朝佛寺志》卷上、《南朝寺考》：「靈根寺在鍾山之側，宋泰始中釋僧瑾所造也。」《高僧傳》卷七《釋僧瑾傳》：「瑾性不蓄金，皆充福業。起靈根、靈基二寺，以爲禪慧栖止。」又《法苑珠林》卷一二《千佛篇第五・感應緣》之《齊文宣帝時得佛牙至》：「唯密呈靈根寺法潁律師。」

〔一二〕「行」，《資福藏》、《磧砂藏》、《普寧藏》、《洪武南藏》、《永樂南藏》、《永樂北藏》、《徑山藏》、《清藏》、金陵本作「法」。

〔一三〕「係」，《磧砂藏》、《洪武南藏》、《永樂南藏》本作「計」。

附録

《釋氏六帖》卷八《高行諸尼部第十一・慧勝如言》：「姓唐，彭城人。父曾智，寓居建康。勝幼願出家，以方正自立，希於語言，言必能行，身無輕躁，旬日不出户牖，見之莫不驚思。宋元嘉二十一年出家，年十八，爲浄秀尼弟子，住禪林寺。後講《法華經》，後學五門。從草堂寺慧隱、靈根等，修其觀法，奇相妙證，獨得懷抱。人見而問之，皆答云：『罪無輕重，一時發露，懺悔懇惻，以晝係夜。』貴賤崇敬，供施不斷。八十一，天監四年卒，葬白板山。」

東青園寺净賢尼傳六

净賢，本姓弘，永世人也〔一〕。住青園東寺〔二〕，有幹局才能，而好修禪定。博窮經律，言必典正〔三〕，雖不講説，精究旨要。宋文皇帝善之，湘東王彧齠齔之年眠好驚魘〔四〕，敕從净賢尼受三自歸，悸寐即愈。帝益相善，厚崇供施，内外親賞〔五〕。及明帝即位，禮待益隆，資給彌重，建齋設講，相繼不絶。當時名士，莫不宗敬〔六〕。後總寺任十有餘載〔七〕，年七十五，梁天監四年而卒〔八〕。

復有惠高〔九〕、寶顒〔一〇〕，皆知名。惠高坐禪誦經〔一一〕，勤營衆務；寶顒講《法華經》〔一二〕，明於觀行。

校注

〔一〕「世」，《釋氏六帖》作「興」。「也」，《資福藏》、《磧砂藏》、《普寧藏》、《洪武南藏》、《永樂南藏》、《永樂北藏》、《徑山藏》、《清藏》、金陵本無。

〔二〕「東」，《釋氏六帖》無。「青園東寺」，本傳標題作「東青園寺」。

〔三〕「典」,《釋氏六帖》作「經」。

〔四〕「彧」,底本及諸本均作「或」。案《高僧傳》卷七《釋僧瑾傳》:「時湘東踐祚,是爲明帝。」《宋書》卷八《明帝本紀》、《南史》卷三《宋紀下》:「太宗明皇帝諱彧,(中略)(元嘉)二十九年,改封湘東王。」據改。 「亂」,《金藏》本作「綺」。

〔五〕「賞」,《資福藏》、《磧砂藏》、《普寧藏》、《洪武南藏》、《永樂南藏》、《永樂北藏》、《徑山藏》、《清藏》、金陵本作「賓」。

〔六〕「宗」,《釋氏六帖》作「崇」。

〔七〕「總」,《金藏》本作「爲」,《資福藏》、《磧砂藏》、《普寧藏》、《洪武南藏》、《永樂南藏》、《徑山藏》本作「揔」。

〔八〕「而」,《資福藏》、《磧砂藏》、《普寧藏》、《洪武南藏》、《永樂南藏》、《永樂北藏》、《徑山藏》、《清藏》、金陵本無。

〔九〕「惠高」,《頻伽藏》本作「慧高」,《資福藏》、《磧砂藏》、《普寧藏》、《洪武南藏》、《永樂南藏》、《永樂北藏》、《清藏》、金陵本作「惠喬」,《徑山藏》本作「惠橋」,《釋氏六帖》作「慧喬」。

〔一〇〕「顒」,《釋氏六帖》作「歇」。下同。

〔一一〕「惠」,底本及《頻伽藏》本作「慧」,爲前後一致,據《資福藏》、《磧砂藏》、《普寧藏》、《洪武南藏》、《永樂南藏》、《永樂北藏》、《徑山藏》、《清藏》、金陵本改。 「高」,《資福藏》、《磧砂藏》、《普寧藏》、《洪武南藏》、《永樂南藏》、《永樂北藏》、《徑山藏》、《清藏》、金陵本作「喬」。

〔一二〕「講」,《資福藏》、《磧砂藏》、《普寧藏》、《洪武南藏》、《永樂南藏》、《永樂北藏》、《徑山藏》、《清藏》、金陵本作「誦」。

附録

《釋氏六帖》卷八《高行諸尼部第十一・净賢經律》:「姓弘,永興人。住青園寺,有幹局才能，而好修禪定。博窮經律，言必經正，雖不講説，精究旨要。宋文皇帝善之，湘東王齠齔之年眠好驚魘，勑從賢受三歸，悸寐即愈。帝益相善，厚崇供施，内外親賓。（友）〔及〕明帝即位，禮待益隆，齋講相繼。當時（多）〔名〕士，莫不崇敬。後總寺十有餘年，七十五，梁天監四年卒。又有慧喬、寶歆，皆知名。喬坐禪誦經，勤營衆務；歆誦《法華經》，明禪觀。」

竹園寺浄淵尼傳七

浄淵，本姓時，鉅鹿人也。幼有成人之智，五六歲時，嘗聚沙爲塔〔一〕，刻木作像〔二〕，燒香拜敬〔三〕，彌日不足。每聞人言，輒難盡取其理究。二十出家，戀慕膝下，不食不寢〔四〕，飲水持齋，諫曉不從〔五〕，終竟七日。自爾之後，蔬食長齋，戒忍精苦，不由課勵〔六〕。師友嗟敬，遠近稱譽。齊文帝大相欽禮〔七〕，四事供養〔八〕，信驛重沓。年七十一，梁天監五年卒也〔九〕。

校 注

〔一〕「嘗」，《資福藏》、《磧砂藏》、《普寧藏》、《洪武南藏》、《永樂南藏》、《永樂北藏》、《徑山藏》、《清藏》、金陵本作「常」。

〔二〕「作」，《資福藏》、《磧砂藏》、《普寧藏》、《洪武南藏》、《永樂南藏》、《永樂北藏》、《徑山藏》、《清藏》、金陵本作「成」。

〔三〕「拜敬」，《資福藏》、《磧砂藏》、《普寧藏》、《洪武南藏》、《永樂南藏》、《永樂北藏》、《徑山藏》、《清藏》、金陵本作

「禮拜」。

〔四〕「不食不寢」，《古今圖書集成》本作「不寢不食」。

〔五〕「諌」，《古今圖書集成》本作「勸」。

〔六〕「勵」，《資福藏》、《磧砂藏》、《普寧藏》、《洪武南藏》、《永樂北藏》、《清藏》、金陵本作「厲」。

〔七〕「齊文」，《金藏》校注本作「文齊」，倒誤。

〔八〕「事」，《古今圖書集成》本作「時」。

〔九〕「梁」，原無，據《資福藏》、《磧砂藏》、《普寧藏》、《洪武南藏》、《永樂南藏》、《永樂北藏》、《徑山藏》、《清藏》、金陵本補。

「也」，《資福藏》、《磧砂藏》、《普寧藏》、《洪武南藏》、《永樂南藏》、《永樂北藏》、《徑山藏》、《清藏》、金陵本無。

附録

《釋氏六帖》卷八《高行諸尼部第十一・净淵聚沙》：「姓時，鉅鹿人。幼有成人之智，五六歲時，嘗聚沙爲塔，刻木成佛，燒香禮拜，彌日弗足。每聞人言，輒難盡取其理。二十出家，飲水持齋，諌曉不從，終竟七日。自爾之後，蔬食長齋，戒忍精苦，不由課勵。師友嗟敬，遠近稱譽。齊文大相欽禮，四事供養，信驛重沓。年七十一卒，天監五年。」

竹園寺净行尼傳八

净行，即净淵尼第五妹也。幼而神理清秀，遠識遒贍〔一〕，爽烈有志分〔二〕，風調舉止，每輒不群。少經與太秣令郭洽妻臧氏相識〔三〕，洽欲害其妻，言泄于路。行請兄諫洽，洽不從之。行密語臧氏，臧氏不信，行執手慟泣，於是而反〔四〕。後一二日，洽果害之。

及年十七，從法施尼出家，住竹園寺，學《成實》、《毗曇》、《涅槃》、《華嚴》。每見事端，已達旨趣，探究淵賾，博辯無窮。齊竟陵文宣王蕭子良厚加資給，僧宗、寶亮二法師雅相賞異〔五〕。及請講説，聽衆數百人。官第尼寺法事連續〔六〕，當時先達無能屈者。竟陵王後區品學衆，欲撰《僧録》〔七〕，莫可與行爲輩。後有尼聰朗特達，博辯若神，行特親狎之，衆亦以爲後來之秀，可與行爲儔也〔八〕。

行晚節好禪觀〔九〕，菜食精苦。皇帝聞之，雅相嘆賞。年六十六〔一〇〕，梁天監八年而卒〔一一〕，葬于鍾山也〔一二〕。

校注

〔一〕「遒」，《資福藏》、《磧砂藏》、《普寧藏》、《洪武南藏》、《永樂南藏》、《永樂北藏》、《徑山藏》、《清藏》、金陵本作「道」。

〔二〕「烈」，《資福藏》、《普寧藏》本作「列」。

〔三〕「太秣」，底本及《頻伽藏》本作「大秣」，《金藏》本作「大珠」。據《資福藏》、《磧砂藏》、《普寧藏》、《洪武南藏》、《永樂南藏》、《永樂北藏》、《徑山藏》、《清藏》、金陵本改。

〔四〕「反」，《資福藏》、《磧砂藏》、《普寧藏》、《洪武南藏》、《永樂北藏》、《清藏》、金陵本作「返」。

〔五〕「寶亮」，《高僧傳》卷九有傳。

〔六〕「官」，《釋氏六帖》作「宮」。

〔七〕「僧録」，《高僧傳》卷一四《序録》：「齊竟陵文宣王《三寶記》傳，或稱《佛史》，或號《僧録》。」《大唐内典録》卷四：「《三寶記》十卷，亦云《佛史》、《法傳》、《僧録》。（中略）并齊司徒竟陵文宣王蕭子良愛好博尋，躬自緝撰，備忘擬歷，不謂傳行。」卷一〇：「前齊太宰竟陵王蕭子良撰注經史義等二十餘部，將三百卷。（中略）《三寶記》十卷，亦云《佛史》、《法傳》、《僧録》。」

〔八〕「與行」，原作「學」。從文義，據《資福藏》、《磧砂藏》、《普寧藏》、《洪武南藏》、《永樂南藏》、《永樂北藏》、《徑山藏》、《清藏》、金陵本改。　「儔」，《金藏》本作「時」，《資福藏》、《磧砂藏》、《普寧藏》、《洪武南藏》、《永樂南藏》、《永樂北藏》、《徑山藏》、《清藏》、金陵本作「疇」。

〔九〕「晚」，《金藏》本作「曉」，形誤。

〔一〇〕「六十六」，《釋氏六帖》作「六十」。

〔一一〕「梁」，原無。從文義，據《資福藏》、《磧砂藏》、《普寧藏》、《洪武南藏》、《永樂南藏》、《永樂北藏》、《徑山藏》、《清藏》、金陵本補。　「而」，《資福藏》、《磧砂藏》、《普寧藏》、《洪武南藏》、《永樂南藏》、《永樂北藏》、《徑山藏》、《清藏》、金陵本無。

〔一二〕「也」，原無。據《資福藏》、《磧砂藏》、《普寧藏》、《洪武南藏》、《永樂南藏》、《永樂北藏》、《徑山藏》、《清藏》、金陵本補。

附　録

《釋氏六帖》卷八《高行諸尼部第十一・净行清秀》：「即净淵第五妹。幼而神理清秀，遠識道贍，爽烈有志，每輒不群。年十七，從法施尼出家，住竹園寺，學《成實論》、《毗曇》、《涅槃》、《華嚴》。每見事端，已達旨趣，探究淵賾，博辯無窮。齊竟陵文宣王蕭子良厚加資給，僧宗、寶亮二法師雅相賞異。及請講説，聽衆數百人。宮第尼寺法事連續，當時先達無能屈者。竟陵王後師學衆，欲撰《僧録》，莫可與行爲輩。後有尼聰朗特達，辯若神，行特親狎之，衆亦爲後來之秀，可與行爲儔。行晚節好禪觀，蔬食積苦。皇帝聞之，雅相嘆賞。年六十卒，梁天監八年，葬于鍾山。」

南晉陵寺釋令玉尼傳九〔一〕

令玉〔二〕，本姓蔡，建康人也。父朗〔三〕。少出家，住何后寺禪房，爲净曜尼弟子〔四〕。净曜律行純白，思業過人。玉少事師長，恭勤匪懈。始受十戒，威儀可觀。及受具足〔五〕，禁行清白，有若冰霜〔六〕。博尋《五部》〔七〕，妙究幽宗，雅能傳述。宋邵陵王大相欽敬〔八〕，請爲南晉陵寺主，固讓不當。王不能屈〔九〕，以啓元徽〔一〇〕。元徽再敕〔一一〕，事不獲免。在任積年，不矜而莊〔一二〕，不厲而威。年七十六，梁天監八年卒。

寺復有令惠[一三]、戒忍、惠力[一四]，并顯名。令惠誦《妙法蓮華》[一五]、《維摩》、《勝鬘》等經，勤身蔬飯，卓然衆表。戒忍聰朗好學，經目不忘[一六]。惠力雅識虚通[一七]，無所矯競。

校注

〔一〕「玉」，《磧砂藏》本及《釋氏六帖》作「王」。

〔二〕「玉」，《金藏》本作「王」。

〔三〕「父朗」，底本及《頻伽藏》本無。據《金藏》、《資福藏》、《磧砂藏》、《普寧藏》、《洪武南藏》、《永樂南藏》、《永樂北藏》、《徑山藏》、《清藏》、金陵本補。

〔四〕「曜」，《資福藏》、《磧砂藏》、《普寧藏》、《洪武南藏》、《永樂南藏》、《永樂北藏》、《徑山藏》、《清藏》、金陵本作「暉」。下同。

〔五〕「足」，《資福藏》、《磧砂藏》、《普寧藏》、《洪武南藏》、《永樂南藏》、《永樂北藏》、《徑山藏》、《清藏》、金陵本作「戒」。

〔六〕「霜」，《資福藏》、《磧砂藏》、《普寧藏》、《洪武南藏》、《永樂南藏》、《永樂北藏》、《徑山藏》、《清藏》、金陵本作「雪」。

〔七〕「五部」，指《五部律》，即《曇無德部》（梵 Dharma-guptaka）、《薩婆多部》（梵 Sarvāsti-vāda）、《彌沙塞部》（梵 Mahīsāsaka）、《迦葉遺部》（梵 Kāśyapīya）、《摩訶僧祇部》（梵 Mahā-sanghika）。

〔八〕「宋邵陵王」，《資福藏》、《磧砂藏》、《普寧藏》、《洪武南藏》、《永樂南藏》、《永樂北藏》、《徑山藏》、《清藏》、金陵本作「梁邵陵王綸」。「宋邵陵王」，即劉友，《宋書》卷九〇、《南史》卷一四有傳。案《宋書》載有二邵陵王，另一爲劉子元。《宋書》卷八〇：「邵陵王子元字孝善，孝武帝第十三子也。大明六年，年五歲，封邵陵王，食邑二千户。（中略）事平，賜死，時年九歲。」據此推算，其應卒於泰豫元年，不可能再「啓元徽」，故不應爲傳中之邵陵王。又「梁邵陵王綸」，即蕭綸，乃梁武帝第六子，《梁書》卷二九、《南史》卷五三有傳，皆記其「天監十三年，封邵陵郡王」。但令玉尼天監八年已死，且下文又有劉宋年號「元徽」，故非是。

〔九〕「王」，《金藏》本作「玉」。

〔一〇〕「啓元徽」，《資福藏》、《磧砂藏》、《普寧藏》、《洪武南藏》、《永樂南藏》、《永樂北藏》、《徑山藏》、《清藏》、金陵本作「永徽元年」。

〔一一〕「元」，《資福藏》、《磧砂藏》、《普寧藏》、《洪武南藏》、《永樂南藏》、《永樂北藏》、《徑山藏》、《清藏》、金陵本無「元」。

〔一二〕「矜」，《金藏》本及《釋氏六帖》作「務」。「莊」，《新集藏經音義隨函録》作「壯」，《釋氏六帖》作「疾」。

〔一三〕「令惠」，《釋氏六帖》作「令慧」。下同。

〔一四〕「惠力」，底本及《金藏》、《頻伽藏》本及《釋氏六帖》作「慧力」。案下文作「惠力」，爲前後一致，故據《資福藏》、《磧砂藏》、《普寧藏》、《洪武南藏》、《永樂北藏》、《徑山藏》、《清藏》、金陵本改。

〔一五〕「誦」，《資福藏》、《磧砂藏》、《普寧藏》、《洪武南藏》、《永樂南藏》、《永樂北藏》、《徑山藏》、《清藏》、金陵本作「講」。

〔一六〕「目」，《釋氏六帖》作「日」。

〔一七〕「虚」，《資福藏》、《磧砂藏》、《普寧藏》、《洪武南藏》、《永樂南藏》、《永樂北藏》、《徑山藏》、《清藏》、金陵本作「靈」。

附録

《釋氏六帖》卷八《高行諸尼部第十一·令(王)〔玉〕清白》：「姓蔡，建康人。父朗。少出家，住何后寺，净暉尼弟子。暉律行純白，思業過人。玉少事師長，恭勤匪懈。始受十戒，威儀可觀。及受具戒，禁行清白，有若冰雪。博尋《五部》，妙究幽宗，雅能傳述。梁邵陵王綸大相欽敬，請爲南晋陵寺主，固讓不能屈，以元徽再勑，事不獲免。在任積年，不務而疾，不厲而威。年七十六，梁天監八年卒。復有令慧、戒忍、慧力，并顯名。令慧講《法華經》、《維摩》、《勝鬘》，勤身蔬食，卓然衆表。戒忍聰明好學，經日不忘。惠力雅識虚通，無所矯競。」

閑居寺僧述尼傳十

僧述〔一〕，本姓懷，彭城人也。父僧珍，僑居建康。述幼而志道，八歲蔬食。及年十九〔二〕，以宋元嘉二十四年，從禪林寺净秀尼出家。節行清苦〔三〕，法檢不虧，游心經律，靡不遍覽〔四〕，後偏功《十誦》，文義優洽。復從隱、審二法師諮受秘觀〔五〕，遍三昧門。移住禪林寺，爲禪學所宗，去來投集，更成囂動。

述因有隱居之志，宋臨川王母張貴嬪聞之，捨所居宅，欲爲立寺，時制不許輒造〔六〕。到元徽二年九月一日，汝南王母吳充華啓敕即就〔七〕，締構堂殿房宇五十餘間。率其同志二十人，以禪寂爲樂，名曰閑居。

述動静守貞〔八〕，不斆浮飾。宋、齊之季，世道紛喧，且禪且寂，風塵不擾。齊文帝、竟陵文宣王大相禮遇〔九〕，修飾一寺，事事光奇，四時供養，未曾休息。及大梁開泰，天下有道，白黑敬仰，四遠雲萃。而述不蓄私財，隨得隨散，或賑濟四衆，或放生乞施。造金像五軀，并皆壯麗。寫經及律一千餘卷，縹帙帶軸〔一〇〕，寶飾新嚴〔一一〕。年八十四，梁天監十四年而卒〔一二〕，葬于鍾山之陽也〔一三〕。

校注

〔一〕「述」，《釋氏六帖》作「休」。下同。

〔二〕案傳中記述推算，僧述「年八十四，梁天監十四年（公元五一五年）而卒」，故宋元嘉二十四年（公元四四七年）僧述應爲十六歲，而非十九歲。

〔三〕「清」，《資福藏》、《磧砂藏》、《普寧藏》、《洪武南藏》、《永樂南藏》、《永樂北藏》、《徑山藏》、《清藏》、金陵本作「精」。

〔四〕「遍」，金陵本作「徧」。下同。

〔五〕「祕」，《磧砂藏》、《洪武南藏》本作「秘」，《永樂北藏》、《清藏》本作「祕」。

〔六〕「許」，《資福藏》、《磧砂藏》、《普寧藏》、《洪武南藏》、《永樂南藏》、《永樂北藏》、《徑山藏》、《清藏》、金陵本作「得」。

〔七〕「華」上，《資福藏》、《磧砂藏》、《普寧藏》、《洪武南藏》、《永樂南藏》、《永樂北藏》、《徑山藏》、《清藏》、金陵本有「年」。

〔八〕「貞」，《資福藏》、《磧砂藏》、《普寧藏》、《洪武南藏》、《永樂南藏》、《永樂北藏》、《徑山藏》、《清藏》、金陵本作「真」。

〔九〕「文」下，《資福藏》、《磧砂藏》、《普寧藏》、《洪武南藏》、《永樂南藏》、《永樂北藏》、《徑山藏》、《清藏》、金陵本有「惠」。

〔一〇〕「縹帙」，《金藏》本作「廚衺」，《資福藏》、《磧砂藏》、《普寧藏》、《洪武南藏》、《永樂南藏》、金陵本作「褾帙」，《永樂北藏》、《徑山藏》、《清藏》本作「標帙」。

〔一一〕「新」，《資福藏》、《磧砂藏》、《普寧藏》、《洪武南藏》、《永樂南藏》、《永樂北藏》、《徑山藏》、《清藏》、金陵本作「莊」。

〔一二〕「十四年而卒」，《資福藏》、《磧砂藏》、《普寧藏》、《洪武南藏》、《永樂南藏》、《永樂北藏》、《徑山藏》、《清藏》、金陵本作「十二年卒」。

〔一三〕「陽」，《資福藏》、《磧砂藏》、《普寧藏》、《洪武南藏》、《永樂南藏》、《永樂北藏》、《徑山藏》、《清藏》、金陵本作「西陽」，《釋氏六帖》作「西青陽」。

附録

《釋氏六帖》卷八《高行諸尼部第十一・僧休志道》：「姓懷，彭城人。父僧珍，寓居建康。休幼而志道，八歲蔬食。及年十九，以宋元嘉二十四年從禪林寺净秀尼出家。節行精苦，法檢不虧，游心經律，靡不遍通，後偏功《十誦》，文義優洽。復從隱、審二師諮受祕觀。移住禪林寺，爲禪學所宗。後造閑居寺。宋、齊之季，世道紛喧，且禪且寂。齊文惠帝、竟陵文宣王大相禮遇。及大梁有道，白黑敬仰。隨有隨施，濟乏施生。造金佛五軀，并皆嚴麗。寫經及律一千餘部。八十四，天監十二年卒，葬于鍾山之西青陽。」

西青園寺妙禕尼傳十一

妙禕〔一〕，本姓劉，建康人也。齠綺之年〔二〕，而神機秀發。幼出家〔三〕，住西青園寺〔四〕。戒行無點〔五〕，神情超悟，敦信布惠〔六〕，莫不懷之。雅好談説，尤善言笑〔七〕。講《大涅槃經》〔八〕、《法華》、《十地》，并三十餘遍〔九〕。《十誦》、《毗尼》每經敷説〔一〇〕，隨方導物，利益弘多〔一一〕。年七十，梁天監十二年卒也〔一二〕。

校注

〔一〕「禕」，《磧砂藏》、《永樂北藏》、《清藏》、金陵本及《釋氏六帖》作「禕」。

〔二〕「綺」，《資福藏》、《磧砂藏》、《普寧藏》、《洪武南藏》、《永樂南藏》、《永樂北藏》、《徑山藏》、《清藏》、金陵本作「齔」，《釋氏六帖》作「齔」。

〔三〕「幼」上，《資福藏》、《磧砂藏》、《普寧藏》、《洪武南藏》、《永樂南藏》、《永樂北藏》、《徑山藏》、《清藏》、金陵本有「而」。

〔四〕「西青園寺」，《比丘尼傳》卷三《法全尼傳》載：「寺既廣大，閲理爲難，泰始三年，衆議欲分爲二寺。時寶嬰尼求於東面起立禪房，更搆靈塔，於是始分爲東青園寺。」西青園寺當即原青園寺，相對東青園寺而稱名。

〔五〕「黠」，《古今圖書集成》本作「玷」。

〔六〕「敦」，《徑山藏》本及《古今圖書集成》本作「故」。「惠」，《釋氏六帖》作「慧」。

〔七〕「言」，《資福藏》、《磧砂藏》、《普寧藏》、《洪武南藏》、《永樂南藏》、《永樂北藏》、《徑山藏》、《清藏》、金陵本作「語」。

〔八〕「經」，《資福藏》、《磧砂藏》、《普寧藏》、《洪武南藏》、《永樂南藏》、《永樂北藏》、《徑山藏》、《清藏》、金陵本無。

〔九〕「遍」，金陵本作「徧」。

〔一〇〕「每」，《金藏》、《資福藏》、《磧砂藏》、《普寧藏》、《洪武南藏》、《永樂南藏》、《永樂北藏》、《徑山藏》、《清藏》、金陵本作「母」。案若作「母」，則爲《毗尼母經》，佛藏亦有之。

〔一一〕「弘」，《金藏》本作「弥」。

〔一二〕「梁」，原無，據《資福藏》、《磧砂藏》、《普寧藏》、《洪武南藏》、《永樂南藏》、《永樂北藏》、《徑山藏》、《清藏》、金陵本補。

附録

《釋氏六帖》卷八《高行諸尼部第十一·妙褘講説》：「姓劉，建康人。齠齔之年，神機秀發。幼出家，住西青園寺。戒行無點，神情超悟，敦信布慧，莫不懷之。雅好談説，尤善語笑。講《涅槃》、《法華》、《十地》，并三十遍。《十誦》、《毗尼母經》敷説，隨方導物，利益弘多。年七十，天監十二年卒。」

樂安寺釋惠暉尼傳十二〔一〕

惠暉〔二〕，本姓駱，青州人也。六歲樂道，父母不聽〔三〕。至年十一，斷葷辛滋味〔四〕，清虚淡朗，姿貌詳雅，讀《大涅槃經》，誦《法華經》〔五〕。及年十七，隨父出都，精進勇猛，行人所不能行〔六〕。父母愛焉，聽遂其志。十八出家，住樂安寺，從斌、濟、柔、次四法師聽《成實論》及《涅槃》諸經〔七〕，於十餘年中，鬱爲義林，京邑諸尼無不諮受〔八〕。於是法筵頻建，四遠雲集，講説不休，禪誦無輟〔九〕，標心正念〔一〇〕，日夕忘寢。王公貴賤無不敬重，十方䞋遺〔一一〕，四時殷競〔一二〕。所獲之財，追造經像〔一三〕，隨宜遠施。時有不泄者〔一四〕，改緝樂安寺，莫不新整。年七十三，梁天監十三年而卒〔一五〕，葬于石頭崗〔一六〕。

時復有慧音〔一七〕，以禮誦爲業也〔一八〕。

校注

〔一〕「釋」，《資福藏》、《磧砂藏》、《普寧藏》、《洪武南藏》、《永樂南藏》、《永樂北藏》、《徑山藏》、《清藏》、金陵本無。

〔二〕「惠」，原作「慧」。案本傳標題亦作「惠暉」，爲前後一致，故據《資福藏》、《磧砂藏》、《普寧藏》、《洪武南藏》、《永樂北藏》、《清藏》、金陵本改。

〔三〕「不」，《金藏》本作「弗」。

〔四〕「滋」，《資福藏》、《磧砂藏》、《普寧藏》、《洪武南藏》、《永樂南藏》、《永樂北藏》、《徑山藏》、《清藏》、金陵本作「絶」。

〔五〕「法華經」，《資福藏》、《磧砂藏》、《普寧藏》、《洪武南藏》、《永樂南藏》、《永樂北藏》、《徑山藏》、《清藏》、金陵本作「妙法蓮華經」。

〔六〕「能行」，《資福藏》、《磧砂藏》、《普寧藏》、《洪武南藏》、《永樂南藏》、《永樂北藏》、《徑山藏》、《清藏》、金陵本作「及」。

〔七〕「柔」，即僧柔，《高僧傳》卷八有傳。「次」，即慧次，《高僧傳》卷八有傳。

〔八〕「諮」，《資福藏》、《磧砂藏》、《普寧藏》、《洪武南藏》、《永樂南藏》、《永樂北藏》、《徑山藏》、《清藏》、金陵本作「師」。

〔九〕「輟」，《徑山藏》本及《古今圖書集成》本作「不」。

〔一〇〕「標」，《金藏》作「摽」。

〔一一〕「覼」，《資福藏》、《磧砂藏》、《普寧藏》、《洪武南藏》、《永樂南藏》、《永樂北藏》、《徑山藏》、《清藏》、金陵本作「覶」。

〔一二〕「殷」，《釋氏六帖》作「般」。

〔一三〕「追」，《釋氏六帖》作「悉」。

〔一四〕「不泄」，《古今圖書集成》本作「羸餘」。

〔一五〕「梁」，原無，據《資福藏》、《磧砂藏》、《普寧藏》、《洪武南藏》、《永樂南藏》、《永樂北藏》、《徑山藏》、《清藏》、金陵本補。

〔一六〕「而」，《資福藏》、《磧砂藏》、《普寧藏》、《洪武南藏》、《永樂南藏》、《永樂北藏》、《徑山藏》、《清藏》、金陵本無。

〔一七〕「崗」，《古今圖書集成》本作「岡」。

〔一八〕「慧音」，《資福藏》本作「惠音」，《磧砂藏》、《普寧藏》、《洪武南藏》、《永樂南藏》、《永樂北藏》、《徑山藏》、《清藏》、金陵本作「惠意」。

〔一九〕「也」，《資福藏》、《磧砂藏》、《普寧藏》、《洪武南藏》、《永樂南藏》、《永樂北藏》、《徑山藏》、《清藏》、金陵本無。

附録

《釋氏六帖》卷八《高行諸尼部第十一·慧暉樂道》：「姓駱，青州人。六歲尤樂道，父母〔不〕聽。至十一，清虚贍朗，姿貌詳雅，讀《大涅槃》，誦《法華經》。及年十七，隨父出都。十八出家，住樂安寺，從（武）〔斌〕、（温）〔濟〕、柔、次四法師聽《成實論》及《涅槃經》，十餘年，鬱爲義林，京邑諸尼無不師受。法筵頻建，四遠雲集，講説不休，禪誦無輟，標心正念，日夕亡寢。公王貴賤無不敬重，十方嚫遺四時般競。所獲之財，悉造經佛，樂安寺新整。年七十三，梁天監十三年卒，葬于石頭崗。時復有慧音，以禮誦爲業，見重於時。」

頂山寺釋道貴尼傳十三〔一〕

道貴，本姓壽，長安人也。幼清夷沖素，善研機理，志幹勤整〔二〕，精苦過人。誓弘大化，葷鮮不食，濟物爲懷，弊衣自足〔三〕。誦《勝鬘》、《無量壽經》，不捨晝夜。父母愛念〔四〕，使其爲道。十七出家，博覽經律，究委文理〔五〕，不羡名聞〔六〕，唯以習道爲業〔七〕。觀境入定，行坐不休。悔過發願，言辭哀懇〔八〕，聽者震肅。齊竟陵文宣王蕭子良善相推敬，爲造頂山寺〔九〕，以聚禪衆。請貴爲知事，固執不從；請爲禪範，然後許之。於是結掛林下〔一〇〕，栖寄畢世。縱復屯雲晦景，委雪埋山，端然寂坐，曾無間焉〔一一〕。得人信施，廣興福業，不以纖毫自潤己身。年八十六，梁天監十五年而卒〔一二〕，葬于鍾山之陽也。

校注

〔一〕「頂」，原作「邸」，《資福藏》、《磧砂藏》、《普寧藏》、《洪武南藏》、《永樂南藏》、《永樂北藏》、《徑山藏》、《清藏》、金陵本作「底」，《新集藏經音義隨函録》作「邛」。案《新集藏經音義隨函録》：「邛山，（中略）又作『頂山』，或『𩑋』字也。」又傳中亦記述「齊竟陵文宣王蕭子良善相推敬，爲造頂山寺，以聚禪衆」，據改之。「釋」，《資福藏》、《磧砂藏》、《普寧藏》、《洪武南藏》、《永樂南藏》、《永樂北藏》、《徑山藏》、《清藏》、金陵本無。

〔二〕「勤」，《金藏》本作「懃」。

〔三〕「弊」，《古今圖書集成》本作「敝」。

〔四〕「愛」，《資福藏》、《普寧藏》本作「優」，《磧砂藏》、《洪武南藏》、《永樂南藏》、《永樂北藏》、《徑山藏》、《清藏》、金陵本作「憂」。

〔五〕「委」，《資福藏》、《磧砂藏》、《普寧藏》、《洪武南藏》、《永樂南藏》、《永樂北藏》、《徑山藏》、《清藏》、金陵本作「竟」。

〔六〕「聞」，《釋氏六帖》作「文」。

〔七〕「習」，《資福藏》、《磧砂藏》、《普寧藏》、《洪武南藏》、《永樂南藏》、《永樂北藏》、《徑山藏》、《清藏》、金陵本作「進」。

〔八〕「懇」，《金藏》、《資福藏》、《磧砂藏》、《普寧藏》、《洪武南藏》、《永樂南藏》、《永樂北藏》、《徑山藏》、《清藏》、金陵本作「敏」，《釋氏六帖》作「苦」。

〔九〕「頂山寺」，《新集藏經音義隨函録》：「頂山，或作『軛』，與『邛』『卭』二同也，寺名也。詳讀，且不是洛京北卭山也。」

〔一〇〕「掛」，原作「桂」，《釋氏六帖》作「夏」。案「結掛」，當指「結夏」「掛搭」。《禪苑清規》卷二《結夏》：「行脚人欲就處所結夏，須於半日前掛搭，所貴茶湯、人事不至倉卒。」《荆楚歲時記》：「四月十五日，天下僧尼就禪刹掛搭，謂之結夏。」據《永樂南藏》、《永樂北藏》、《徑山藏》、《清藏》、金陵本改。

〔一一〕「間」，《金藏》本作「閒」，《資福藏》、《磧砂藏》、《普寧藏》、《洪武南藏》、《永樂南藏》、《永樂北藏》、《徑山藏》、《清藏》、金陵本作「閟」。

〔一三〕「梁」，原無，據《資福藏》、《磧砂藏》、《普寧藏》、《洪武南藏》、《永樂南藏》、《永樂北藏》、《徑山藏》、《清藏》、金陵本補。「而」,《資福藏》、《磧砂藏》、《普寧藏》、《洪武南藏》、《永樂南藏》、《永樂北藏》、《徑山藏》、《清藏》、金陵本無。

「卒」,《金藏》本無此字。

附録

《釋氏六帖》卷八《高行諸尼部第十一·道貴弘化》:「姓壽,長安人。幼清夷沖素,善研機理,志幹勤整,精苦過人,誓弘大化,葷鮮不食。誦《勝鬘》、《無量壽經》,不捨晝夜。父母憂念,使其爲道。十七出家,博覽經律,究竟文理,不羨名文,唯以進道爲業。觀境入定,行坐不休,悔過願言,言辭哀苦,聽者震肅。齊竟陵文宣王子良善相推敬,爲造頂山寺,以聚禪衆。請貴知衆事,固執不從;請爲禪範,然後許之。於是結夏林下,栖寄畢世。縱復雲屯晦景,委雪埋山,端然寂坐,曾無悶焉。得人信施,廣興福業,不以纖毫自潤己身。年八十六,梁天監十五年卒,葬于鍾山。」

山陰招明寺釋法宣尼傳十四〔一〕

法宣,本姓王,剡人也。父道寄,世奉正法。宣幼而有離俗之志,年始七歲,而蔬食苦節。及至十八〔二〕,誦《法華經》,首尾通利,解其指歸,坐卧輒見帳蓋覆之,驟有媒娉〔三〕,誓而弗許。

至年二十四〔四〕，父母携就剡齊興寺德樂尼〔五〕，改服從禁〔六〕，即於是日帳蓋自消。博覽經書，深入理味。成戒以後〔七〕，鄉邑時人望昭義道〔八〕，莫不服其精致。

逮宋氏之季，有僧柔法師周游東夏，講宣經論。自嶀、嵊而之禹穴〔九〕，或登靈隱〔一〇〕，或往姑蘇。僧柔數論之趣，慧基經書之要〔一一〕，咸暢其精微，究其淵奥。及齊永明中，又從惠熙法師諮受《十誦》〔一二〕，所湌日優，所見月賾。於是移住山陰招明寺，經律遞講〔一三〕，聲高于越。不立私財，以嚫施之物〔一四〕，修飾寺宇，造構精華，狀若神工〔一五〕。寫經鑄像，靡不必備〔一六〕。

吴郡張援〔一七〕、潁川庾詠〔一八〕、汝南周顒〔一九〕，皆時之名秀〔二〇〕，莫不躬往禮敬。齊巴陵王蕭昭胄出守會稽〔二一〕，厚加供待。梁衡陽王元簡到郡〔二二〕，請爲母師〔二三〕。春秋八十有三〔二四〕，梁天監十五年而卒〔二五〕。

校注

〔一〕「招」，《資福藏》本作「昭」。

〔二〕「至」，《資福藏》、《磧砂藏》、《普寧藏》、《洪武南藏》、《永樂南藏》、《永樂北藏》、《徑山藏》、《清藏》、金陵本作「年」。

〔三〕「娉」，《古今圖書集成》本作「聘」。

〔四〕「四」，《資福藏》、《磧砂藏》、《普寧藏》、《洪武南藏》、《永樂南藏》、《永樂北藏》、《徑山藏》、《清藏》、金陵本無。

〔五〕「興」，底本及諸本均作「明」。案《比丘尼傳》卷三有《剡齊興寺德樂尼傳》，故據改。　案本傳記述推算，法宣尼「春秋八十有三，梁天監十五年（公元五一六年）而卒」，其二十四歲時應爲公元四五七年。據《比丘尼傳》卷三《德樂尼傳》載：「齊永明五年（公元四八七年），陳留阮儉篤信士也，捨所居宅，立齊興精舍。」由此可見，法宣尼二十四歲時齊興寺尚未修建，恐其中記述有誤。

〔六〕「禁」，《資福藏》、《磧砂藏》、《普寧藏》、《洪武南藏》、《永樂南藏》、《永樂北藏》、《徑山藏》、《清藏》、金陵本作「道」。

〔七〕「以」，《資福藏》、《磧砂藏》、《普寧藏》、《洪武南藏》、《永樂北藏》、《清藏》、金陵本作「已」。

〔八〕「昭」，《金藏》、《資福藏》、《磧砂藏》、《普寧藏》、《洪武南藏》、《永樂南藏》、《永樂北藏》、《徑山藏》、《清藏》、金陵本作「俗」，《釋氏六帖》作「浴」。

〔九〕「嶀」，《古今圖書集成》本作「溥」。「嶀」下，《資福藏》、《普寧藏》、《洪武南藏》本有夾注「勑奴」。「嵊」下，《資福藏》、《普寧藏》、《洪武南藏》本有夾注「時證」。案《磧砂藏》、《洪武南藏》本卷四末音釋：「嶀嵊，上，他乎反；下，時證反。在會稽剡縣也。傳中自切『勑奴反』，誤也。」又「嶀、嵊」，《一切經音義》卷一〇〇：「小山名也。」《新集藏經音義隨函録》：「山名，在剡縣。」「禹穴」，《新集藏經音義隨函録》：「禹穴，禹王藏符書處，在吴苞山，上有穴，與洞庭相通。因禹王，故以名之。」

〔一〇〕「登」，《資福藏》、《磧砂藏》、《普寧藏》、《洪武南藏》、《永樂南藏》、《永樂北藏》、《徑山藏》、《清藏》、金陵本作「發」。「靈隱」，《佛祖統紀》卷三六《法運通塞志》：「（晉成帝）咸和元年，西天沙門竺慧理至錢塘武林山，驚曰：『中天竺靈鷲小嶺，何年飛來此地耶？』因名天竺山飛來峰，建寺曰靈隱，仙翁葛洪書額。（《寰宇記》：『此山名稽宿，以許由隱居于此，故易名靈隱。』）」

〔一一〕「慧基」，原作「惠其」，《資福藏》、《磧砂藏》、《普寧藏》、《洪武南藏》、《永樂南藏》、《永樂北藏》、《徑山藏》、《清藏》、金陵本作「惠基」，《釋氏六帖》作「慧其」。案「慧基」，《高僧傳》卷八有傳，且同卷《釋僧柔傳》：「（僧柔）後東游禹穴，值慧基法師招停城傍，一夏講論。」又《比丘尼傳》卷三《超明尼傳》：「（超明）聽慧基法師講説衆經。」故據改。

〔一二〕「惠熙法師」，《名僧傳抄》存目有《齊草堂寺惠熙》。又《高僧傳》卷八《釋僧柔傳》、《釋法安傳》載有「慧熙」事。

〔一三〕「遞」，《資福藏》、《磧砂藏》、《普寧藏》、《洪武南藏》、《永樂南藏》、《永樂北藏》、《徑山藏》、《清藏》、金陵本作「迭」。

〔一四〕「覶」，《資福藏》、《磧砂藏》、《普寧藏》、《洪武南藏》、《永樂南藏》、《永樂北藏》、《徑山藏》、《清藏》、金陵本作「覼」。

〔一五〕「工」，《資福藏》、《磧砂藏》、《普寧藏》、《永樂北藏》、《清藏》本作「功」。

〔一六〕「必」，《古今圖書集成》本作「畢」。

〔一七〕「援」，《釋氏六帖》作「覔」。

〔一八〕「庾詠」，《梁書》卷五〇、《南史》卷三五《庾仲容傳》：「仲容字子仲，幼孤，爲叔父泳所養。（中略）吏部尚書徐勉擬泳子晏嬰爲宫僚。泳泣曰：『兄子幼孤，人才粗可，願以晏嬰所忝回用之。』勉許焉。轉仲容爲太子舍人，遷安成王主簿。」

〔一九〕「周顒」，《南齊書》卷四一、《南史》卷三四有傳。

〔二〇〕「時」上，《資福藏》、《磧砂藏》、《普寧藏》、《洪武南藏》、《永樂南藏》、《永樂北藏》、《徑山藏》、《清藏》、金陵本有「一」。

〔二一〕「巴」，《金藏》本作「邑」。「昭」，原作「照」，據《資福藏》、《磧砂藏》、《普寧藏》、《洪武南藏》、《永樂南藏》、《永樂北藏》、《徑山藏》、《清藏》、金陵本改。「蕭昭胄」，《南齊書》卷四〇、《南史》卷四四有傳。

〔二二〕「到」上，《資福藏》、《磧砂藏》、《普寧藏》、《洪武南藏》、《永樂南藏》、《永樂北藏》、《徑山藏》、《清藏》、金陵本有

「即」。　「元簡」，即蕭元簡，《梁書》卷二三、《南史》卷五一有傳。

〔二三〕「母」，《金藏》本作「世」。

〔二四〕「有」，《資福藏》、《磧砂藏》、《普寧藏》、《洪武南藏》、《永樂南藏》、《永樂北藏》、《徑山藏》、《清藏》、金陵本無。

〔二五〕「而卒」，《資福藏》、《磧砂藏》、《普寧藏》、《洪武南藏》、《永樂南藏》、《永樂北藏》、《徑山藏》、《清藏》、金陵本作「卒矣」。

附録

《釋氏六帖》卷八《高行諸尼部第十一・法宣張蓋》：「姓王，剡人。父道寄，世奉法。宣幼有離俗之志，七歲蔬食苦節。年十八，誦《法華經》，首尾通利，解其旨趣，坐卧輒見張蓋覆之，驟有媒娉，誓而弗許。至年二十四，父母携就齊（明）〔興〕寺德樂尼，改服從道，即於是日，蓋自消隱。博覽經書，深入理味。成戒已後，鄉邑俗人望浴義道，莫不服其精致。宋氏之季，有僧柔法師周游東夏，講宣經論。自嶀勅奴反埬時證反而之禹穴，或發靈隱，或往姑蘇。僧柔數論之趣，慧（其）〔基〕經書之要，咸暢其精微，究其淵奧。及齊永明中，見從慧熙法〔師〕諮受《十誦》，所餐日優，所見日賾。於是移住山陰招明寺，經律迭講，名高千越。不立私財，嚫施之物修飾寺宇，造搆精華，狀若神工。寫經鑄像，靡不畢備。吴郡張貫、穎川庾詠、汝南周顒，皆一時之名秀，莫不以躬往禮敬。齊巴陵蕭（照冑）（昭冑）出守會稽，厚加供待。梁衡陽王元簡到郡，請爲母師。春秋八十三，梁天監十五年卒。」

《佛祖統紀》卷三七《法運通塞志》：「（梁武帝中大通六年）剡川尼法宣誦通《法華》，坐卧見帳蓋覆其上，父母令就齊明寺出家，是日帳蓋即不見。自是博覽經論，深探奥理。衡王元簡爲郡守，請爲越城母師。」卷五三《歷代會要志第十九・神尼異行》：「梁武帝，剡川尼法宣誦《法華》，見帳蓋覆其上。郡守請爲越城母師。」

附一　釋寶唱事迹資料

《續高僧傳》卷一《譯經篇初》之《梁揚都莊嚴寺金陵沙門釋寶唱傳二》：「釋寶唱，姓岑氏，吴郡人。即有吴建國之舊壤也。少懷恢敏，清貞自蓄。顧惟隻立，勤田爲業，資養所費，終於十畝。至於傍求，傭書取濟，寓目流略，便能强識，文采鋪贍，義理有聞。年十八，投僧祐(津)〔律〕師而出家焉。祐江表僧望，多所製述，具如前傳紀之。唱既始陶津，經律諮稟，承風建德，有聲宗嗣。住莊嚴寺，博采群言，酌其精理。又惟開悟土俗，要以通濟爲先。乃從處士顧道曠、吕僧智等，習聽經史莊易，略通大義。時以其游涉世務，謂有俗志，爲訪家室，執固不迴。將及三十，天廢既崩，喪事云畢。建武二年，擺撥常習，出都專聽，涉歷五載，又中風疾。會齊氏云季，遭亂入東，遠至閩越，討論舊業。天監四年，便還都下，乃敕爲新安寺主。帝以時會雲雷，遠近清晏，風雨調暢，百穀年登，豈非上資三寶，中賴四天，下藉神龍，幽靈叶贊，方乃福被黔黎，歆兹厚德。但文散群部，難可備尋，下敕令唱總撰《集録》，以擬時要。或建福禳災，或禮懺除障，或饗接神鬼，或祭祀龍王。部類區分，近將百卷。八部神名，以爲三卷。包括幽奥，詳略古今。故諸所祈求，帝必親覽，指事祠禱，多感威靈。所以五十許年，江表無事，兆民荷賴，緣斯力也。

「天監七年，帝以法海浩（汗）〔瀚〕，淺識難尋，敕莊嚴僧旻於定林上寺纘《衆經要抄》八十八卷。又敕開善智藏纘衆經理義，號曰《義林》，八十卷。又敕建元僧朗注《大般涅槃經》七十二卷。并唱奉别敕，兼贊其功，綸綜終始，緝成部帙。及簡文之在春坊，尤耽内教，撰《法寶聯璧》二百餘卷，别令寶唱綴紕區别，其類《遍略》之流。帝以佛法沖奥，近識難通，自非才學，無由造極，又敕唱自大教東流，道門俗士有叙佛理，著作弘義，并通鳩聚，號曰《續法輪論》，合七十餘卷。使夫迷悟之賓，見便歸信，深助道法，無以加焉。又撰《法集》一百四十卷，并唱獨斷專慮，纘結成部。既上親覽，流通内外。

「十四年，敕安樂寺僧紹撰《華林佛殿經目》。雖復勒成，未愜帝旨，又敕唱重撰。乃因紹前録，注述合離，甚有科據，一帙四卷，雅愜時望。遂敕掌華林園《寶雲經藏》，搜求遺逸，皆令具足，備造三本，以用供上。緣是又敕撰《經律異相》五十五卷、《飯聖僧法》五卷。帝又注《大品經》五十卷。於時佛教隆盛，無德稱焉。道俗才筆，互陳文理。

「自武帝膺運，時三十有七，在位四十九載，深以庭蔭早傾，常懷哀感，每嘆曰：『雖有四海之尊，無由得申罔極。』故留心釋典，以八部《般若》爲心良〔田〕，是諸佛由生，又即除災滌累，故收采衆經，躬述注解，親臨法座，講讀敷弘。用此善因，崇津靈識。頻代二皇捨身，爲僧給使，洗濯煩穢，仰資冥福。每一捨時，地爲之震。相繼齋講，不斷法輪。爲太祖文皇於鍾山北澗建大愛敬寺。糺紛協日，臨睨百丈，翠微峻極，流泉灌注，鍾鯨遍嶺，鈇鳳乘空。創塔包巖壑之奇，宴坐盡林泉之邃。結構伽藍，同尊園寢。經營彫麗，奄若天宮。中院之去大門，延袤七里，廊廡相架，檐霤臨屬。旁置三十六院，皆設池臺，周宇環繞。千有餘僧，四事供給。中院正殿，有栴檀像，舉高丈八。匠人約量，晨作夕停，每夜恒聞作聲，旦視輒覺功大。及終成後，乃高二丈有二。相好端嚴，色相超挺，殆由神造，屢感徵迹。帝又於寺中龍淵別殿造金銅像，舉高丈八，躬伸供養。每入頂禮，戲欷哽噎，不能自勝。預從左右，無不下泣。

「又爲獻太后於青溪西岸、建陽城門路東起大智度寺。京師甲里，爽塏通博，朝市之中途，川陸之顯要。殿堂宏壯，寶塔七層，房廊周接，華果間發。正殿亦造丈八金像，以申追福。五百諸尼，四時講誦。寺成之日，帝顧謂群后曰：『建斯兩寺，奉福二皇，用表罔極之情，以達追遠之思，而不能遣《蓼莪》之哀。』復於中宫起至敬殿、景陽臺，立七廟室，崇宇嚴肅，欝若卿雲，粉壁珠柱，交映相耀。設二皇座，具備諸禮，冠藴奩篋；舉目興慕，晨昏如在；衣服輕暖，隨時代易；新奇芳旨，應時日薦。帝又曰：『雖竭工匠之巧，殫世俗之奇，水石周流，華樹雜沓，限以國務，不獲朝夕侍食，惟有朔望親奉饋奠，而無所瞻仰，内心崩潰，如焚如灼。』又作《聯珠》五十首，以明孝道。又制《孝思賦》，廣統孝本。至於安上治民，移風易俗，度越終古，無德而稱。故元帝云：『伏尋我皇之爲孝也，四運推移，不以榮枯遷貿；五德更用，不以貴賤革心。臨朝端默，過隙之思彌軫；垂拱巖廊，風樹之悲逾切。潔齋宗廟，虔事郊禋，言未發而涕零，容不改而傷慟，所謂終身之憂者是也。蓋虞舜、夏禹、周文、梁帝，萬載論孝，四人而已。』廣如繹所撰《金樓子》述之。

「又以大通元年，於臺城北開大通門，立同泰寺。樓閣臺殿擬則宸宫，九級浮圖迴張雲表，山樹園池沃蕩煩積。其年三月六日，帝親臨幸，禮懺敬接，以爲常准，即捨身之地也。雖億兆務殷，而卷不輟手，披閲内外經論典墳，恒以達曙爲則。自《禮記》、《古文周書》、《左傳》、莊老諸子、《論語》、《孝經》，往哲所未詳悉，皆爲訓釋。又以國學員限隔於貴賤，乃更置五館，招引寒俊。故使孔釋二門榮茂峙列。帝前後集百有餘卷，著《通史》、《書苑》數千卷。唱當斯盛世，頻奉璽書，預參翻譯，具如别傳。

「初，唱天監九年先疾復動，便發二願：遍尋經論，使無遺失；搜括列代僧録，創區别之，撰爲部帙，號曰《名僧傳》，三十一卷。至十三年，始就條列。其《序》略云：『夫深求寂滅者，在於視聽之表；考乎心行者，諒須丹青之工。是萬象森羅，立言之不可以已者也。大梁之有天下也，威加赤縣，功濟蒼生。皇上化範九疇，神游八正，頂戴法橋，伏膺甘露。竊以外典鴻文，布在方册；九品六藝，尺寸罔遺。而沙門净行，獨亡紀述；玄宗敏德，名絶終古。擁嘆長懷，靡兹永歲。律師釋僧祐，道心貞固，高行超邈，著述集記，振發宏要。寶唱不敏，預班二落，禮誦餘日，捃拾遺漏。』文廣不載。初以脚氣連發，入東治療。去後敕追，因此抵罪，謫配越州，尋令依律，以法處斷。僧正慧超，任情乖旨，擯徙廣州。先懺京師大僧寺遍，方徙嶺表，永棄荒裔。遂令鳩集，爲役多闕。晝則伏懺，夜便纘録。加又官私催遍，惟日弗暇，中甄條流，文詞墜落。將發之日，遂以奏聞，有敕停擯，令住翻譯。而此《僧史》方將刊定，改前宿繁，更加芟定。故其傳後《自序》云：『豈敢謂僧之董狐，庶無曲筆耳。』然唱之所撰，文勝其質。後人憑據，揣而用之，故數陳賞要，爲時所列，不測其終。」

《開元釋教録》卷六《總括群經録上》：「沙門釋寶唱，梁都莊嚴寺僧也。俗姓岑氏，吴郡人。僧祐律師之高足也。博識洽聞，罕有其匹，武帝甚相崇敬。天監年中，頻敕撰集，皆愜帝旨。十五年景申，又敕撰《經律異相》一部。唱又别撰《尼傳》四卷，《房録》之中復有《名僧傳》等七部，非入藏，故闕不論。餘并備在《續高僧傳》。」

《貞元新定釋教目録》卷九《總集群經録上》：「沙門釋寶唱，楊都莊嚴寺僧也。俗姓（峯）〔岑〕氏，吴郡人。僧祐律師之高足也。博識洽文，罕有其匹，武帝甚相崇敬。天監年中，頻敕撰集，皆愜帝旨。十五年景申，又敕撰集《經律異相》一部。唱又撰《尼傳》四卷，《房録》之中復有《名僧傳》等七部，非此入藏，故闕不論。餘并備在《續高僧傳》。」

《全梁文》卷七四《釋氏》：「寶唱，俗姓岑，吴郡人。師事僧祐。齊建武中入閩，天監中還京。住新安寺，又住莊嚴寺。有《名僧傳》三十卷。」

《釋文紀》卷二八：「釋寶唱，姓岑，吴人。師僧祐，住揚都莊嚴寺。文采鋪贍，梁武、簡文撰集，多令兼贊。」

《明詩綜》卷九二：「像教東流，比丘、比丘尼當一時俱集矣。而尼至晋建興中，始有之莊嚴寺僧寶唱撰《比丘尼傳》，以洛陽竹林寺尼净撿稱首焉。」

《蜀中廣記》卷七五《神仙記》：「梁武苦於奉佛，寶唱以術業敷揚祕典，首載僧史。」

附二　人名寺名表

卷數	傳數	正傳	附見：尼	附見：僧	附見：衆	寺
卷一	傳一	净撿（仲令儀）		法始、智山、竺佛圖澄、僧建、曇摩羯多、釋道場	仲誕	竹林寺
	傳二	安令首	净撿	佛圖澄	徐仲、石勒、石虎	建賢寺
	傳三	智賢			趙珍、杜霸、苻堅	西寺
	傳四	妙相（張珮華）			張茂、皇甫達、弘農太守	北岳〔寺〕
	傳五	〔康〕明感	慧湛		明伯連、何充	建福寺
	傳六	曇備	曇羅		晉穆皇帝、章皇后何氏	北永安寺、何后寺

續表

卷數	傳數	正傳	附見			寺
			尼	僧	衆	
卷一	傳七	慧湛			何充	建福寺
	傳八	僧基	曇備		康皇帝、褚氏	延興寺
	傳九	〔竺〕道馨			楊令辯	東寺
	傳十	道容			晉明帝、簡文帝、王濮陽、曲安遠、孝武	新林寺、烏江寺
	傳十一	令宗	道津		晉孝武	
	傳十二	〔支〕妙音			晉孝武皇帝、太傅會稽王道子、孟顗、王忱、烈宗、王恭、桓玄、殷仲堪	簡靜寺
	傳十三	道儀		慧遠	解直	何后寺

卷數	傳數	正傳	附見：尼	附見：僧	附見：衆	寺
卷二	傳一	慧果	弘安、愛道、慧意、慧鎧	曇宗、求那跋摩、僧伽跋摩	傅弘仁	景福寺
	傳二	法盛	曇敬、曇愛	偶法師	張辯	建福寺、道場寺
	傳三	慧玉	法弘			牛牧寺（精舍）、薛尚書寺、六重寺
	傳四	道瑗			皇后、元皇后	建福寺、彭城寺、瓦官寺、南建興寺、
	傳五	道壽				祇洹寺
	傳六	玄藻		釋法濟	安（苟）〔荀〕	太玄臺寺
	傳七	慧瓊	慧朗	慧智	宋江夏王世子母王氏、蕭承之、孟顗	南安寺、南外永安寺、菩提寺、高座寺

續表

卷數	傳數	正傳	附見			寺
			尼	僧	衆	
卷二	傳八	普照（董悲、董徐悲）	慧孜			張國寺、建熙精舍（寺）
	傳九	慧木		慧超		築戈村寺
	傳十	法勝			司馬隆、山氏	南寺、東寺
	傳十一	僧端	普敬、普要			永安寺
	傳十二	光静（胡道婢）		釋法成	妹	中寺
	傳十三	善妙				
	傳十四	僧果（趙法祐）	慧聰、大愛道、鐵薩羅	僧伽跋摩	難提	景福寺、南林寺
	傳十五	静稱（劉勝）			（仇）〔裘〕文姜	竹林寺
	傳十六	法相	慧宿		傅氏、苻堅	太玄臺寺

卷數	傳數	正傳	附見			寺
			尼	僧	衆	
卷二	傳十七	業首	净哀、寶英、法林、曇寅		宋高祖武皇帝、文帝、王景深母范氏、王坦之、潘貴妃	東青園寺、永安寺
	傳十八	法辯	慧果、道照、僧辯	畺良耶舍、超辯	王彧、臨賀王	景福寺、道林寺、上定林寺
	傳十九	道綜			劉虬	三層寺
	傳二十	慧濬	化尼		宋太宰江夏王義恭	竹園寺
	傳二十一	寶賢	净撿、慧果、净音、鐵薩羅	求那跋摩、僧伽跋摩、法頴	宋文皇帝、孝武、明帝	普賢寺、建安寺、景福寺、南林寺、晉興寺

續表

卷數	傳數	正傳	附見			寺
			尼	僧	衆	
卷二	傳二十二	法净	寶賢		宋明皇帝	普賢寺、永福寺
	傳二十三	慧耀		胡僧	劉亮、趙處思妾王氏	永康寺
卷三	傳一	法緣	法綵		韋朗、孔默	
	傳二	曇徹	普要			南永安寺
	傳三	僧敬	曇芝、白尼、鐵薩羅	僧超	孔默、宋明帝、樂遵、齊文惠帝、竟陵文宣王、沈約	崇聖寺、瓦官寺、西寺、建安寺、衆造〔寺〕
	傳四	僧猛	净度、僧瑗		岑率、張岱	齊明寺、建福寺
	傳五	妙智			齊武皇帝、齊竟陵文宣王、王倫妻江氏	華嚴寺、定林寺

卷數	傳數	正傳	附見：尼	附見：僧	附見：衆	寺
卷三	傳六	智勝		曇斌、僧宗、玄趣、僧遠	齊文惠帝、竟陵文宣王、文帝	建福寺、瓦官寺、莊嚴寺、定林寺、攝山寺
	傳七	僧蓋	僧志、法進、妙相、法延	〔僧〕隱、〔僧〕審	田宏、齊竟陵文宣王蕭子良	禪基寺、華林寺、妙相尼寺
	傳八	法全	寶嬰、净練、僧律、慧形	〔僧〕宗、〔法〕瑗、〔僧〕審、〔僧〕隱		東青園寺
	傳九	净暉	僧要、光净	〔曇〕濟、〔法〕瑗	齊文惠帝、竟陵文宣王	普賢寺
	傳十	曇簡	法净	慧明	文惠帝、竟陵文宣王	法音寺（精舍）、道林寺

續表

卷數	傳數	正傳	附見			寺
			尼	僧	衆	
卷三	傳十一	净珪	法净、曇簡			法音寺
	傳十二	慧緒	隱尼、德盛	玄暢、阿梨	沈攸之、蕭嶷、豫章王妃、武皇帝、竺夫人	集善寺、三層寺、福田寺
	傳十三	超明	法藏	曇整、慧基	范先	齊明寺、崇隱寺、北張寺
	傳十四	曇勇	曇簡			法音寺（精舍）
	傳十五	德樂	光尼、法静、曇覽、僧茂	求那跋摩、僧伽跋摩	孫毓、宋文帝、宋大將軍、孔熙先、阮儉	齊興寺（精舍）、南永安寺、王國寺、枳園寺、東青園寺、照明精舍、竹園精舍

續表

卷數	傳數	正傳	附見：尼	附見：僧	附見：衆	寺
卷四	傳一	净秀	〔業〕首尼	普練、〔慧〕曜、法潁、求那跋摩、彌呿羅、毗佉羅、慧令	梁疇、梁粲之、馬先生、宋南昌公主、黄修儀、明帝、婆伽羅龍王、齊文惠帝、竟陵文宣王	禪林寺、青園寺、彭城寺
	傳二	僧念	法護	曇叡	羊彌、宋文、孝武、竟陵王	禪林寺、招提寺、太后寺
	傳三	曇暉（青陽白玉）	法育、花光	畺良耶舍	甄法崇、臨川王、張峻、劉悛、梁宣武王	長樂寺
	傳四	馮尼		法惠		郎中寺、金花寺

續表

卷數	傳數	正傳	附見			寺
			尼	僧	衆	
卷四	傳五	慧勝	净秀、〔慧〕緒	思隱、法頴	唐僧智	閑居寺、禪林寺、集善寺、草堂寺、靈根寺
	傳六	净賢	惠高、寶顒		宋文皇帝、湘東王彧（即明帝）	東青園寺（青園東寺）
	傳七	净淵			齊文帝	竹園寺
	傳八	净行	净淵、法施	僧宗、寶亮	郭洽、臧氏、齊竟陵文宣王蕭子良	竹園寺
	傳九	令玉	净曜、令惠、戒忍、惠力		宋邵陵王	南晋陵寺、何后寺

續表

卷數	傳數	正傳	附見：尼	附見：僧	附見：衆	寺
卷四	傳十	僧述	净秀	〔僧〕隱、〔僧〕審	懷僧珍、宋臨川王母張貴嬪、汝南王母吴充華、齊文帝、竟陵文宣王	閑居寺、禪林寺
	傳十一	妙褘				西青園寺
	傳十二	惠暉	慧音	〔曇〕斌、〔曇〕濟、〔僧〕柔、〔慧〕次		樂安寺
	傳十三	道貴			齊竟陵文宣王蕭子良	頂山寺
	傳十四	法宣	德樂	僧柔、慧基、惠熙	王道寄、張援、庾詠、周顒、齊巴陵王蕭昭胄、梁衡陽王元簡	招明寺、齊興寺、靈隱〔寺〕

後記

余幼時，父曾書「天下事以難而廢者十之一，以惰而廢者十之九」句，以警策之。吾十餘年來，誠不敢忘。此書起筆迄今，整整四年，雖不足二十萬言，然翻檢查對之功，足耗日月於無形。

校勘之學，旨在去僞存真、考訂異同、貫穿文義、擇其善者而成定本；亦可使學人一本在手，而盡得諸本之要。六書成字，一字一形，一形一義，其肇始必有緣由，并非無端而造也。所謂一字多形者，其必有表義、流變、正俗之别，不辨之不可以知異同，不辨之不可以知古今，不辨之不可以知訛僞。而今多有徑改不出校者，實乃廢輟小學之流弊也。

《尼傳》乃釋家内典，雖别於外典，然治學當以中正爲標的，校注必以字句爲旨歸。尼衆史料，古來尤稀。雖極力搜羅，盡己所見，而終有未及之處。「寡見庸疏，或有遺漏，博雅君子，箴其闕焉」。

佛曆二五四七年歲次癸未孟春雪日木樨齋主識。